나를 엿보다

나를 엿보다

정신분석학 에세이

정재곤 지음

궁리
KungRee

예전의 기억이다. 아마도 고등학교 시절 윤리 시간이었을 것이다. 고대 그리스 철학자 소크라테스가 했던 "너 자신을 알라"란 말이야말로 내가 평생토록 삶의 지표로 삼을 만한 말이란 생각을 했다. 내가 있어야 세상이 존재하는 셈이니, 세상의 중심에 서 있는 '내'가 '나 자신'에 대해 잘 알고 있어야 한다는 것만큼 중요한 일이 또 있을까? 하지만 '나'는 과연 나 자신에 대해 얼마나 알고 있는가? 나아가, 지금은 기억이 가물가물하지만 "너 자신을 알라"란 말은 자기 자신에 대해 잘 알고 있어야 한다는 말이지만, 진정 이 말의 깊은 속뜻은 자신이 무지한 존재란 사실을 알아야 한다는 말이라고 선생님께서 덧붙였던 것 같다. 자신이 아는 것이 아무것도 없다는 사실을 안다는 것이 대체 무슨 뜻인가? 겸허할 줄 알아야 한다는 뜻인가? 자신의 '무지'에 대한 앎이 무지가 아니라 '앎'이 될 수 있다는 말인가? '앎', 특히 자기 자신에 대한 '앎'은 애초부터 뚜렷한 한계를 안고 있다는 사실을 뜻하는 것일까? 어쨌든, 당시의 어린 나로선 이해하기 힘든 말이었음에는 틀림없다.

  그 후 내가 두 번째로 삶의 지표로 삼고 싶었던 말은 대학 시절 프랑스의 휴머니스트 몽테뉴를 접하면서였다. 그는 자신의 유명한 『수상록』의 서문에서 이렇게 썼다. "내가 쓰고자 하는 것은 나 자신이다. 나 자신이 이 책의 재료다." 그가 쓰고자 했던 것은 시공을 넘나들며 펼쳐지는 어마어마하게 넓은 세상의 모습이고, 그가 쓴 책의 재료는 깊디깊은 자아 성찰에서 길어낸 그 자신의 모습이다. 요컨대, 그는 세상의 진리가 세상 그 자체에 있지 않고 자기 자신과의 접점에서 찾아야 한다고 설파하고 있지 않은가? 4백 년 전 사람이 썼다고는 믿기지 않을 만큼 놀랍도록 생생하고 현대적인 그의 생각들은 몽테뉴가 자기 자신으로부터 길어낸 이야기이자 자신에 관한 이야기인 셈이다. 그가 쓴 글 한 편 한 편, 그가 한 말 한마디 한마디가 여전히 나의 폐부를 깊이 파고든다. 물론 엄두를 내본다는 것이 무모하기 짝이 없는 노릇이지만, 내가 이제껏 꿈꿔왔고 또 앞으로도 그랬으면 하고 소망하는 나의 책은 과연 얼마나 그의 책을 닮을 수 있을까?

  내가 정신분석학과 심리학을 본격적으로 공부하기 시작한 이래, 그의 말에 담겼다고 여겼던 겸양의 태도는 실상 겸양에 앞서 대단한 심리학적 통찰력이 담긴 말이란 사실을 깨닫게 되었다. 사실상 우리는 우리 자신에 관한 이야기 말고는 아무런 얘기도 할 수 없기 때문이다. 바깥세상은 굳이 우리의 존재를 필요로 하지 않지만, 우리 자신의 시각이나 시선에 의해 '굴절'되지 않는 세상의 모습은 존재할 수 없기 때문이다. 심리전문가라면 전적으로 동의할 수밖에 없을 테지만, 우리가 바라보는 세상이란 우리 자신이 바라보는 세상이며, 단적으로 말해 바로 우리 자신의 정신세계를 바라보는 셈이라고도 말할 수 있다. 같은 맥락에서 정신분석학의 창시자인 프로이트는 자기 분석이란 존재할 수 없다고 말한다. 어떠한 경우에 있어서도 우리는 우리 자신을 '객관화'할 수 없기 때문이다.

얼마 전 카페에서 엿듣게 된 한 젊은 여성의 말이다. 그녀는 또래의 다른 젊은 여성친구들 앞에서 이렇게 선언했다. "내가 돈 때문에 그 남자와 결혼한다고? 천만에, 그 남자가 얼마나 진국인데……" 아마도 문제의 여성은 결혼하기로 작정한 남성을 돈 때문이 아니라 그 남성의 뛰어난 품성이나 인품 때문에 선택했음을 말하고 싶어 한 듯하다. 하지만 단련된 귀를 가진 필자에게는 그녀가 돈 때문에 그 남성을 선택했다는 말로 들린다. 그녀가 자아의 방어기제 중 하나로 꼽히는 '부인(否認, negation)'의 사례를 보여주고 있기 때문이다. 그녀는 무의식적으로는 돈 때문에 결혼하고 싶어 하지만, 의식적으로는 이런 생각을 도저히 자기 것으로 받아들일 수 없는 까닭에("천만에") 이와 같은 절충의 방식을 취하게 된 것이다. 즉 이 여성은 이 말을 하는 순간 '자아'가 둘로 쪼개져 서로 갈등을 벌이는 중이다. 속된 표현으로 "내 마음, 나도 몰라"의 상황인 것이다.
사르트르라면 '자기기만'이라 불렀을 이 같은 상황은 무의식의 차원에서는 기만으로 포장되기에 앞서 뿌리 깊은 욕망을 드러내고 있는 셈이다. 우리의 정신세계가 빙산이라면 의식은 그저 겉으로 드러난 빙산의 일각이고 그 밑에 숨은 무의식이야말로 빙산의 거의 대부분을 차지하고 있기 때문이다. 이 여성의 진정한 '자아'는 과연 어떤 모습일까? 자아의 방어기제가 어디 부인뿐일까? 억압과 억제, 검열, 자기 합리화, 동일화, 투사, 승화, 전위…… 조금 과장해서 말하면, 우리가 우리 자신의 참모습을 제대로 보지 못하고 있음을 보여주는 사례들은 차고 넘치지 않은가?

우리 모두는 행복해지길 원한다. 하지만 행복은 거저 얻어지지 않는다. 나는 짧은 순간이나마 매일 한 차례라도 자기 자신을 돌아보고, 우리 주변을 살필 때 행복에 한 걸음 더 가까이 다가갈 수 있다고 믿는다. 그러려면 우리 자신과 우리 주변을 보다 잘 살필 수 있게 해주는 돋보기가 필요하고 졸보기도 필요하다. 바로 심리학이 유행현상으로 그치지 않고 우리의 생활 속에 자리를 차지해야 하는 이유이다. 이 책에 수록된 40여 편의 글들은 지난 5년간 궁리닷컴(kungree.com)에 '화요일의 심리학'이란 이름으로 연재해온 칼럼의 글들이다. 대부분의 글들이 그때그때 불거진 소소한 생활 주변사를 소재 삼아 심리학과 정신분석학의 관점에서 씌었으며, 가급적 독자 여러분이 어디서도 접해보지 못했던 신선한 시각에서 접근하려 노력했다. 하지만, 앞서 강조했듯이, 이 책에 소개된 다양한 세상의 모습은 단적으로 말해 필자 자신의 내면 풍경이라고 할 수 있다. 하지만 그간 나는 나 자신의 '속뜰'(법정스님)을 얼마나 가꾸어왔던가?

이 책이 세상에 선보이기까지 여러 면에서 도움과 조언을 아끼지 않았던 변효현 님께 누구보다 먼저 감사의 마음을 전한다. 이갑수 사장님을 비롯한 궁리출판사의 모든 관계자분께도 감사의 마음을 전한다. 그리고 이

책이 출간되기까지 넓은 아량과 인내로써 지켜봐준 사랑하는 나의 가족들에게 깊은 감사의 마음을 품는다.

아무쪼록 이 책이 흥미로운 이야기로서뿐 아니라, 독자들의 가슴속 연못에 던져진 조그만 조약돌이 되어, 또 다른 사색의 계기가 되길 바라본다.

2020년 3월

정재곤

차례

1부

가족의 이름으로

> "이 세상의 모든 어른은 예전엔 어린아이였지.
> 하지만 이런 사실을 기억하는 사람들은 거의 없단다."
>
> − 생텍쥐페리, 『어린왕자』에서

엄마 배 속

"이 풍진세상을 만났으니, 너의 희망이 무엇이냐?……"

〈희망가〉의 첫 소절이다. 암울했던 일제치하에서 불리기 시작하여, 그 후로도 세상살이가 힘들어질 때마다 여전히 사람들 사이에서 불리는 노래이다. 어째서 '희망가'란 제목이 붙게 되었는지는 모르지만, 사실상 이 노래는 희망을 품어본들 별수 없으리란 대단히 염세적인 노랫말을 가졌다. 청승맞은 곡조에 노랫말 또한 비관적이어서 오히려 '절망가'라 해야겠지만, 세상풍파에 지치고 상처 입은 사람들에게는 위안이 될 법하다. 울고 싶은 사람에게 따귀 때려주는 격이니 말이다. 노래를 흥얼대는 동안 이 험한 세상살이의 아픔과 고통이 나 혼자만의 일은 아니라는 동병상련을 느낌으로써, 치유는 아닐지언정 다친 영혼이 어루만져지는 듯한 위안을 얻을 수 있기 때문이다. '풍진(風塵)세상'이란 요즘처럼 어지럽고 불안정한 세상을 뜻하는 한자어이다. 어지럽고 혼탁한 세상이 '바람'과 '먼지'에 비유되어 있다는 점이 흥미롭다. 하물며, 요즘은 시도 때도 없이 황사며 미세먼지가 불어와 온 세상을 뿌옇게 만들어놓으니, '풍진세상'이란 말은 오늘날의 난세를 안팎으로 일컫는 기가 막힌 말이라 하겠다.

풍진세상에 부딪힐 때마다 우리의 정신세계가 발동하는 방식 중에 '모태회귀본능'이 있다. 사실상 본능이라기보다 무의식적 판타지(Phantasie/ fantasy, 무의식적 욕망이 만들어내는 상상의 시나리오)라고 해야 옳다. 어쨌든 이 말은 세상살이가 힘겨울 때마다 우리 모두가 태아 시절 열 달 동안 체류했던 엄마 배 속으로 다시 돌아가고자 하는 무의식적 회구를 뜻한다. 그 시절, 우리는 몸과 마음이 외부의 자극으로부터 완전히 차단된 채, 딱 알맞은 온도에, 엄마로부터 제공되는 영양분을 섭취하며, 찰랑이는 물속에 잠겨 무릉도원을 경험한다. 그 후 우리가 엄마의 공간으로부터 쫓겨난 이후에도, 우리는 기회 있을 때마다 과거에 맛봤던 낙원으로 되돌아가길 꿈꾸는 것이다…….

우리가 매일 밤 빠져드는 잠이야말로 모태회귀본능이 일상적으로 발현되는 가장 대표적 공간이다. 잠에 빠져드는 순간 우리는 외부의 모든 자극으로부터 분리된 채 휴식과 안정을 취하지 않는가? 추운 겨울날, 따듯한 이불 속에서 빠져나오기가 그 얼마나 힘든 일인가? 잠이 부족해서일까? 아니면, 이불 속 온기를 포기하기 힘들어서일까? 굳이 매일 밤 빠져드는 잠의 세계가 아닐지라도, 견디기 힘든 스트레스 상황으로부터 벗어나기 위한 도피처로 수면에 의지하는 사례는 임상적으로뿐 아니라 우리 주변에서도 경험적으로 흔치 않게 볼 수 있다.

어린아이들이 종이박스에 들어앉아 환하게 웃음 짓는 광경은 심심치 않게 마주칠 수 있는 장면이다. 아이들은 박스뿐 아니라 움푹하게 들어간 형태를 가졌다면 그 무엇이든 들어앉길 좋아한다. 바로 엄마 배 속을 연상시키기 때문이다. 또는 어두컴컴한 골방에 틀어박혀 나 혼자만의 고독을 즐기기도 한다. 어른이 되어 오지(奧地) 여행을 즐기는 것도 크게 다르지 않다. 때문지 않고, 세상에서 비켜선 오지야말로 우리가 몸과 마음을 숨기고 편안하게 쉴 수 있다는 기대를 안겨주기 때문이다. 같은 맥락에서, 『정감록(鄭鑑錄)』에 은신처로 소개된 십승지(十勝地)도 모태회귀본능과 무관해 보이지 않는다. 세상의 그 어떤 환난이 닥쳐도 안전하고 평안하게 살아갈 수 있는 곳으로 알려져 있으니 말이다. 예컨대 십승지의 으뜸으로 알려진 풍기의 금계촌은 풍수지리상으로 '금계포란형(金鷄抱卵形, 닭이 알을 품은 형상)'의 명당이라 알려져 있다. 엄마 배 속을 대신할 만한 곳으로 이보다 더 나은 곳이 또 있겠는가?

우리가 이 세상에 태어나는 순간은 일생일대의 사건이자 외상 경험이다. 따라서 모태회귀본능은 이 같은 엄청난 상처와 상실의 경험에 대한 반작용이며, 같은 이유로 이후의 모든 '현실도피'의 원형을 이룬다. 모태회귀본능은 엄마의 공간으로 되돌아가는 일이 현실적으로 불가능한 이상, 상징적으로나 상상적으로 구현된다. 엄마의 공간이라는 완벽한 보호처를 떠난 이상, 우리는 이제 앞만 보고 세상과 부딪히며 살아갈 수밖에 없다. 다시는 엄마 배 속으로 되돌아갈 수는 없기에……. 되돌아갈 수 없을뿐더러, 설사 돌아갈 수 있다 한들 (근친상간의) 금기가 강력하게 작용하기도 한다. 동서고금을 막론하고, 땅속 깊숙이 들어가 자원을 캐는 일은 천민에게나 불구자에게만 맡겨졌다. 깊은 땅속이 금지된 엄마의 공간을 상징하는 만큼, 보통 사람은 접촉할 수 없는 불가촉천민이거나 이미 상징적으로 '거세된' 불구자만이 그 공간을 탐험할 수 있었다. 덥고 습하며 어두컴컴한 '막장'에 서려면 목숨을 걸어야 한다.

아직 우리나라에서는 시작단계에 머물러 있지만, 정신분석 치료를 위해 내담자가 장의자에 눕는 것은 태아 자세를 흉내내기 위해서이다. 바깥의 자극을 최소화하고, 내적 자극은 최대화하기 위한 방편이다. 믿기 힘든 사실이지만, 유능한 정신분석가가 인도하는 경우 수년간의 성공적인 정신분석이 이루어질 때 주체는 자기 자신의 탄생 순간에까지 거슬러 올라갈 수 있다고 보고되고 있다(도널드 위니콧). 이 또한 검증하기 힘든 사실이지만, 죽었다가 기적적으로 되살아난 임사체험자 중 상당수가 죽음의 세계에 진입하기 위해 어두컴컴한 터널 같은 곳을 지난다고 증언한다. 우리가 태어나면서 통과했던 엄마의 '산도(産道)'가 무의식에 남아 있어서일까? 우리의 무의식은 결코 죽음을 사유할 수 없는 까닭에[절대적 무(無)], 죽음을 사유하려면 생명이 태어나는 순간을 빌어 사유할 수밖에 없을 뿐이다.

모태회귀본능을 가장 광범위하게 마주칠 수 있는 곳은 바로 문학의 세계이다. 문학작품이야말로 인간적 상상력의 무한한 보고이기 때문이다. 탐험소설에 자주 등장하는 화산분화구며 보물섬은 우리가 일찍이 엄마 배 속을 경험하지 못했다면 탄생하기 힘들었을 문학적 배경들이다. 구약성경에는 요나가 고래에게 삼켜진 후 '3일 동안' 고래 배 속을 탐험한다는 재미있는 이야기도 소개된다. 모두 광대무변하고 소중하면서도 두려운 엄마의 공간을 문학적 상상력을 통해 재구성한 산물들이다. 이보다 더 무시무시한 고래도 있다. 거칠고 끝 모를 바다를 누비며 평생 어머니-백경을 찾아나선 『모비딕』의 에이허브 선장이 이미 한쪽 다리를 고래에게 갖다바친 인물이란 설정은 소설적 논리뿐 아니라 정신분석적 당위성을 갖췄다. 마침내 고래를 잡으려는 순간, 선장은 "작살의 줄이 순식간에 목을 휘감아" 죽는다. 태어나기도 전에 탯줄에 목이 감겨 숨지는 태아—선장은 금기에 도전하는 인간적 무모함을 상징한다. 문학적 상상력은 자유지만, 자연의 섭리를 어길 수는 없는 노릇이다.

과문한 탓에 확신할 수는 없지만, 필자의 생각으론 모태회귀본능이 문학작품을 통해 가장 표본적으로 나타나는 사례는 물 위를 떠도는 나룻배의 이미지이다. 다음을 읽어보자.

"나는 매번 그 광경을 볼 때마다, 나중에 내가 내 마음대로 살 수 있게 되면, 그대로 따라하고 싶다는 생각을 그 얼마나 여러 번 했던가. 남자가 젓던 노를 내려놓은 채, 조각배 깊숙이, 등을 붙이고 드러누워, 머리는 아래로 떨구고, 배는 강물이 흘러가는 대로 내버려둔 채, 자기 위로 천천히 흘러가는 하늘만 올려다볼 뿐, 남자의 얼굴엔 행복과 평온이 그윽이 서린 바로 그 광경을……." (마르셀 프루스트, 『잃어버린 시간을 찾아서』, 1987)

이 구절은 프루스트의 유명한 소설 『잃어버린 시간을 찾아서』에서 인용한 대목이다. 소설의 화자가 어린 시절 '게르망트 쪽'을 거닐며 비본 강에서 마주쳤던 풍경을 묘사하는 대목이다. 우리말 번역문인 까닭에 어휘적 분석은 불가능하지만, 그럼에도 불구하고 형상만으로도 태아가 탄생하기 전 머물렀던 엄마의 배 속 풍경을 그리고 있다는 것을 쉽게 알 수 있다. 조각배는 태반을, 흐르는 강물은 양수를, 배에 드러누운 남자는 엄마 배 속에 얌전히 들어앉은 태아의 모습 그대로이다. 한편 "조각배(barque) 깊숙이"란 표현은 한낱 조각배인 까닭에 깊숙한 곳, 옅은 곳이 따로 있기 힘들다는 점에서 볼 때, 객관적 묘사라기보다 무의식적 욕망에 따른 심리적 묘사라고 볼 수 있다. 무의식적으로, 엄마 배 속 깊숙이 자리 잡고 싶다는 희구를 담고자 했기 때문이다. 문학작품에서 그려지는 현실이 실제의 현실이라 믿는다면 큰 착각이다. "머리를 아래로 떨구고"란 표현 또한 객관적 묘사로 볼 수도 있지만, 탄생 장면을 암시하는 구절로도 이해할 수 있다.

작은 배에 몸을 싣고서, 흐르는 강물에 내맡긴 채, 하늘가에 떠도는 구름을 바라다보는 풍경은 이 풍진세상을 만나 그 누구라도 한 번쯤 탐하고픈 희망 한 조각은 될 법하다.

우리가 엄마에게서 태어났듯 죽어서 엄마에게로 되돌아가야 한다는 것은 자연의 이치인 듯하다. 우리가 죽어서 묻히게 될 바로 그 땅속의 무덤, 여인(엄마)의 봉긋한 가슴을 '젖무덤'이라 하지 않던가.

🌿 모태회귀본능
   세상살이가 힘겨울 때마다
   우리 모두가 태아 시절 열 달 동안 체류했던
   엄마 배 속으로 다시 돌아가고자 하는
   무의식적 희구를 뜻한다.

집안의 내력

K는 내가 몇 해 전 봄부터 여름까지 심리치료 연수를 받으러 다니던 기관에서 행정 일을 맡아하던 여직원이다. 내가 연수를 마칠 무렵 K는 자기가 할머니가 되었다며 무척이나 기뻐하며 만나는 사람마다 갓 태어난 손자 사진을 보여주며 흥분을 감추지 못했다. 올해로 꼭 만 40세인 그녀는 스포츠광인지라 나이보다 훨씬 젊어 보인다. 20~30대 여성 뺨치는 외모를 가진 그녀가 할머니라니? 물론 그녀의 실제 나이인 40세가 결코 적은 나이는 아니지만 할머니가 되기에는 너무 젊지 않은가? 호기심에 여러 차례 그녀에게 질문을 던져본 결과, 그녀는 20세에 첫 딸을 낳았단다. 그 후 딸 하나를 더 낳았는데, 이번에 K에게 첫 손자를 선사한 자녀는 바로 둘째 딸로 올해 19세라고 한다. 그러고 보면 딸도 엄마 못지않게 일찍 결혼하고 일찍 자식을 낳은 셈이다. 모전여전(母傳女傳)?

우리 주변에서 이 같은 대물림의 사례들을 얼마든지 찾아볼 수 있다. 이혼 사례가 있는 집안에서의 이혼율이 여느 가정에서보다 높을 뿐만 아니라 이혼한 부모를 둔 자녀들조차 나중에 이혼하는 비율이 평균보다 높다는 것은 이미 잘 알려진 사실이다. 부모의 이혼으로 인한 상처는 자녀의 무의식에 지우기 힘든 흔적을 남김으로써 본인 스스로 통제하기 힘든 방식으로 불거질 수 있기 때문이다. 자살의 경우도 크게 다르지 않다. 몇 년 전 유명 여배우가 자살을 한 지 얼마 되지 않아 남동생이 뒤따라 자살함으로써 사회에 큰 파장을 일으킨 바 있다. 가족은 아니지만 연예인들 사이에 자살이 유행병처럼 번지는 것은 그야말로 심각한 사회문제가 아닐 수 없다. 연예인들 사이를 묶어주는 강한 동류의식만큼이나 이들의 행동이 청소년들에게 끼칠 수 있는 영향력 또한 결코 무시할 수 없다.

얼마 전 미국 언론에 발표된 연구에 따르면, 미국의 경우 결혼한 가정에서 자란 자녀들이 동거하는 부모 밑에서 자란 자녀들보다 결혼하는 비율이 훨씬 높은 것으로 조사됐다. 부모로부터의 대물림이 장차 자녀의 결혼 여부에까지 영향을 미친다는 것이다. 나아가 미혼모 엄마에게서 태어난 딸이 미혼모가 될 가능성이 상대적으로 높다는 데 대해서는 아직 과학적으로 입증된 바는 없지만, 개연성이 높은 사실이라 여겨진다. 부모의 '업'을 짊어진 자녀로서는 심리적 위기를 맞을 때마다 이미 학습된 경로를 밟을 가능성이 그만큼 높은 까닭에서이다. 하지만 이 같은 대물림의 상관관계가 결코 절대적이라고 말할 수는 없는데, 개개인의 성장과정과 환경적 요인 또한 못지않은 영향을 끼치기 때문이다.

요컨대, 가족이란 유전적, 생물학적 대물림이 이루어지는 공간일 뿐만 아니라 주체가 태어나서 정신적으로 형성되고 교감하며 발전해나가는 가장 원초적인 울타리 역할을 한다. 따라서 가족의 테두리 내에서 행해지는 모든 것은 그 구성원들에게 언제나 큰 저항 없이 동일화를 촉진함으로써 그 가족만의 고유한 연대감으로 나타내게 마련이다. 가족이란 바로 '나'의 확장된 모습이기 때문이다.

나아가 부모는 이처럼 자녀들에게 생물학적, 환경적 자산뿐 아니라 (무의식적) 욕망의 틀조차 물려준다. 우리 모두가 오이디푸스 콤플렉스를 겪으며 우리 자신의 욕망을 형성하게 마련이기 때문이다. 자녀가 장차 성인이 되어 배우자를 선택할 때도 결코 예외가 아니다. 무의식적 부모의 상이 절대적인 영향력을 발휘하기 때문이다.

정신분석 현장에서라면 언제나 확인 가능한 사실이지만, 두 가지 사례만 소개하고자 한다. 근대철학의 초석을 놓은 프랑스의 철학자 데카르트가 사시(斜視) 여성만 보면 무조건적 애정과 숭배를 나타냈다는 사실은 널리 알려져 있다. 이성과 합리성을 모든 사유의 근본으로 삼고자 했던 데카르트가 이처럼 비이성적으로 행동했던 까닭은? 바로 어린 시절 데카르트가 엄마보다 더욱 사랑하고 따르던 유모가 사시 여성이었기 때문이다. 그런가 하면, 술주정뱅이 남성과 결혼한 이래 매일을 지옥처럼 보내는 한 여성이 있다. 이 여성이 지금의 남편을 배우자로 삼기까지는 여러 이유가 있을 수 있겠지만, 가장 큰 이유는 바로 술주정뱅이 아버지를 두었다는 점이다. 어린 시절 아버지가 술주정을 부릴 때마다 그녀는 장차 자신이 성인이 되면 어떻게 해서든 아버지의 주벽을 고쳐드리고 망가진 가정을 다시 일으켜 세우겠다는 다짐을 하곤 했다. 이후 술주정뱅이 남성과의 만남은 일종의 계시처럼 여겨졌고, 어린 시절 품었던 욕망에 불이 붙었다. 결혼 후 그녀는 처음엔 남편의 주벽을 고치려고 무진 애를 썼지만, 머지않아 헛된 희망임을 알고는 현재 이혼을 고려 중이다. 두 번째로 만나게 될 남성이 또 다른 술주정뱅이가 아니란 보장은 전혀 없지만……

부모로서의 책임이 무거울 뿐만 아니라, 때론 무섭기조차 하다는 느낌이 든다.

🌿 가정

영국의 아동정신의학자 도널드 위니콧의 저서 중에
『가정이란 우리의 뿌리가 뻗어나온 곳(Home is where we start from)』
(한국어판: 『가정 우리 정신의 근원』, 2017)이란 책이 있다.
책의 제목 자체가 우리의 인성 형성에 대한
거의 모든 것을 말해준다.

나도 아이를
낳고 싶다

　몇 해 전 일간지의 대기자인 지인이 자기 칼럼에 아이를 낳지 말자고 썼다가 큰 곤욕을 치렀다는 얘기를 들었다. 아이를 낳고 말고의 문제가 당사자의 문제가 아니라, 경제문제로만 다루어지는 현실을 신랄하게 꼬집는 칼럼이었다. 아이를 낳아 키우고 싶어도 개인적으로나 특히 사회적으로 점점 더 그럴 만한 여건이 안 되니 차라리 아이를 낳지 말자는 취지의 글이었다. 용기 있는 소신이란 점에서는 칭찬받아 마땅하지만, 사회적으로 무척이나 민감한 문제에 대해 공개적인 장소에서 너무나 솔직했던 탓에 커다란 반향을 불러일으켰던 것 같다. 문제의 대기자는 여성으로, 세 자녀를 둔 어머니였다. 개인적으로 나는, 적어도 아이를 낳고 키우는 문제에 관한 한 가장 중요한 이해당사자인 여성의 관점을 우선시해야 한다고 생각한다. 마찬가지 이유로, 출산에 관한 정책 입안에서도 자녀를 둔 여성의 참여 몫이 커야 한다고 생각한다.

　그래서였는지는 알 수 없으나(?), 2018년 발표된 우리나라의 저출산 관련 통계는 무척이나 놀랍다. 합계출산율(가임 여성 한 명이 평생 낳을 것으로 예상되는 평균 출생아 수)이 0.98명에 불과하여 OECD 국가 중 최저이고, 전 세계적으로도 유일무이한 '1명대 미만' 국가가 되었다고 한다. 이 수치는 전쟁이나 사회체제 붕괴 등과 같은 급변사태가 발생할 때나 나타나는 수치라고 한다. 도대체 우리 사회에 무슨 일이 벌어지고 있단 말인가? 무슨 큰 재앙이라도 닥친 것일까? 합계출산율이 2.1명은 되어야 현상 유지가 가능하다고 하니, 우리나라의 경우 저출산율뿐 아니라 초고령화(65세 이상의 인구가 전체 인구의 20퍼센트 이상인 경우) 또한 급속도로 진행됨으로써, 이제 앞으로 3년 후부터는 인구가 줄어들 것이라고 한다.

우리나라의 저출산 문제는 십수 년 전부터 예견되어온 현상으로, 큰 우려를 낳고 있는 것이 사실이다. 저출산율도 문제이지만 출산율이 떨어지는 속도가 너무나 빨라 대처하기에 이미 시기를 놓쳤다는 분석이 우세하다. 물론 이러한 우려는 국가경영이나 경제적 관점에서 비롯하는 것들이 주를 이룬다. 인구가 줄면 국력이 떨어지고 국가의 생산성이 저하할 뿐만 아니라, 사회적 기반을 모조리 뜯어고쳐야 할 필요성이 시급하게 대두된다는 따위의 논지이다. 인구가 감소하면 사회의 활력이 사라지고 무기력해지며, 노동력 부족으로 인해 젊은이 한 명이 노인 두 명꼴로 부양해야 하는 사태가 머지않아 벌어진다는 등의 암울한 미래가 점쳐지고 있다. 실제로 우리 주변을 돌아보면, 초등학교나 대학들이 이미 하나씩 둘씩 문을 닫기 시작했고, 적잖은 지자체들이 소멸 위기에 직면해 있다. 하지만 인구 감소가 예컨대 청년 실업 등에 반드시 저해요인으로만 작용하지는 않을지도 모른다는 반론도 만만치 않으며(특히, 일본의 예), 저출산이 우리나라와 같은 인구 과밀국가에 장차 어떤 긍정적인 결과를 초래하게 되는지도 예측하기 쉽지 않다. 지금까지 이런 경우는 한 번도 없었으니 말이다. 게다가 그간 저출산을 막기 위해 국가적으로 수많은 정책들이 펼쳐졌지만 모두 실패로 돌아갔는데(십수 년 동안 백조 원 이상의 국가 예산을 쏟아부었다고 한다), 도대체 아이의 잉태와 출산과 같은 개개인의 '속사정'에 과연 국가가 개입할 수 있기는 한 건가?

우리는 어째서 아이를 낳으려 하질 않는가? 이제까지 행해진 수많은 연구조사에 따르면, 아이를 갖고자 하는 의욕을 꺾는 요인들은 그야말로 복합적으로, 그 가장 커다란 요인으로는 경제적 요인이 첫손에 꼽힌다. 예를 들어 한국경제연구원이 비교적 최근에(2018년 7월) 20~40대 직장여성들을 대상으로 행한 연구조사에 따르면, 저출산 요인 중 '소득 및 고용불안'이 무려 30.6퍼센트에 달하고, 그 뒤를 이어 '사교육비 부담'이 22.3퍼센트에 달하는 것으로 밝혀졌다.

더불어, 주목할 만한 점은 미혼 직장여성 10명 중 6명이 앞으로 결혼할 계획이 없다고 밝혔다니, 우리 주변에서 아이 울음소리를 듣게 될 가능성은 앞으로도 여전히 희박하다고 점칠 수밖에 없다. 이 점과 연관하여, 공무원 사회의 출산율이 평균 출산율의 두세 배에 이른다는 발표 또한 반드시 긍정적으로만 바라볼 일은 아니다. 여성 공무원들의 출산율이 이처럼 상대적으로 높은 까닭은 무엇보다 공무원 사회에서 출산휴가며 출산 후 복직 등 법으로 정한 규정들이 어느 정도 '법대로' 지켜지고 있기 때문이다. 이는 역으로, 공무원 사회가 아닌 대부분의 환경에서는 법이 법대로 지켜지지 않는다는 뜻이다. 바로 성의 불평등, 출산으로 인한 불이익 등 사회정의의 문제가 저출산 문제와도 밀접하게 연관되어 있는 까닭이다.

'사교육비 부담' 등과 함께 특유의 한국적 상황으로 최근 자주 언급되고 있는 요인은 '집값 폭등'의 문제이다. 최근 발표된 한 언론보도에 따르면, 서울의 25개 구 중에서 가장 높은 출산율을 나타내는 구는 성동구이며, 그 이유는 집값 폭등으로 인해 생겨난 심리적 안정감에 힘입어 두 번째 자녀를 낳는 비율이 상대적으로 높아졌기 때문이라고 한다. 정말일까? 그럼, 집값이 폭등하지 않은 여타 지역들의 출산율은? 차라리 웃자고 쓴 기사는 아닐까? 집값 폭등으로 인해 초래되는 경제적, 심리적 좌절감이 저출산으로 이어질 공산이 훨씬 더 클 테니 말이다.

어디 이뿐일까? 언론을 통해 발표되는 온갖 종류의 아동 대상 학대나 범죄, 점점 더 고약해지는 미세먼지 등의 사회적, 환경적 문제들 또한 비단 가임여성들뿐 아니라 사회 구성원 모두로 하여금 미래를 비관적으로 바라보게 만드는 요인임에 틀림없다. 예전엔 보기 힘들던 질환(아토피, 천식 등)이나 장애를 가진 아동들이 점점 더 많이 눈에 띈다는 사실 또한 출산 의욕을 가로막는 요인 중 하나가 될 듯싶다. 고도의 물질문명과 상업주의를 향해 치닫고 있는 오늘날의 우리 사회에서 아이를 낳아 키우고 싶다고 결심하려면 더 많은 돈과 더 많은 부담뿐 아니라 나아가 비상한 '용기'를 필요로 할는지도 모를 일이다.

출산 후 예전에 없던 산후조리원에서 몸을 추스를 생각을 거두고, 자녀의 백일잔치나 돌잔치를 군이 호텔 등지에서 호사스럽게 치를(이 또한 예전에 없던 풍속이다) 생각을 하지 않으며, 자녀를 위해 사교육비를 지출

할 생각을 버리려면 경제적인 고려를 넘어 남다른 '강단'이 필요하지 않을까? 아이를 가질 수 있는 특권을 가진 여성도 아니요 나이도 많은 나에게 물어볼 리도 만무하지만, 만일 누군가가 나에게 아이를 가질 생각이 있느냐고 묻는다면, 나는 앞에 소개한 지인마냥 개인적 여건도 따라주질 않지만 겁이 나서 도저히 아이를 가질 엄두가 나질 않는다고 대답할 것만 같다. 인간의 욕구단계를 이론화한 '매슬로의 피라미드'(185쪽 4부 〈매슬로의 피라미드〉 참조)에 따르면, 우리 사회는 여전히 피라미드의 가장 밑바닥을 이루는 '생리적 욕구'와 '안전 욕구'에 머물러 있는 셈이다.

경제적 요인들이 비교적 수치화하기 쉬운 것들인 데 반해, 수치화하기 힘들지만 저출산을 초래하는 또 다른 주요 요인들이 있다. 바로 가치관의 변화 내지는 풍속의 변화이다. 다시 말해, 사회적으로 개인주의적 성향이 급속도로 파급됨으로써 공동체 의식보다는 개인, 즉 '나'를 그 무엇보다 우선시하는 태도가 점점 더 세력을 확장하고 있는 까닭에서다. 하루가 멀다 하고 불거지는 '갑질' 논란이나 '미투' 운동이야말로 이제까지 억눌려왔던 '개인'들이 목소리를 내기 시작했다는 신호탄이며 곧 '개인'의 권익신장을 꾀하고자 하는 개인주의가 우리 사회에 더욱 뿌리깊이 자리 잡아가고 있음을 말해주는 현상임에 틀림없다.

근대사회가 '개인'의 탄생으로 비롯했다는 사실은 이제는 널리 공인받고 있는 사실이다. 오늘날의 우리 사회가 점점 더 서구화되어 가고 있고, 구태의연보다는 유유자적이나 자아실현을 선호하며, 공동체적 가치보다는 '지금, 이곳'에서의 개인적이고 현세적인 가치를 선호하는 방향으로 나아가고 있다는 점은 확실해 보인다. 그리고 이 같은 개인들에게 결혼이나 출산의 문제는 공동체의 문제이기에 앞서 내가 결정하고 나만이 책임져야 하는, 전적으로 개인적인 문제일 따름이다……. 따라서 결혼이나 출산은 예전과 달리 필수가 아니라 선택사항이 되어버림으로써, 시기는 늦춰지고 출산율은 낮아질 수밖에 없는 것이다. 호불호의 문제, 또는 세대의 문제를 떠나, 나는 앞으로의 우리 사회에서 개인주의 성향이 더욱더 심화해나가리라 전망한다. 더불어, 이 같은 개인주의적 성향의 영향으로 출산율은 좀처럼 높아지지 않으리라 여긴다.

관점은 전혀 다르지만, 수치화하기 힘든 또 다른 주요 저출산 요인으로 자연의 자정(自淨) 활동을 또한 고려해봐야 할 듯하다. 구체적으로, 자연의 '보이지 않는' 손이 작용함으로써 우리나라와 같은 고밀도국가에 불가항력적으로 저출산 현상이 초래된다는 가정이다. 이 같은 현상은 수치화가 거의 불가능하고 인간의 인위적인 노력과 거의 무관하게 진행된다는 점에서 볼 때 비이성적이고 비과학적으로 비치긴 하지만, 완전히 무시할 수는 없을 듯이 보인다. 예컨대 새로운 개체 유입으로 기존의 생태계가 헝클어졌다가 다시금 안정을 되찾는다거나, 공해가 심한 환경에서 인간의 속눈썹이 길어지는 현상 등은 과연 어떻게 설명해야 한단 말인가? 사실상 이 같은 자연의 자정 활동은 우리나라를 비롯한 고밀도국가들(대만, 방글라데시 등)의 출산율이 한결같이 낮다는 데서도 간접적으로 관찰되고 있다.

문제 해결에는 정확한 문제 제기가 필수적이다. "우리는 어째서 점점 더 아이를 낳지 않는가?", 또는 "우리는 앞으로 더 많은 아이를 낳아야 한다" 등의 문장은 미흡하다. 출산을 담당할 개인의 자리가 불분명하고, 출산의 명분이 개인주의적이 아니라 구태의연하거나 의무나 당위성으로 표현되어 있기 때문이다. 어쩌면 이제껏 시행돼왔던 수많은 출산 장려 정책이나 시도가 실패한 까닭은 문제제기가 정확하지 못했기 때문일 수 있다. 인구학자도 사회학자도 아닌 나는 이 같은 문제 제기를 다음과 같은 문장으로 표현하고자 한다.

"나도 아이를 낳고 싶다"…… 자, 여기에 어떻게 대답해야 할 것인가?

🌾 저출산 문제에 대한 해결책?
문제 해결에는 정확한 문제제기가 필수적이다.
어쩌면 이제껏 시행돼왔던 수많은
출산 장려정책이나 시도가 실패한 까닭은
문제제기가 정확하지 못했기 때문일 수 있다.

사춘기

봄 이야기이다. 혹독한 겨울을 지낸 만큼 성큼 다가온 봄이 그렇게 반갑고 고마울 수 없다. 오랫동안 얼어붙었던 땅거죽을 뚫고 어김없이 솟아나는 푸른 새싹들은 그야말로 놀라운 생명력과 어김없는 자연의 힘을 보여주는 산증인이다. 나아가 산야 곳곳에 흩뿌려진 봄꽃은 한국인의 집단 무의식에 깊이 뿌리박힌 순박하면서도 끈질긴 우리네 정서를 그대로 빼닮은 듯하다. 내 인생의 사진첩에는 개나리, 진달래가 어떤 풍경으로 자리 잡고 있을까? 내년에는 또 어떤 사진을 덧붙일 수 있을까?

우리를 찾아오는 봄의 풍경은 비단 자연에만 국한하지 않는다. 봄은 우리네 삶에도 어느 시기가 되면 어김없이 찾아들기 때문이다. 이른바 사춘기(思春期). 봄을 생각하는 나이…… 얼마나 아름다운 우리말인가? 누가 이처럼 아름다운 말을 만들었는지는 알 수 없으나, 아무튼 봄이면 우리 산야를 곱게 물들이는 정겨운 풍경이 없었더라면 탄생하기 힘든 말이었으리란 생각을 해본다. 한편, 같은 현상을 가리키는 서양말인 'puberty'는 어원적으로 '털 나는 나이'임을 의미한다. 털이 나는 나이와

봄을 생각하는 나이…… 똑같은 현상을 가리키되, 그 말의 차이는 마치 밋밋하고 메마른 산문과 함축적이고 멋들어진 시어의 차이를 연상시키는 듯하다.

시대와 환경에 따라 다르긴 하지만, 오늘날 사춘기는 대개 만 11~13세 전후로 찾아드는 것으로 간주한다. 물론 여기에 개인차를 보태면 그 편차는 더욱 커질 수밖에 없다. 상대적으로 조숙한 여자아이들이 남자아이들보다 먼저 사춘기를 맞이한다는 것은 굳이 전문가가 아니더라도 주변에서 쉽게 목격할 수 있는 사실이다. 그런가 하면 오늘날 사춘기는 점점 더 빨라지고 있다. 예전에는 고등학교에서나 볼 수 있던 일들이 중학교에서, 중학교에서 흔히 볼 수 있던 일들이 초등학교 고학년에서 목격되는 식이다. 요사이 어린 여학생들 사이에 유행처럼 번지는 '첫 키스'는 예전 같으면 고등학교, 혹은 대학에서나 있을 법한 일이었지만 이제는 여중생 사이에서 거의 통과의례가 되어버린 듯하다. 물론 그 무리에 끼지 못할 경우 친구들의 놀림감이 될 각오를 해야 한다. 이처럼 사춘기가 점점 더 빨라진 데에는 아이들의 영양 상태가 점점 더 좋아지고 있고 아이들이 사회적으로 점점 더 많은 자극에 노출되어 있기 때문이기도 하지만, 여기엔 환경 호르몬도 적지 않은 역할을 하는 것으로 알려져 있다. 생존을 위해 환경에 적응할 수밖에 없는 이 세상의 모든 생명체는 이제 환경오염에도 적응을 해야 하는 고약한 세상이 되어버렸다.

사춘기는 성호르몬이 왕성하게 분비됨으로써 신체에 찾아드는 여러 변화들로부터 시작한다. 이때가 되면 여자아이는 최초의 월경을 비롯하여 여성으로서의 성징이 점차로 뚜렷해지기 시작한다. 첫 생리는 여자

어른이 되어가고 있음을 알리는 신호탄이며, 바로 여자만이 아기를 낳는 능력을 가질 수 있다는 사실을 머리가 아니라 몸으로 실감하는 계기이기도 하다. 이보다 조금 늦게 사춘기를 맞이하는 남자아이도 어른에 버금가는 남성적 성징을 갖추기 시작한다. 이 시기의 청소년들이 특징적으로 보여주는 현상이 있다. 바로 정신분석학에서 '작은 차이에의 숭배'란 개념으로 설명하는 부분이다. 이는 곧 자신의 몸에서 나타나기 시작한 남녀로서의 성징에 불안감을 품고 있는 청소년 남녀가 이를 불식시키기 위한 목적으로 남성성이나 여성성에 대한 사회통념적인 표식을 과장되게 나타내려는 경향을 일컫는다.

예컨대 사춘기의 여자아이라면 자기 치수보다 큰 가슴가리개를 한다거나 엄마의 립스틱을 몰래 발라봄으로써 불안한 자신의 여성성을 다독거리기도 하고, 남자아이의 경우라면 일부러 거친 태도를 보인다거나 신체 단련에 과도하게 몰두하기도 한다. 남성성, 여성성을 자기 몸에서 발견하기 시작한 예비어른들이 거치게 마련인 자연스러운 시행착오인 셈이다. 이렇듯 사춘기에 접어들면 남자아이와 여자아이는 모두 인생의 '봄'을 맞이하긴 하지만, 가장 큰 문제는 변화하는 몸에 비해 마음이나 정신이 뒤따르지 않는다는 데 있다.

프랑스의 유명한 정신분석가인 프랑수아즈 돌토의 비유에 따르면, 이 시기의 청소년들은 이른바 바닷가재 콤플렉스를 앓는 셈이다. 마치 바닷가재가 성장을 위해 이제까지 어린 몸을 감싸고 있던 작은 허물을 벗어던지고 더 커다란 보호막을 구축하기 전까지는 바깥의 자극과 공격에 그대로 노출될 수밖에 없듯이, 청소년들도 크게 다르지 않다는 점을 빗대기 위한 비유이다.

청소년기의 남녀가 질풍노도와도 같은 격한 감정에 쉽게 사로잡히고 부모와 학교의 권위에 대항하며, 터무니없는 기행이나 비행에 쉽게 빠져들기 쉬운 까닭이기도 하다. 자신도 어째서인지 그 이유를 알 수 없는 본능이나 충동이 엄습함으로써 극심한 수치심을 느끼거나 불안감에 떨기도 하고, 견디기 힘든 내면의 혼란과 고통을 피하고자 어른들이 이해하기 힘든 극한 행동을 취하기도 한다. 아이도 아니요 어른도 아닌 어정쩡한 상태에서 자기 자신을 찾으려는 힘겨운 노력은 그 끝이 어디인지 갈 데까지 가보자는 한계에의 도전으로 나타나기도 하고, 반항이나 일탈행위, 담배나 술, 마약, 게임, 인터넷 탐닉 등과 같은 중독현상으로 표현되기도 한다. 청소년 깡패가 어른 깡패보다 더 무서운 까닭은 한계에 대한 의식이 상대적으로 희박하기 때문이다.

그런가 하면, 이 시기의 청소년은 부모나 어른의 권위보다는 같은 또래의 말이나 판단에 더욱 영향을 받거나, 어디로 튈지 모르는 상황이 언제라도 연출될 수 있다. 어른을 모방하고 싶은 욕망과 배척하고 싶은 욕망이 얼마든지 공존할 수 있는 시기이기도 하다. 어른의 몸이 되어가는 청소년이 근친상간의 위험을 피하기 위해 부모에게 거칠게 반항하는 사례도 적지 않다. 이를테면 청소년 자신도 깨닫지 못하는 무의식적인 전략인 셈이다.

그렇다면 사춘기 내지는 청소년기는 과연 언제 끝이 나는가? 사실상 사춘기가 언제 시작되는지는 비교적 쉽게 적시할 수 있는 데 반해 그 끝이 어디인지에 대해서는 전문가들 사이에서도 의견이 분분하다. 우리나라에서는 흔히 사춘기를 고등학교 시절까지로 간주하는 경향이 있지만, 입시로 인한 중압감이나 기타 여러 사회적 여건을 고려할 때 그 끝을 대학 시절까지로 길게 보는 전문가들도 있다. 개인적으로, 나는 사춘기의 끝을 명확하게 적시하지 않는 편이 오히려 실제현상에 보다 충실한 태도가 아닐까 생각한다. 우리 주변에는 애늙은이가 있는가 하면 애 같은 늙은이도 얼마든지 존재하며, 중년의 남녀에게서도 청소년기의 전형적인 특징들을 적잖이 찾아볼 수 있기 때문이다.

청소년기의 문제는 현대문명과도 긴밀하게 연관되어 있다. 어른의 기준을 독립적 인격체의 완성으로 보느냐, 아니면 여기에 경제적 독립까지 포함할 것인가에 따라 그 잣대는 얼마든지 달라질 수 있다. 부모의 품을 떠나고 싶어도 사회 · 경제적 여건, 혹은 기타의 이유로 그렇지 못한 성인 자녀들이 적지 않은 현실이다. 여기에는 심리학적 문제뿐 아니라 여러 사회 · 문화적 문제들이 함께 얽혀 있다. 오늘날 자녀의 교육 기간이 점차로 길어지고 있으며 경제적 여건이 삶의 패러다임에서 차지하는 비중이 점차로 증가하고 있는 만큼, 어쩌면 심리적인 이유만으로 청소년기를 규정하기에는 역부족이라 하지 않을 수 없다.

패러다임이 바뀌면 분석의 틀 또한 바뀔 수밖에 없는 법이다. 과거에는 청소년기가 딱히 존재하지 않았었다는 사실이야말로 이런 점을 단적으로 말해준다. 오직 아이의 세계와 어른의 세계만이 있었을 따름이다. 어느 화창한 봄날, 남원골 광한루에서 이팔청춘(2×8=16세) 이몽룡과 성춘향이 벌이는 낯 뜨거운 수작은 청소년문학이 아니라 성인문학이 아닌가?

부모의 입장에서는 이처럼 어려운 시기에 놓인 청소년들을 어떻게 대해야 할까? 뾰족한 방법은 없는 듯하다. 다만 부모의 역할에 충실한 수밖에는. 부모의 역할이란 심한 간섭은 삼가되, 자녀가 올바로 성장하기 위한 튼튼한 울타리를 제공하고 큰 방향을 제시하는 일이다. 나아가 자녀와의 갈등을 두려워해서는 곤란하다. 갈등은 회피하지 않고 갈등답게 겪을 때라야 비로소 청소년에게 구조적으로 작용할 수 있기 때문이다. 문제를 일으키는 자녀에게 부모가 친구처럼 대해서는 곤란하며, 차라리 기꺼이 스파링 파트너가 되어줄 용기를 가질 필요가 있다.

전혀 위안거리는 못 되지만, 영국의 저명한 정신분석가인 도널드 위니콧은 청소년기는 그저 지나갈 때까지 기다리는 수밖에 없다고 말한다. 그때가 언제인지는 모르지만, 그때까지 부모의 속이 시커멓게 타들어가지 않기만을 바랄 수밖에…… 인생의 봄을 통과하여 여름, 가을을 맞이하기가 그만큼 힘든 일이기 때문이다.

🌿 작은 차이에의 숭배
  자신의 몸에서 나타나기 시작한
  남녀로서의 성징에 불안감을 품고 있는
  청소년 남녀가 이를 불식시키기 위한 목적으로,
  남성성이나 여성성에 대한 사회통념적 표식을
  과장되게 나타내려는 경향을 말한다.

아이의 도벽

K는 올해 열 살 난 미소년이다. 마지막 상담치료일인 그날, K는 혼자가 아니라 엄마와 아빠를 대동한 채 진료실을 찾았다. 물론 이전에도 K는 심리치료사의 요청이 있을 때마다 엄마와 함께 상담치료를 받았지만, 이날은 특별한 날인 만큼 아빠까지 함께 진료실을 찾았다. 아빠의 전근으로 온 가족이 타지로 떠나기에 앞서, 심리치료사에게 감사의 말을 전하는 동시에 아이가 타지에서 어떻게 생활해야 하는지 전문가의 조언을 얻기 위한 방문이었다.

K는 한눈에 보기에도 건강한 아이로 보였다. 아이의 얼굴에서는 연신 미소가 감돌았고, 무엇보다도 기민해 보였다. 그간의 상담치료를 통해 내면의 안정을 얻은 결과이기도 하겠지만, 아이가 원래부터 건강한 아이였다는 느낌이 들었다. 경험이 쌓이다 보면 아이가 어떤 아이인지, 예컨대 신경증을 가진 아이인지, 정신병을 가진 아이인지, 아니면 정신병까지는 아닐지라도 정신병적 성향을 가진 아이인지 대번에 감지할 수 있다. 물론 심리치료사는 내담자를 대할 때 결코 느낌이나 선입견으로 대하지는

않지만, 내담자에 관계된 것이라면 무엇 하나 소홀히 할 수 없다.

평생토록 6만 명의 아동을 진료했던 영국의 아동정신분석가 도널드 위니콧은 대기실에 일부러 놔둔 의료용 주걱을 아이가 어떻게 가지고 노는지 20초만 관찰하면 그 아이의 정신세계를 훤히 꿰뚫어볼 수 있었다고 한다. 프랑스의 유명한 아동정신분석가 프랑수아즈 돌토는 아이의 그림만 보고서도 그 아이의 할아버지, 할머니 이름까지 알아맞히는 신통력을 가졌다고 알려져 있기도 하다.

아쉽게도 나는 K의 본격적인 심리치료에는 참여하지 못했다. 단지 아이의 마지막 진료일인 이날만 관찰자 자격으로 참여할 수 있었다. K가 엄마와 함께 처음 심리치료사를 찾게 된 까닭은 도벽 때문이었다. 언제부터인가 아이가 부산스럽고, 게다가 엄마의 지갑에서 지속적으로 돈이 사라진다는 사실을 알고 놀란 엄마가 전문가의 도움을 받기로 했던 것이다. 이 세상의 그 어떤 부모가 자기 자식이 도둑질한다는 사실을 알고 나서 황망하고 부끄러운 마음이 들지 않을 수 있겠는가.

하지만 부모가 무엇보다 먼저 알아야 할 것은 아이의 도벽을 결코 어른의 눈높이에서 바라봐서는 곤란하다는 사실이다. 어른과 달리 아이는 아직 소유의 개념을 갖지 못했을 뿐만 아니라 선악의 가치관조차 제대로 영글지 않은 상태에 머물러 있는 경우가 적지 않기 때문이다. 대개 아이들이 다른 사람의 물건을 훔치는 데에는 '아이다운' 사연이 숨어 있다고 보는 편이 보다 올바르다. 우리 아이가 왜 그런 짓을 했을까? 아이의 도벽이 결코 권장할 만한 일은 아니지만, 아이가 자기 것이 아닌 다른 사람의 물건을 훔치거나 탐하는 것은 어느 정도 정상적인 성장과정의 일부라고 너그러이 보아 넘겨야 한다. 따라서 아이의 좋지 못한 손버릇을 도둑질로 지칭하는 것은 사실에도 어긋날 뿐 아니라 자칫 잘못하면 아이에게 씻기 힘든 상처를 줄 수도 있다.

아이의 도벽은 남자아이가 여자아이의 경우에 비해 압도적으로 많이 관찰되며, 처음에는 사탕 같은 군것질거리나 먹을 것을 훔치다가 나중에는 식구들의 물건, 특히 엄마의 지갑(보물을 간직한 엄마의 몸)과 같은 상징적 물건들을 훔치는 경우로 발전하곤 한다. 임상의 관점에서 보면 아이의 도벽을 초래하는 원인으로는 다음의 몇 가지를 들 수 있다.

첫째로, 우리 인간이 인성 발달과정 중에 거치게 마련인 다섯 단계(구강기, 항문기, 남근기, 잠복기, 생식기기) 중 첫 단계인 구강기적 충동이 원인으로 작용할 수 있다. 도식적으로 말하면, 바로 구강기적 특성 중 하나인 탐욕의 감정이 충동적으로 불거짐으로써 나타나는 행태인 것이다. 아직 소유의 개념을 가지지 못한 아이는 눈에 보이는 것은 모두 자기 것이라 여기는 경향이 있다. 아이가 만 6~7세에 이르러 어느 정도 분별력이 생기기 전까지는 아이의 도벽이란 말이 성립하기조차 힘든 까닭이기도 하다.

둘째로, 아이는 자기가 닮고 싶은 인물의 물건을 훔치고는 한다. 즉 아이다운 '마법적 사고'의 발현으로, 아이가 훔친 물건의 원래 소유자인 또래의 동무나 어른을 닮고 싶은 욕망을 표현하는 셈이라 할 수 있다. 아이는 물건을 훔쳐서 자기 것으로 만들면 바로 그 물건의 소유자가 될 수 있다고 여기는 경향이 있기 때문이다.

셋째로, 금기를 깨뜨리고자 하는 욕망이 도벽으로 표현될 수 있다. 이 경우 아이의 도벽은 금기를 부과하는 부모나 사회에 대한 도전 내지는 반항을 의미하는 만큼, 특히 오이디푸스 콤플렉스와의 상관관계에서 주의 깊게 지켜볼 필요가 있다.

마지막으로, 도벽이 이와 같은 원인들과는 달리, 좀 더 심각한 정신적인 문제와 연관되어 나타날 수도 있다. 도벽은 정상적인 아이에서부터 신경증, 정신병을 가진 아이들에게까지 널리 관찰되긴 하지만, 행여 심각한 정신적 질환의 예비증후로 나타날 수도 있기 때문이다. 특히 청소년기의 도벽이 명백하게 반사회적 의미를 띠는 경우 아이의 도벽에 숨은 상징적 의미를 파악하는 일 못지않게 아이의 인성 자체를 깊이 파헤쳐볼 필요가 있다. 참고로 어른이 되어서도 하는 '도둑질' 중 하나인 표절도 그 기원은 아이의 도벽과 닮은꼴이다.

이 밖에도, 아이의 도벽은 보상심리, 해소되지 않은 갈등, 정신적 가학증, 자기징벌, 통과의례 등의 여러 의미를 띨 수 있다. 이처럼 아이의 도벽을 조장하는 원인은 무척이나 다양하지만, 이 모든 원인의 가장 밑바닥에는 거의 언제나 부모로부터의 애정결핍이 문제가 된다는 사실에 주목할 필요가 있다. 거의 모든 임상관찰의 경우를 살펴보면 아이의 도벽은 태어난 지 첫해에서 둘째 해 즈음에 발생한 애정결핍의 경험이나 분리불안이 그 원인(遠因)으로 지적되고는 한다. 하지만 구체적으로, 아이의 도벽을 촉발하는 계기는 지금 이 시기에 엄마와 아이와의 관계에 평소와는 다른 점이 있었다거나 가족 중에 사망 혹은 질병의 경우가 근인(近因)이 될 수 있다. 대개 사소한 아이의 도벽은 부모가 아이가 알아들을 수 있는 말로 그 숨은 의미에 대한 '해석'을 주면 쉽게 해소된다(주로 부모의 애정, 엄마의 몸이 문제된다). 동시에 부모의 입장에서는 아이에게

도둑질은 나쁘다는 사실을 단호하게 주입시키는 한편, 지나친 야단이나 인격 모독은 삼가야 한다. 자칫 아이에게 과도한 수치심을 안겨줄 수 있기 때문이다.

앞에서 잠시 소개한 K의 경우도 크게 다르지 않았다. 아이는 잠시 자신에게 소홀하다고 여기던 엄마의 관심을 돌이키기 위해 엄마의 지갑에 손을 대기 시작했고, 또 내심 그런 사실이 다른 누구도 아닌 바로 엄마에게 발각되기를 매번 조마조마한 심정으로 바랐다. 아이는 엄마의 돈이 아니라 엄마의 사랑을 훔치고 싶었던 것이다. 게다가 아이가 훔친 돈으로 엄마의 존재를 상징하는 액세서리를 사는 데 모두 썼다는 사실이 이런 사실을 반증해주었다. 그런가 하면 심리치료사의 짐작대로, K의 엄마는 아이의 한 살 무렵 가벼운 우울증을 앓았고, 그 영향으로 아이에게 소홀할 수밖에 없었다. 상담과정에서 이런 과거를 회상케 유도하고 또 거기에 담긴 의미를 아이의 엄마가 공유하도록 했다. 만 10세의 나이로 마냥 어린 나이라고 보기는 힘든 K에게는 도벽 말고도 함께 얽힌 다른 문제들이 있기도 했다. 작별을 고하는 K의 얼굴은 되찾은 엄마의 사랑으로 봄날의 햇빛마냥 환하게 빛났다.

🌱 애정결핍

아이는 부모의 애정이 충분치 못한 경우 제대로 된
자아 정체성을 형성하지 못한다. 역설적이지만,
부모가 아이에게 과도한 애정을 쏟는 경우에도
똑같이 아이의 자아 정체성 확립을 가로막는다.

팥쥐엄마

하나뿐인 딸아이가 한동안 자기 엄마한테 붙여준 별명이 하나 있다. 바로 팥쥐엄마. 올해 대학원 졸업을 목전에 두고 있어 조만간 사회인으로 첫걸음을 내딛게 될 딸아이가 초등학교 고학년 시절 엄마에게 붙여준 별명이다. 사연인즉슨, 초등학교 시절 방학이 끝날 때마다 밀린 방학숙제를 몰아서 하느라 헉헉대는 딸아이 입장에서 볼 때 도와주지 않던 엄마가 무척이나 야속했던 모양이다. 딸아이도 고집이 센 편이지만, 아이 엄마도 한 고집 한다. 조언은 아끼지 않을지언정 손가락 하나 까딱하지 않았다. "네 방학숙제인데 왜 엄마가 대신해줘야 하지?" 그러면 아이는 울상이 되어 항변한다. 다른 엄마들은 다 해준단 말이야……. 그러고 보니 언젠가 아이 학교에서 방학숙제로 내준 그림 중에 잘된 그림들만 골라서 전시하는 행사에 가본 적이 있다. 상당수 그림들이 결코 아이솜씨가 아님이 역력했다. 우리 아이가 하던 말대로, 엄마들이 대신 그려준 그림들이 적잖은 듯 보였다. 만일 그렇다면, 어떻게 학교에서 아이들 그림이라 해놓고 엄마들 그림을 버젓이 전시한단 말인가? 어느 학부모에게 물었던 기억이 있다. 아니, 어떻게 아이 그림이 아닌 엄마 그림이 여기에? "원래 그렇게 해요……" 원래 그렇다니? 어디서 많이 듣던 말이 아닌가? 맥락만 다를 뿐, 바로 비리업자, 비리공무원들이 청문회장에서 단골처럼 빠뜨리지 않는 말이 아닌가? 제 잘못이 아닙니다, 모두들 그렇게 합니다, 관행입니다…….

숙제가 방학숙제만 있는 것이 아닌 만큼 비슷한 상황이 매번 벌어지고는 했다. 학기 중에도 숙제가 밀릴 때마다 딸아이는 엄마 눈치를 살피지만 전혀 변화가 없었다. 숙제도 숙제지만, 수행평가 과제 때문에 아이가 고전하던 모습이 아직도 눈앞에 생생하다. 하물며 아이 엄마는 학교 준비물도 아이가 직접 준비하게 했다. 반복되는 상황에 체념한 우리 딸아이가 급기야 다른 집 엄마들과 다른(?) 자기 엄마한테 '팥쥐엄마'란 별명을 붙여주었다. 살갑게 대하는 콩쥐엄마가 아니라 의붓딸에게 온갖 괄시와 학대를 마다않는 팥쥐엄마. 딸이 엄마한테 붙여준 별명 치고는 너무나 가혹하지 않은가? 하지만 아이엄마의 일관된 훈육방식에 힘입어 우리 딸아이는 어느덧 독립심이 강하고 웬만한 일에는 끄떡 않는 튼튼한 성인으로 자랄 수 있었다. 지금 본인은 충분히 헤아리지 못하겠지만, 장차 딸아이가 자기 자신의 자녀를 갖고 키우게 될 때가 되면 자기 엄마가 얼마나 고마운 존재인지 깨닫게 되리라.

부모, 특히 엄마는 자녀들에게 얼마나, 또 어디까지 도움을 주어야만 할까? 과연 이 문제에 대한 신뢰할 만한 기준이 있기는 한 것일까? 이 세상일이 모두 그렇지만, 자녀를 대할 때 부모가 어떻게 해야 하고 또 어떻게 해서는 안 되며, 나아가 자녀를 올바르게 키우려면 따라야 할 절대적인 원칙이나 방식이 딱히 있을 리 만무하다. 그리고 설사 그런 원칙이나 방식이 존재한다 할지라도 실천의 문제가 뒤이어질 수밖에 없다. 당연한 이야기지만, 실천이 뒤따르지 않는다면 금과옥조가 존재한들 다 무슨 소용일까?

대개 부모는 자신들이 자녀이던 시절 경험하고 학습된 방식으로 자녀들을 키우게 마련이다. 예컨대 아이를 조금은 엄격하게 키우는 편이 좋다고는 하지만, 자기 자신이 엄하지 않은 가정환경 속에서 성장한 부모가 그렇게 자녀를 대하기는 힘들다. 공연히 자녀 앞에서 부모의 '어깨에 힘이 들어가면' 부자연스러울 뿐만 아니라, 부모 스스로 애초에 의도했던 행동을 끝까지 지탱하지도 못하기 때문이다. 하지만 참으로 다행스럽게도, 이 세상 그 어느 부모도 양쪽 모두가 완전히 동일한 환경에서 자라지는 않았던 고로 배우자 서로 간의 모자라거나 넘치는 부분을 자녀의 양육, 훈육, 교육(홍강의)에 조화롭게 활용할 수 있다고 위안 삼을 수 있다. 그런가 하면 어느 문화권, 어느 시대를 막론하고 일반적으로 자녀들이 많은 가정에서는 장남이 학업성적이 가장 뛰어나며, 차남이 반항아 기질을 발휘할 가능성이 높은 것으로 조사되는 만큼, 자녀의 훈육 문제에는 각 가정의 개별적 특성을 넘어 가족구조와 연관된 보편성이 존재한다는 것 또한 엄연한 사실이다.

대개의 경우 자녀는 부모의 모습을 닮게 마련이다. 좋은 부모 밑에서 좋은 자녀가 나올 확률이 그만큼 높다. 달리 말하면, 자녀는 부모의 말이 아니라 부모의 행동을 보면서 자란다는 의미이다. 하지만 좋은 부모 밑에서 자란 자녀들 중에 망나니가 나오는가 하면, 어떻게 저런 부모 밑에서 저런 천사 같은 아이가 나왔을까 싶은 경우도 드물지 않다. 세상에서 제일 힘든 일이 자식 키우기란 말은 자식 때문에 적잖이 속을 끓였던 부모뿐 아니라 비교적 순탄하게 자녀들을 키운 부모들도 공감하는 부분이다. 부모들은 자신의 자녀들이 기대에 못 미친다는 생각에 실망하기도 하고, 신통방통한 자녀 덕택에 세상살이의 고달픔과 시름을 잊기도 한다. 부모에게 자녀란 존재는 자기가 죽고 나서도 이 세상에 살아남을 자기 자신의 분신이자, 무의식적으로는 자기 자신, 그것도 자기 자신의 가장 좋은 부분을 의미하기 때문이다. 정신분석학에서는 이를 '자아이상(Ideal-Ich)'이라고 부른다. 이따금씩 자식에게 크게 실망한 나머지 비록 내 자식이지만 버리기로 했다고 한숨을 내쉬는 부모들이 있긴 하지만, 불가능한 일이다. 부모가 세상을 떠나지 않는 한······ 어떻게 자기 자신을 버릴 수 있단 말인가!

과연 우리는 자녀를 어떻게 키워야 할까? 사랑만이 최선일까? 사실상 아이에게 부모의 애정만큼 중요한 자양분이 이 세상에 달리 없을 테니 말이다. 실제로 우리는 주변에서 부모로부터 충분한 사랑을 받지 못해 비뚤어진 아이로 자라나는 경우들을 심심찮게 접하고는 한다. 부모의 애정결핍이나 무관심은 아이의 자아 형성에 결함을 초래하고 때론 대단히 심각한 문제아, 나아가 문제 성인을 만들어낼 수도 있다. 예컨대 반사회적 성향을 지닌 청소년이나, 여러 형태의 중독 현상 이면에는 어린 시절 경험했던 부모의 애정결핍이 주요 원인으로 작용하는 경우가 적지 않다. 하지만 엄마들, 특히 젊은 엄마들이 반드시 명심해야 할 것은 너무 많은 애정이 너무 적은 애정만큼이나 아이에게 독이 된다는 사실이다. 바로 영국의 아동정신분석가인 도널드 위니콧이 '충분히 좋은 엄마(good enough mother)'란 말로써 세상의 모든 엄마에게 권고하는 바이기도 하다. 아이에게 정말로 필요한 것은 너무 좋은 엄마도 아니요, 너무 모자라는 엄마도 아니란 뜻이다. 이제는 너무나 유명해진 위니콧의 이 개념을 간략하게 소개하자면 이렇다. 아직 튼튼한 자아를 형성하지 못한 아이는 자신의 욕구에 '충분히' 부응하는 엄마를 버팀대 삼아 점차로 자기 자신의 자아를 형성해나가게 마련이다. 역설적이지만 아이의 독립된 자아는 엄마의 튼튼한 뒷받침이 전제될 때라야 비로소 키워진다. 이렇듯 갓 만들어지기 시작한 아이의 자아에는 엄마란 존재가 거의 절대적이지만, 자칫 아이를 향한 엄마의 애정이나 관심이 지나칠 경우 아이의 자아 형성을 방해하고 독립성을 해치게 된다.

앞에서 잠시 보았듯, 엄마의 애정이나 관심이 모자라거나 결핍된 경우 아이는 엄마라는 튼튼한 버팀대를 가지지 못함으로써 정상적 자아 형성에 어려움을 겪을 수밖에 없다. 이처럼 아이에게는 엄마의 애정이 반드시 필요하긴 하지만, 아이가 튼튼하고 독립적인 인격체로 자라나기 위해서는 결핍이나 좌절의 경험 또한 못지않게 필요하다. 아이는 엄마의 애정만큼이나 좌절이나 결핍을 경험함으로써 홀로 버티는 힘을 키우게 되고 또 그럼으로써 점차로 자기 세계를 형성해나가기 때문이다. 아이에게 어느 정도의 좌절이나 결핍은 해롭기는커녕 아이의 정신세계 형성에 반드시 필요한 경험이다. 그럼으로써 아이는 자신이 엄마와 한몸도 아니요, 엄마의 부속물도 아니란 사실을 깨닫게 되고, 비로소 세상을 향해 혼자 힘으로 첫걸음을 뗄 수 있는 것이다. 젊은 엄마일수록 아이가 힘들어한다고 안쓰러워 그저 감싸고만 돈다면, 이는 아이를 망치는 첩경이란 사실을 가슴에 새겨야 한다.

요컨대 엄마의 애정이나 관심 부족이 아이에게 정서 불안이나 공포, 강박증, 심지어 반사회적 성향을 조장하는 다른 한편으론, 엄마의 애정과잉 또한 아이에게 허약한 자아와 진취성 결핍, 주체성 상실 등을 초래한다. 엄마 치마폭에 휩싸여 자란 아이가 장차 진취적 성인이 되고 세상을 쥐고 흔들 만한 큰일을 하리라 기대한다면 크나큰 오산이다. 사소한 어려움에 부딪힐 때마다 엄마를 찾고 떼를 쓰며 보채고, 일이 뜻대로 풀리지 않을 때마다 어깃장을 놓는 아이가 어른이 된다 한들 크게 달라진다고 여긴다면 이 또한 크나큰 환상이다.

지하철에서 악을 쓰고 식당에서 자기 집 마당인 양 마구 뛰노는 '기고만장'한 아이들은 사실상 자신감을 느끼지 못하고 자란 아이들이다. 이런 아이들이 기고만장한들 그 기는 엄마에게나 통하는 어리광일 따름이기 때문이다. 엄마의 치마폭을 넘어서면 금세 수그러들 테니 말이다. 조그만 선택에도 안절부절못하고 어른의 눈치를 살피며, 심지어 성인이 되어서도 부모의 보살핌이나 지원 없이는 홀로 서지 못하는 애어른으로 자녀를 키웠다면, 안된 얘기지만 전적으로 부모의 책임이다.

우리 사회를 특징짓는 부끄러운 말 중에 '응석문화'란 말이 있다. 생각대로 일이 풀리지 않을 때마다 떼를 쓰고 억지를 부리며 '배 째라'를 외치고, 원칙보다는 손쉬운 해결책이나 요령에 의존하려는 우리 사회의 유아적 성향을 꼬집는 말이다. 오늘날 우리 사회가 버릇없고 이기적인 아이들을 양산하는 것은 부모의 애정결핍이 아니라, 바로 맹목적 애정과잉이

빚어낸 비극이다.

결론적으로, 바람직한 육아의 핵심은 바로 '충분히 좋은 엄마', 또는 '충분히 좋은 환경'에 있다고 할 수 있다. 너무 넘치지도, 모자라지도 않는 '좋은 엄마', '좋은 환경'이 과연 무엇인지, 이 세상 모든 엄마가 깊이 새겨야 할 화두이다.

🌿 충분히 좋은 엄마(good enough mother)
영국의 아동정신분석가 도널드 위니콧이
창안한 개념으로, 자녀에게 과도한 애정을 베풀지도 않으며
그렇다고 해서 과도하게 적은 애정을 나타내지도 않는,
'적당한 선'을 지킬 줄 아는 엄마를 의미한다.
과학적이라기보다 문학적이고 묘사적인 이 개념은
엄마를 자양분 삼아 자기 자신의 '자아'를 형성해나가야 하는
자녀의 상황을 절묘하게 나타낸다.

기러기아빠

"기러기 울어 예는 하늘 구만리, 바람이 싸늘 불어 가을은 깊었네……"

서늘한 바람이 불기 시작하는 때면 어김없이 라디오에서 흘러나오는 〈이별의 노래〉이다. 언제 들어도 아름답고 슬픈 우리 가곡이다. 사랑하는 이와 헤어지고 난 후의 슬픈 심정을 처량한 가을하늘을 나는 기러기 떼에 빗댄 노래이다. 그러고 보면, 새가 등장하는 대부분의 우리 노래는 슬픔과 애달픈 정서를 담고 있는 경우가 많은 듯하다. 뜸북 뜸북 뜸북새, 뻐꾹, 뻐꾹 뻐꾹새도 그렇고, 보일 듯이 보일 듯이 보이지 않는 따오기도 우리네 가슴 한쪽에 자리한 슬픔을 대신하여 우는 새들이다. 어디 이뿐인가. 녹두장군 전봉준의 비장한 최후를 환기시키는 새야, 새야, 파랑새도 그렇고, 두견새 우는 사연도 알고 보면 정든 이와의 이별로 피멍 든 슬픔으로 물들어 있다…….

여담이지만 〈이별의 노래〉에 등장하는 기러기는 노래가 암시하는 바와는 달리 늦가을에 우리나라로 월동하러 찾아오는 겨울철새다. 객관적으로 보자면 기러기 울어 "예는(가는)"은 "오는"으로 고쳐야 마땅하겠지만, 어디 그런가. 지금의 경우 객관적 현실이 아니라, 우리의 정서에 호소하는 힘을 가진 주관적 현실이 더욱 중요하기 때문이다.

일전에 어느 50대 '기러기아빠'가 목숨을 끊었다는 슬픈 소식이 있었다. 오랫동안 가족과 떨어져 살면서 고독에 절고, 고단하고 무의미한 삶에 절망한 나머지 목숨을 버렸다고 전해진다. 기러기아빠들에 대한 사회적 관심이 비단 어제오늘의 일은 아니지만, 목숨까지 끊을 정도로까지 심각한 양상을 나타내고 있다는 점에서 다시금 커다란 사회적 파장을 불러일으킨 듯하다. 잘 알다시피, 기러기아빠란 자녀(들)의 해외 학업을 위해 가족과 떨어져서 홀로 사는 남성 가장을 일컫는 신조어이다. 아빠가 본국에 홀로 남아 해외에 있는 가족들에게 돈을 부쳐주고, 철따라 이동하는 기러기마냥 이따금씩 가족을 만나러 잠시 먼 바다를 건넜다가 되돌아온다는 데서 붙은 이름이다. 과연 가족이 오랜 시간 동안 떨어져서 지내야 할 만큼 자녀의 해외유학(주로 조기유학)이 그토록 중요한 것인지, 국내에서는 해외에서만큼 양질의 교육이 보장돼 있지 않은지, 나아가 오늘날 국내에 머물고 있는 기러기아빠들의 수가 수만, 혹은 수십 만 명에 이르는 것으로 추산되는 이상 이로 인한 사회적, 경제적 대차대조표는 어떻게 만들어지는지 등이 주로 논란거리가 되고 있다.

사실 내 주변에도 기러기아빠들이 몇몇 있긴 하지만, 개개인의 사정이 모두 다르고 또 처한 상황과 여건이 제각기 달라 이들에 대해 딱히 몇 마디 말로 일반화하기는 곤란하다. 오늘날의 현대사회에서는 합법적 테두리 안에서 행해지는 개인의 자율적 선택은 존중되어야 하며, 또 가족의 더 나은 삶을 꿈꾸며 기꺼이 기러기아빠가 되기를 자청한 이들에 대해 바깥에서 이러쿵저러쿵할 자격은 없다고 볼 수도 있다. 다만 심리학적인 관점에서 볼 때, 나는 오늘날 우리 사회 특유의 현상 중 하나인 기러기아빠들에 대한 우려의 말을 한마디 보태고자 한다. 매우 조심스러운 얘기지만, 나는 우리 사회에서 홀로 있는 남성이 홀로 있는 여성에 비해 정서적으로 더욱 취약하다는 점을 지적하고 싶다. 이는 우리의 문화 특성과도 깊은 연관을 맺고 있는 듯이 보인다.

물론 어느 사회에서나 여성이 남성에 비해 더 오래 살고 삶의 질곡을 견디는 힘도 상대적으로 강한 것으로 알려졌지만, 우리 사회는 그 정도가 좀 더 심한 듯 보인다. 어째서? 바로 한국 사회는 남성이 여성보다 상대적으로 '대접받는' 사회이기 때문이다. 대접받는 쪽은 주로 아들이고 대접하는 쪽은 주로 엄마이다. 대접받지 못하는 쪽은 주로 딸이고 대접해주지 못하는 쪽도 주로 엄마이다. 남성은 대접받고 자랐고 또 여전히 대접받고 있는 이상 홀로서기가 그만큼 더 더디고 또 고독에 더욱 취약할 수밖에 없다. 이른바 정신분석학에서 말하는 '혼자 있을 수 있는 능력'(위니콧)이 충분히 갖춰지지 못한 이상, 남성은 고독의 경험에 상대적으로 더욱 취약할 수밖에 없는 셈이다.

견디기 힘든 고독은 기러기아빠만의 전유물이 아니다. 해외에서 유학하는 한국의 젊은 남성이 젊은 여성에 비해 심리적으로나 정서적으로 취약하다는 것은 해외 체류 경험이 조금이라도 있는 이라면 대번에 동감할 수 있는 사실이다. 그리고 보면 오늘날 우리 사회가 안고 있는 기러기아빠의 문제는 비단 경제적, 정서적 차원의 문제뿐 아니라 문화적 차원의 문제를 깊숙이 함께 안고 있다고 볼 수 있다. 기러기아빠들이 대접받지 못하고 고독에 몸부림치는 바로 그 순간, 해외의 기러기 엄마는 자녀(주로 아들)를 대접해주느라 여념이 없는 셈이다. 가을색이 점점 더 짙어가는 이즈음, 기러기 가족은 어느 방향을 바라보며 날아가야 할까?

혼자 있을 수 있는 능력
영국의 정신분석가 위니콧이 창안한 개념으로,
본래 어린아이가 혼자서 고독을 견뎌내는 역량을 일컫는다.
위니콧은 이를 정서적으로 성숙한 어른으로
성장하기 위한 전제조건이라 간주한다.

가족이란 이름으로
행해지는 폭력

    매년 연말이면 프랑스 내에서 거국적으로 행해지는 캠페인이 있다. 다름 아닌, 가정 폭력을 근절하기 위한 캠페인이다. 오늘날과 같은 개화된 세상에서, 그것도 이른바 선진국이라고 하는 프랑스에서 가정 폭력이 그토록 빈번하게 자행되는가 싶지만, 의외로 상당히 심각하다. 오죽하면 매년 연말마다 빠지지 않고 국가적 차원에서 캠페인을 다 벌이겠는가. 이 또한 믿기 힘든 사실이지만, 절반 이상의 프랑스인이 일생 중 적어도 한 번은 가정 폭력을 당하거나 목격하는 것으로 밝혀졌다.

    굳이 치료 현장에서 접하는 사례들을 언급하지 않더라도, 프랑스 내에서 자행되는 가정 폭력은 꽤 심각한 사회현상으로 인식되고 있다. 발표된 통계자료에 따르면, 2018년의 경우 프랑스 내에서 가정 폭력으로 사망한 여성의 수는 121명이고, 남성은 28명인 것으로 나타났다. 그러니까 여성은 3일에 한 명, 남성은 13일에 한 명꼴로 가정 폭력으로 인해 사망한 셈이다. 가정 내에서 자행되는 살인사건의 5분의 1이 배우자 간에 벌어진다고 하니 정말 소름 돋는 일이 아닐 수 없다……. 가해자의 80퍼센트 이상이 남성이긴 하지만, 남성이 피해자가 될 수도 있다는 사실을 보여주는 통계자료이다. 1년간 가정 폭력으로 인한 사망자가 120여 명에 이를 정도이니까, 이보다 '경미한' 가정 폭력은 엄청나리라 여겨진다. 과연 우리나라의 경우는 어떨까 궁금하지 않을 수 없다. 그리고 가정 폭력의 형태가 어떠한 것이든 가해자와 피해자 간의 성비는 가정 폭력으로 인한 사망의 경우에서와 크게 다르지 않으리라 여겨진다. 다시 말해, 물리적으로 힘이 센 남성이 가정 폭력의 가해자일 때가 많지만 가해자가 여성인 경우도 결코 배제할 수 없다.

현재 내가 가정 폭력에 관한 우리나라의 통계자료를 가지고 있지는 못하지만, 프랑스의 경우가 우리에게 나름의 반면교사 역할을 할 수 있으리란 점에는 의심의 여지가 없다. 내가 그렇게 생각하는 가장 커다란 이유는 가정 폭력이 국가나 문화 수준, 교육 정도와는 상관없이 지구상의 그 어느 곳에서나 거의 비슷한 양상으로 나타나기 때문이다. 심지어 유명 연예인이나 할리우드 배우들도 가정 폭력의 굴레에서 결코 자유롭지 못하다. 최근의 언론보도에 따르면 〈초원의 빛〉으로 유명한 여배우 나탈리 우드가 그녀 못지않게 유명한 미남배우인 남편으로부터 폭력에 시달리고 결국 살해되었다는 의심을 받고 있지 않은가. 어쩌면 가정 폭력의 주범은 개개의 가정환경이나 사회적 환경 못지않게 인간성 내부에 잠재한 어두운 야만성일는지도 모른다.

가정의 테두리에서건 다른 어떤 경우에서건 간에 폭력은 반드시 이 세상에서 근절되어야 마땅하다. 그 까닭은 매우 단순명료하다. 인간이 폭력을 행사하는 그 순간부터 가해자건 피해자건 간에 우리 인간은 인간이 아닌 짐승으로 전락하기 때문이다. 그 양상이 어떻든 간에 폭력은 인간성에 크고 작은 상처를 입히며, 일단 폭력으로 인해 인간의 존엄성에 손상이 가해질 경우 씻기 힘든 고통이 따르게 마련이다. 때론 목숨을 담보로 한 극한 상황으로 치닫기도 한다.

치료 현장에서 접하는 가정 폭력의 사례들을 보면 인간의 얼굴을 한 존재가 어떻게 그럴 수 있을까 하는 심정이 들 때가 적지 않다. 배우자 사이에서 행해지는 폭력이 어느새 다반사가 되어버린 어느 부부의 경우, 폭력을 자행하려는 남편에게 부인이 호소하길, 때려도 좋지만 제발 아이들이 보는 앞에서는 때리지 말라고 빌기도 한다. 폭력을 행사하는 남편만큼이나 폭력을 참고 견디는 부인도 문제가 아닐 수 없다. 부부 사이의 일에 과연 제삼자가 끼어들 권리가 있느냐 한다면 할 말이 없지만, 부인의 과도한 수동적 태도는 결국 파국으로 이어질 수밖에 없다. 가정 폭력도 여느 중독현상이나 마찬가지로 제재가 가해지지 않는 이상 그 내성이 점차로 커질 수밖에 없기 때문이다. 폭력적인 남편에게 때려도 좋지만 제발 임신 중에는 때리지 말라고 당부하는 부인도 있다. 부인은 남편의 폭력보다 가정의 평화와 안정을 지키는 일이 더욱 중요하다고 항변하지만, 이 같은 가정에서 애정과 신뢰가 자라고 유지되리라 믿기는 힘들다. 경제적 이유로 배우자의 폭력을 감내하는 슬픈 사례들도 드물지 않다. 부부 사이에서 벌어지는 폭력 못지않게 부모가 자녀들에게, 혹은 자녀가 부모에게 가하는 폭력이 존재한다는 사실 또한 엄연한 현실이다. 부모와 자녀 간의 사랑과 신뢰가 허물어지고, 부모와 자녀 사이에 마땅히 존재해야 할 세대 간의 구분이 헝클어졌을 때 나타나는 처참한 현상이다.

부모의 폭력이 자녀들에게 대물림된다는 사실은 널리 알려져 있다. 부모의 폭력이 자녀들에게 상상 이상으로 다양한 정신적 치명상을 입힐 수 있는 만큼 가정 내에서의 폭력은 어떻게 해서든 삼가야 한다. 가정 내에서 자행되는 폭력으로는 물리적 폭력이나 성폭력도 존재하며, 언어적 폭력이나 다른 가족 구성원을 겨냥한 정신적 비하의 태도 또한 야만적이란 점에서는 크게 다르지 않다. 가족 구성원 간에 행해지는 폭력의 문제가 폭력만의 문제로 남는 경우는 대단히 드물다. 해결책이 될 수는 없지만, 우리는 가정 내에서 자행되는 모든 형태의 폭력에 "안 돼!"를 외칠 수 있는 용기를 가져야 한다.

❦ 가정 폭력
부모에 의해 아동에게 자행되는
폭력이나 학대가 그 자체로 심각한 문제이기도 하지만,
가정 폭력을 목격하는 아동이 이를 '학습'할 뿐만 아니라
내면세계에 치유하기 힘든 상처를 입는다는
점에 특히 유의해야 한다.

대물림

꽤 오래전 일이다. 내가 프랑스에서 유학하던 시절 셋째 형이 다니러 왔다. 시내 구경을 시켜주겠다는 약속을 했다. 약속 장소에 당도한 형이 나를 향해 걸어오고 있었다. 나는 깜짝 놀랐다. 아버지께서 걸어오는 줄 알았다. 어쩌면 걸음걸이가 그리도 똑같은지. 부전자전(父傳子傳)의 이치에 따라 용모나 성격, 혹은 행동을 닮았다면 모를까, 어쩌면 걸음걸이까지 그렇게 똑같이 닮은 것일까? 걸음걸이는 유전자에 의해 결정되는가, 아니면 후천적 학습으로 전해지는가?

이혼 후 두 자녀를 데리고 사는 동료 심리치료사가 열 살 먹은 자기 아들이 아침에 일어나기 싫어 성질을 부릴 때면 어쩌면 자기 전남편하고 그렇게 똑같은지 모르겠다고 말하는 걸 들은 적이 있다. 결코 남 얘기가 아니었다! 콩 심은 데 콩 나고 팥 심은 데 팥 난다지만, 과연 부모가 가진 어떤 면면들이 어느 정도까지 자녀들에게 전해지는 것일까? 그러고 보면 나이를 먹어가면서 내 안의 설명하기 힘든 버릇이나 사고방식에 대해 곰곰이 따져보면, 나도 모르게 부모님으로부터 '전수'받은 것은 아닐까 하는 생각이 들 때가 한두 번이 아니다.

일찍이 프랑스의 소설가 마르셀 프루스트가 "사람은 나이가 들어 비로소 자기 자신이 되었다고 여겨질 때, 자신이 바로 부모의 모습을 하고 있음을 발견하게 된다"고 말한 바 있는데, 여전히 알쏭달쏭하긴 하지만 지금은 이 말을 조금은 이해할 수 있을 듯싶다. 아무튼 나는 우리가 살아가며 어쩔 수 없이 짊어져야 하는 업(業) 중에 부모로부터 말미암은 업이야말로 가장 무겁고도 가장 피하기 힘든 업이라고 생각한다.

반면, 이처럼 대물림이 부모님이 아니라 할아버지 대 또는 그 위로 거슬러 올라가는 '격세유전'이 존재하기도 한다. 자녀가 부모를 닮지 않고 할아버지 또는 외할아버지를 빼닮는 경우처럼, 선대로부터 물려받은 유전자 중에 어떤 것들이 바로 발현되지 않고 숨어 있다가 몇 세대를 건너 뛰어 나타나는 경우를 일컫는다. 몇몇 사례를 들어보자.

유학 시절 동급생 중에 피부가 백옥처럼 흰 젊은 프랑스 여학생이 있었다. 어느 날 이 여학생이 자기 엄마는 자기처럼 피부가 하얀 백인이지만 자기 아버지는 피부색이 검은 흑인이란 말을 했다. 아니, 아무리 엄마가 백인이라지만 흑인 아버지 밑에서 피부색이 희디 흰 아이가 태어날 수도 있다니. 이 말을 듣고 있던 내 머릿속에는 퍼뜩, 그럼 이 여학생이 장차 아이를 낳으면 백인 남편을 얻더라도 피부가 검은 아이를 낳을 수도 있겠구나 하는 생각이 지나갔다. 놀라운 격세유전의 사례가 잠재하고 있는 셈이었다. 차마 이런 말을 입 바깥으로 꺼내지는 못했지만 사람에 앞서 피부색을 먼저 문제 삼고 있는 한국인인 내가 부끄러웠다.

사실상 서양에서는 격세유전의 가장 빈번한 사례로 빨강머리를 들고는 한다. 검은색 머리 일색의 동양인들과는 달리 머리색이 각양각색인 서양인들 사이에서도 빨강색 머리는 드문 편에 속한다. 그런데 산모가 빨강머리가 아니요, 남편도 빨강머리가 아닐뿐더러 '양쪽 부모 그 누구도 빨강머리가 아닌데도 빨강머리 아이가 태어나는 경우 사달이 생기고는 했다. 산모가 바람을 핀 것 아니냐는 의심을 받기 십상이었기 때문이다. 하지만 이제는 빨강머리가 '열성 유전자'이고, 이른바 격세유전에 의해 얼마든지 후대에 돌발적으로 나타날 수 있다는 사실이 널리 알려져 있다.

동유럽이나 북유럽의 피부가 하얀 백인 아이들 중에 엉덩이에 몽고반점을 가지고 태어나는 사례들이 종종 있다고 전해진다. 아주 오래전 몽골족의 피가 섞였음을 보여주는 격세유전의 또 다른 사례다. 여러 네티즌들이 우리나라 최고의 미남배우에 대해, 이목구비가 올망졸망한 한국인 얼굴임에는 틀림없지만 눈이 크고 콧날이 유난스레 오똑한 용모를 들어 그 배우의 본관을 들먹이는 것도 충분히 해봄직한 가정인 듯하다. 한국의 성씨 중에 '덕수 장'씨는 고려 때 귀화한 회회인(위구르인, 아랍 계통)을 선조로 둔 탓이다. 참고로 영화 〈닥터 지바고〉에서 열연한 미국 미남배우 오마 샤리프도 아랍 혈통을 이어받은 이집트 출신이다.

이런 대물림의 생물학적 차원의 사례들처럼, 동일한 관점을 정신적, 문화적 차원에도 얼마든지 적용할 수 있다. 즉 이는 선대의 정신적 특성들, 특히 트라우마(외상)가 후대에까지 무의식적으로 전해진다는 사실을 뜻한다. 현재 유럽 심리치료 분야에서는 '정신-가계치료(psycho-genealogy)' 혹은 '범세대 정신분석(transgenerational psychoanalysis)'이라 부르는 치료법들이 한창 유행 중인데, 이름이야 어떻든 간에 모두 선대의 정신적 환경이 후대에 대물림되면서 무의식적으로 나타나는 병리현상을 분석하고 치료하고자 하는 시도들이다. 선대에 이뤄진 정신적 업적이 후대에 영향을 미친다는 것은 너무나 당연한 일이긴 하지만, 원인을 알 수 없는 고통이 당사자가 아닌 선대로부터의 대물림 탓일 수 있다는 생각은 그 어떤 심리치료 현장에서라도 잊어서는 안 될 사실이다. 몇 가지 사례를 들어 생각해보자.

유럽의 어느 젊은이가 밤만 되면 눈알과 코, 귀, 입을 통해 흙이 침투하는 통에 숨도 제대로 쉬지 못하고 비명을 지르며 악몽에서 깨어나는 사례를 분석한 결과, 그 장면은 제1차 세계대전 중 그 고장에서 있었던 참혹한 참호전의 비극임이 밝혀졌다. 한편 이 참호전은 당사자는 물론이고 그의 아버지도 겪거나 본 바가 없지만, 당사자의 할아버지가 경험한 그대로의 참상이었다. 할아버지 대의 비극이 설명하기 힘든 경로를 통해 손자에게로 대물림된 것이다.

아기를 낳은 지 두 해째에 동거남이 집을 나가고 나서 우울증으로 신음하며 설 땅을 잃고 방황하는 여인이 고향에 가서 수소문한 결과 여인의 어머니가 자신의 친모가 아니며, 그 여인의 어머니, 할머니를 포함하여 적잖은 선대의 여인들이 사생아였다는 것을 발견했다. 사실상 사생아였던 그 여인은 선대의 여러 여인들의 분신이며, 여인 자신의 정체성을 다시 세우는 일이야말로 새로 태어난 아기의 자리와 심지어 자기를 버리고 떠난 동거남의 자리를 세우는 일이기도 하다.

선대의 가족 중에 있었던 갑작스러운 죽음이나 사고, 실종, 자살, 변절,

불륜, 임신중절, 혼외자나 사생아의 출생 등등이 비록 가족의 비밀로 지켜져 설사 바깥으로 공개되지는 않는다 할지라도 자손들의 정신세계에는 어떤 식으로든 반드시 영향을 남기게 마련이다. 그 영향은 대개 부정적으로 나타나며, 구체적으로는 욕망의 왜곡이나 막다른 상황, 이유를 알 수 없는 고통이나 간섭현상, 숙명의식, 또는 이중적 사고방식 따위로 발현되고는 한다. 모두 주체의 정상적인 활동을 가로막는 정체 모를 유령들이다.

또 다른 예로, 우리나라 텔레비전 연속극에 넘쳐나는 '출생의 비밀'은 단지 연속극을 이끌어나가기 위한 낯익은 주제 중 하나일 뿐 아니라, 좀 더 심각하게는 우리의 사회 또는 우리의 가족이 앞선 시대에 얼마나 많은 왜곡과 비틀림으로 점철되어 있었는지 의심케 한다. 알고 봤더니 주어온 남의 집 아이더라, 알고 보니 친남매 사이더라 등등의 설정은 지금의 우리 사회를 반영하는 거울일 수도 있고, 우리가 모르는 사이에 선대로부터 이어받은 일그러진 우리의 자화상일 수도 있다.

한국인의 정서를 가장 잘 반영하고 있다고 평가받는 박경리의 대하소설 『토지』만 보더라도, 소설의 서두가 근엄하기 짝이 없는 사대부 집안 윤씨 부인에게 닥친 불상사와 그로 인한 혼외자 구천에 의한 불륜행각으로 열린다는 점은 매우 의미심장하다. 소설은 그 후로도 무수히 많은 어긋난 사랑과 일탈들을 보여준다. 우리의 앞선 시대가 얼마나 많은 혼란과 상처, 우여곡절로 이루어졌는지를 예감케 하는 국면이다.

우리 사회를 뒤흔드는 갈등과 반목은 언제쯤 잦아들까? 지금의 우리 자신이 초래한 몫이기도 하지만, 그간 우리 사회가 세계적으로도 유례를 찾기 힘든 역사의 질곡을 거쳐오는 동안 누적된 대물림의 결과이기도 하다고 여긴다면, 조금이나마 위안이 될까?

🌿 트라우마(trauma)

본래 이 말은 '외상(外傷)'이나 '상처'를 뜻하는 그리스어로,
현대에는 특히 심리적으로 가해지는 치명적인
타격이나 상처를 가리킨다. 트라우마란 말은 주로
우리의 정신세계에 가해진 깊은 상처로 인해
정상적인 인성 발달이 저해될 때 사용되고는 한다.
예외적이긴 하지만, 우리 정신이 가진 '탄력성'에 힘입어
트라우마가 극복되는 경우도 있다.

불편한 진실

────────

　박경리의 대하소설 『토지』를 읽다가 뜬금없이 생겨난 의문이다. 심리학적 관점에서 볼 때 과연 못난 부모를 둔 아이는 못나게 자라날 가능성이 클까, 아니면 심성 고운 아이로 자라날 가능성이 클까? 물론 못난 부모 밑에서 못난 자식으로 성장할 개연성이 훨씬 높긴 하지만, 현재까지의 나의 답은 "알 수 없다"이다. 『토지』의 등장인물 중 하나인 조준구는 천하에 다시없을 악인이지만, 그의 병신(꼽추) 아들 조병수는 더할 나위 없이 착하고 순수한 인물로 그려지고 있지 않은가. 그저 허구가 만들어낸 역설적인 상황일까? 아니면?

　물론 "콩 심은 데 콩 나고 팥 심은 데 팥 난다"는 속담이야말로 지금의 경우에 좀 더 부합하고 심리학 이론에도 부합하지만, 세상사가 어디 그리 정해진 이치대로만 흘러갈까? 비록 조병수란 인물이 소설 속 허구의 인물이지만 실제 현실에서보다 더욱 커다란 '진실의 효과'를 발휘하는 까닭은 바로 우리의 경험세계에 호소하는 바가 크기 때문이다. 실제로 우리는 우리 주변에서 잘난 부모를 둔 망나니 자식들을 보는가 하면, 비루하기 짝이 없는 부모 밑에서 훌륭한 인격체로 자라난 자녀들도 심심치 않게 마주치질 않는가? 한편, 같은 부모 밑에서 자라난 형제자매가 제각기 서로 다른 성격과 인성을 가지게 되는 것은 대체 어찌된 노릇일까?

마키아벨리는 다음과 같은 말을 했다. "아버지의 죽음은 쉽게 잊히지만, 재산상의 손실은 쉽게 잊히지 않는다."(『군주론』, 제17장) 과연 그러한가? 유교적 가치관에 깊이 젖어 있는 우리로서는 좀처럼 인정하기 힘든 독설에 가까운 말이다. 하지만 우리 모두 가슴에 손을 얹고 곰곰이 그 진위를 따져봐야 할 말이기도 하다. 부모의 사망 이후, 특히 부모가 적잖은 유산을 남기고 죽는 경우 자식들 간에 거의 예외 없이 볼썽사나운 재산 다툼이 벌어지는 세태를 보고 있노라면, 재물을 탐하는 우리의 천박한 이기심이 우리에게 생명을 준 부모에 대한 애틋한 마음보다도 앞서는 듯이 보인다. 부모님이 두 눈 멀쩡히 뜨고 살아 있는데도 이런 일이 벌어지지 말란 법은 없다. 어쨌든 부모 된 입장에서 이런 험한 꼴을 보지 않으려면 무자식이 상팔자임을 외치거나 아니면 자식들에게 물려줄 재산이 없거나, 둘 중 하나여야 하는 세태이다…….

앞에 소개한 마키아벨리의 말은 사실상 군주를 위한 조언 중 하나로, 이 같은 인간 본성을 감안할 때 타인의 재산을 탐하거나 빼앗아서는 안 된다는 사실을 강조하기 위함이었다. 만일 군주가 타인(백성)의 재산을 빼앗는 암군(暗君)이라면, 빼앗기는 사람은 순순히 빼앗기는 대신 감당하기 힘든 분노와 저항으로 들고일어날 터이기 때문이다. 마찬가지 이치로, 불법 파업이나 불법 집회에 대항하는 가장 효과적인 방법은 도덕적인 비판을 퍼붓는다거나 법적 제재 따위의 수단을 동원하기보다는 어떤 해서든 금전적 보상을 받아내는 일이다. 인간은 금전적 손실에 맞닥뜨릴 경우 그 어느 때보다도 제 몸의 일부가 뜯겨 나가는 듯한 박탈감을 느끼기 때문이다. 정신분석학에서는 이미 오래전부터 잘 알려진 사실이다. 노력 없이 얻은 재물이나 혜택이 마치 손에 쥔 모래알처럼 쉽게 빠져나가고, 무료 시술이나 무료 투약이 유료 시술이나 유료 투약보다 효과가 덜한 까닭은 두 경우 모두 주체가 '대가'를 치르지 않았기 때문이다. 조금 다른 맥락이긴 하지만, 현금으로 지불할 때와 카드나 수표를 통해 지불할 때 우리의 정신세계에 미치는 효력은 동일하지 않다. 비록 지불하는 액수는 같더라도, 주체가 느끼는 박탈감이 서로 다르기 때문이다. 물론 현금 지불의 경우가 보다 큰 박탈감을 가져온다.

　필자 자신의 개인적인 견해이고 검증이 거의 불가능한 사실이긴 하지만, 우리 사회에 떠도는 이야기의 8할은 돈 얘기라고 생각한다. 표면에 드러나 있지는 않지만, 사람들이 하는 이야기를 좀 더 주의 깊게 들어보면, 금전적 이해관계가 개입된 경우가 생각보다 너무도 빈번하기 때문이다. 친한 친구 아들의 결혼식에 불참한 것은 그 친구와의 사이가 틀어졌거나 소원해졌다기보다는 결혼 축의금을 낼 돈이 없기 때문일 수 있다. 또는 자기 친정 부모님한테 최근 들어 부쩍 아양떠는 시누이가 더욱 밉상스러워 보이는 까닭은 자칫 기대했던 시댁 재산이 시누이한테 넘어가면 어떡하나 하는 말 못할 의심증이 들기 때문일 수도 있다. 가족이나 식구들 사이의 불화, 친구 · 동료 · 연인, 심지어 부부간에 벌어지는 무수히 많은 갈등도 한 꺼풀 벗겨놓고 보면 금전적 이해관계가 얽혀 있는 경우가 적지 않다. 국회의원 출마의 변이나 정치적 진영논리, 사회정의를 둘러싼 고담준론도 실은 소위 말하는 '밥그릇 싸움'이거나 세속적 이해관계가 은밀하게 작동하는 경우가 그 얼마나 많은가. 돈 이야기는 무척이나 부담스러운 화젯거리일 뿐만 아니라, 다시 한 번 마키아벨리의 표현을 빌자면, 인간은 본질보다는 외양으로 판단하기 쉬운 존재인 탓에, 감추려 들기 때문이다.

본래 "불편한 진실"이란 말은 미국의 전 부통령 앨 고어가 주인공으로 등장하는 다큐멘터리 영화(2006)의 제목이다. 진실은 진실이되 인정하고 싶지 않은 뼈아픈 진실을 일컫는 말이다. 앨 고어는 이 영화를 통해 환경 파괴가 가져올 전(全) 지구적 차원의 재앙을 고발한다. 특히 이 영화는 미국이야말로 지구온난화의 가장 큰 주범이면서도 정작 지구온난화의 규제 및 방지를 위한 기후변화협약인 교토의정서로부터 탈퇴했다는 사실을 신랄하게 꼬집는다. 앨 고어는 이 영화를 통해 환경 파괴에 대한 세계인들의 경각심을 불러일으켰을 뿐만 아니라, 8년간에 걸쳐 부통령을 지냈던 자국의 위선적인 태도를 고발하는 용기를 발휘함으로써 커다란 칭송을 받았다. 한편, 포도주를 좋아하는 주당들에게 2003년은 예외적인 해로 기억되고 있을 것이다. 그해 여름엔 지구온난화의 영향으로 영상 40도를 넘나드는 폭염이 오랫동안 유럽을 덮침으로써 포도주 제조의 원료로 사용되는 포도의 품질이 여느 해와는 비교할 수 없을 정도로 좋았던 해이기 때문이다. 이른바 2003년이란 '빈티지(vintage, 본래 이 말은 '포도 수확 연도'를 뜻하는 프랑스어다)'는 유달리 우수한 포도주가 생산된 해였던 것이다. 다만, 같은 해 여름, 유럽 전역에서 수십 만 명에 이르는 노인들이 폭염을 견디지 못하고 사망하기도 했다.

안타까운 일이지만, 우리 사회에 온갖 종류의 차별이 존재한다는 것은 의심의 여지가 없는 사실이다. 지연, 학연, 혈연을 비롯하여 최근에는 거주지, 정치적 성향, 부모의 학벌이나 재산 정도에 이르기까지, 때론 명확하지만 때론 애매모호한 기준에 따라 지나치다 싶을 정도의 차별이 이뤄지기도 한다. 내가 원치 않았음에도 불구하고 특정 지방에 태어났다는 '죄'로 멸시와 차별의 대상이 되기도 하고, 내가 원치 않았는데도 갖게 된 성적 지향 때문에 노골적인 차별의 대상이 되기도 한다. 심리학적 관점에서 볼 때, 차별행위는 차별하는 자아의 취약성을 드러내는 일이다. 차별하는 준거집단은 타인이나 타자 그룹이 자신이 속한 그룹과 조그만 차이만 나타내도 반발하고 분리시키려 하기 때문이다. 이는 곧 자기 그룹의 결속과 우월감을 지키려는 본능의 발현이기도 하지만, 타인의 존재로 인한 이질성을 배제함으로써 취약한 자신의 정체성을 지키려는 알량한 목적에서 행해지기 때문이다. 차별행위가 동서고금을 넘어서는 보편적 인간 본성이긴 하지만, 과연 그러한 차별의 기준이 정당화될 수 있을까?

이 점에 있어서, 캐나다 몬트리올 대학의 니콜 카리냥 교수팀이 수행한 실험은 대단히 시사하는 바가 크다(유튜브에 소개되어 있다. 〈차별 수업(La leçon de discrimination)〉, 캐나다 라디오 제작, 45분). 실험은 몬트리올의 어느 초등학교 교실에서 행해진다. 학급의 담임교사가 반 아이들에게 키가 130센티미터에 못 미치는 아동들은 착하고 똑똑하며, 130센티미터가 넘는 아동들은 그렇지 못하다고 선언한다. 그 후 키가 작은 아동들은 마음껏 키 큰 아동들을 놀리고 조롱한다. 또한 이 아동들은 활기에 넘치고 수업이나 야외활동에 대단히 적극적으로 임하는 반면, 키 큰 아동들은 풀이 죽거나 울상을 한 채 모든 활동에서 대단히 소극적으로 된다. 며칠이 지나고 나서, 이번에는 담임교사가 학급 아동들에게 실은 키가 130센티미터를 넘는 아동들이 착하고 똑똑하며, 키가 130센티미터에 못 미치는 아동들은 그렇지 못하다고 선언한다. 그 결과는? 놀랍게도, 처음의 경우와 똑같은 현상이 관찰된다. 다만 이번에는 키 큰 아동들이 우월감을 뽐내며 키 작은 아동들을 멸시하고 조롱한다. 요컨대, 이 실험은 인간에게 있어서 차별의 기준이 어떠한 것이든 간에 차별이 이루어진다는 사실을 보여준다.

이제까지의 이야기들에서 우리가 이끌어낼 수 있는 결론은? 본래 인간은 뼛속 깊이 이기적인 존재라는 점일까? 혹은 인간은 취약한 존재라는 점일까? 아니면, 적어도 우리 인간이 약하디 약한 존재일망정 자신의 치명적인 약점을 알고 있을 경우라면 달라질 수 있다는 점이 아닐까?

🌱 돈

우리의 무의식에는 다음과 같은 등식이 존재한다.

돈 = 대변 = 남근 = 아기 = 선물.

우리의 무의식 내에 이 같은 상징적 등식이

성립하는 까닭은 우리가 특히 '항문기'를 거치면서

형성하게 된 다양한 여러 경험들이 서로

중첩되고 매개되었기 때문이다.

2부

＼

삶의 현장

"참으로 새로운 것을 찾아나서는 여행이란

새로운 풍경이 아니라,

새로운 눈을 찾기 위한 여행이다."

– 마르셀 프루스트

전조

"여기 잠깐 와볼래?"

아내가 이런 말을 할 때마다 나는 바짝 긴장한다. 내가 또 냄비 바닥이라도 태웠나? 아니면 남은 왕만두를 냉장실이 아니라 냉동실에 잘못 넣은 걸까? 아내의 노래하듯 감미로운 권유형 말투에는 이제 곧 터질 작은 분노가 감춰져 있다. 두려운 전조(前兆)이다. 내 육감은 이제껏 한 번도 틀려본 적이 없다!

이보다 '적중률'은 떨어질 테지만, 좋아하는 사람에게 전화를 걸었거나 SNS를 보냈는데도 평소보다 응답이 많이 늦거나 아예 '씹는'다면, 결코 좋은 징조가 아니다. 사정이야 어떻든 간에 나에 대한 중요도가 그만큼 낮아졌다고 봐야 할 테니 말이다. 혹은 어깨까지 찰랑거리는 긴 머리를 했던 여자 친구가 어느 날 갑자기 단발머리로 나타난다면 불길한 징조이다. '매직' 풀린 그녀가 무슨 폭탄선언을 할지 모르기 때문이다. 끊어낸 것이 머리카락뿐만이 아닐 가능성이 농후하다.

농부가 일기예보 없이도 날씨를 예측할 수 있다는 것은 널리 알려진 사실이다. 아침 일찍부터 적층운이 보인다거나 하늘 높이 떠 있는 새털 구름을 보고서 머지않아 악천후가 닥치리란 사실을 아는 까닭은 오랜 경험으로부터 축적된 지혜 덕분이다. 바다에 나간 어부가 바람과 파도, 하늘의 기미를 살피고, 에스키모가 20종 이상의 눈을 구분할 줄 아는 까닭은 생명을 보존키 위해 자연의 전조현상을 탐지하려 기울인 노력의 결과이다.

하지만 전조현상이 가장 빈번하게 문제되기는 지진을 앞두고서이다. 지진이 발생하면 땅을 딛고 살아야 하는 우리 인간으로서는 근본이 흔들리는 셈이니, 이보다 더 공포스러운 자연재해도 달리 없을 듯하다. 몇 해전 중국 쓰촨성에서는 지진이 닥치기 전에 새떼들이 이동하고 개, 고양이가 이상행동을 보이는가 하면, 기상이변이 있었다고 알려져 있다. 지진은 땅속에서 지각판끼리 충돌함으로써 발생하는 현상인 만큼 그때 생긴 전(자)파가 초자연적 전조현상을 만들어내는 것으로 짐작된다. 경주 지진에 즈음해서 울산, 부산 등지에서 가스냄새가 나고, 부산 광안리에서는 개미떼의 이동이 관찰되어 사람들이 지레 공포에 떨기도 했다.

어쩌면 당장 내일이라도 백두산이 폭발할는지도 모른다고 생각하는 과학자들 사이에서 그 전조현상을 찾기 위한 노력이 맹렬히 펼쳐지고 있다(이하,《과학동아》, 2016. 12. 제372호 참조). 천 년을 주기로 백두산이 대폭발을 해왔는데, 마지막 대폭발이 있었던 서기 946년 이래 천년 세월이 흘렀으니 말이다. 서기 946년은 고려의 세 번째 임금 정종이 등극한 해이자 발해가 멸망한 즈음이기도 하다. 현재로서는 백두산 천지 안으로 마그마가 유입되면서 화산성 지진이 빈발하고 지표면에서는 여러 비정상적 변형이 발생하고 있다고 알려져 있다. 만일 백두산이 대폭발할 경우 남북한에 어마어마한 재해가 닥칠 일도 걱정이지만, 예기치 않은 방식으로 통일이 찾아올 수도 있는 만큼, 그 전조현상에 비상한 관심이 쏠리지 않을 수 없다. 북한의 잦은 핵실험으로 백두산 대폭발이 앞당겨진다면 그야말로 화를 자초하는 꼴이다.

게오르그의 소설 『25시』에는 잠수함에 태운 토끼 이야기가 소개된다. 잠수함에 오랫동안 갇혀 지내야 하는 승조원들에겐 공기를 교체해야 할 시기를 알려줄 뭔가가 필요한데, 바로 그 역할을 토끼가 수행한다. 토끼가 죽으면, 아니 죽기 바로 직전까지는 새로운 산소를 공급해야만 하는 것이다. 이처럼 토끼는 인간의 생명을 담보하는 모르모트이자 바로미터 역할을 한다.

내가 얼마 전 본 어느 미국영화에서도 최초의 소련 핵잠수함에 토끼를 태운 장면이 있었다. 하지만 이번에는 토끼가 산소 결핍이 아니라 방사능 유출 여부를 사전에 알려주는 역할을 한다는 점이 달랐다. 둔감한 인간들을 대신하여 '촉'이 발달한 토끼가 산소 결핍이나 방사능 유출을 사전에 탐지하는 전조현상처럼 작용하는 셈이다. 나야 물론 평생토록 한 번도 잠수함을 타본 일이 없어서 잘 알 수는 없지만, 미국영화들이 작품의 질적 수준과는 상관없이 디테일의 리얼리즘에 충실하다는 점을 감안해볼 때, 잠수함에 이처럼 '보은토끼'를 태우는 일이 드물지는 않은 것 아닐까 하고 짐작해본다.

뇌졸중은 단일질병으로는 한국인의 사망원인 1위를 차지하는 질병이다. 뇌졸중(腦卒中, 뇌졸증이 아니다)은 예로부터 중풍이라 불려왔던 질환으로, 뇌의 혈관이 좁아지거나 막히거나 터짐으로써 사망에 이르게 하거나 심각한 후유증을 초래하는 무서운 병이다. '골든타임'이 3~4시간에 불과한 까닭에 전조현상이 나타났을 때 얼마나 신속하게 대처하느냐에 따라 사람의 운명이 판가름 난다. 뇌졸중의 초기 증상으론 갑작스레 쓰러진다거나, 말이 어눌해진다거나, 한쪽 편 팔과 다리가 마비되는 등의 현상들이 있다. 이 같은 현상이 목격되면 무조건 119번에 신고하거나 병원 응급실로 달려가야 한다.

자살은 질병은 아니지만 한국인의 사망원인 4위를 차지한다. 우리나라에서는 노인의 높은 자살률도 문제이지만, 아직 세상을 온전히 살아보지도 못한 청소년층의 자살률 또한 못지않게 높다는 심각 수준의 사회문제가 있다. 자살자의 90퍼센트가 자살을 감행하기 전에 소지품을 정리하는 등의 이상행동을 나타내는 만큼(이하, 제프리 네비드 외 지음, 신성만 외 번역, 『이상심리학』, 박학사, 2016, 281~282쪽 참조), 주변인이 자살의 가능성에 대해 털어놓을 때 진지하게 들어줄 수 있는 마음의 자세를 가지고 있어야 한다. 특히 청소년 자살 시도의 상당 부분이 성 정체성이나 성적 지향으로 인한 불안에서 비롯한다는 점에 비춰볼 때, 더더욱 젊은 층에 각별한 관심을 기울일 필요가 있다. 자살에 '성공'하는 대부분의 사람이 과거에 이미 자살 시도를 해본 경험이 있는 사람들인 만큼, 이들이 심상치 않은 기미를 나타낼 때 보다 전문적으로 대처할 수 있는 사회적 장치도 마련되어 있어야 한다.

자살은 본인 자신에게도 비극이지만 주변인들에게도 심각한 고통과 후유증을 남긴다는 점에서 우리 모두가 진지하게 접근해야 할 중요한 사회현상이다. 게다가 자살은 전염력 또한 치명적이다. 나는 현재 우리 사회에 만연해 있는 자살이나 이혼이 전염병이라고 생각한다. 병원체에 의해 전염된다고 해서 전염병인 것만은 아니다.

한편 '번아웃(burnout)'이라 불리는 질환이 있다. 특히 직장인에게서 심심치 않게 관찰되는 질환으로 신체적으로나 정신적으로 에너지가 다 타고 고갈됨으로써 나타나는 질환이다. 최악의 경우 생명을 태워버릴 수도 있다. 우리나라는 OECD 국가 중에서 노동시간이 긴 나라로 둘째 가라면 서러워할 나라다. 그만큼 번아웃의 위험성은 크다. 직장생활 중 틈틈이 긴 휴식을 취하거나 바캉스를 다녀왔는데도 피로감이 사라지지 않는다면 번아웃을 의심해봐야 한다. 단순한 피로나 과로의 문제가 아니기 때문이다. 신체적 질환이나 심리적 질환은 나름대로 특유의 전조현상을 나타내게 마련이다. 우리의 생명과 삶의 질을 담보하는 현상들인 만큼, 보다 정확하고 신속하게 대처할 수 있는 분별력과 지혜를 가질 필요가 있다.

'위험의 피라미드' 또는 '하인리히의 법칙'이라 불리는 현상이 있다. 이는 비단 자연이나 인간 중심적 관점에서뿐 아니라 사회적 차원에서도 전조현상의 조기 탐지 필요성을 강조한다는 점에서 우리의 특별한 관심을 끈다. 다시 말해, 하인리히의 법칙은 치명적 사고가 발생하기 전에 이미 그 사고의 발생 위험성을 예고하는 무수히 많은 '사인(sign)'이 존재한다는 사실을 통계적으로 입증한다.

하인리히란 인물은 미국인으로, 해군에서 복무한 후 보험회사에 입사하여 업무상 무수히 많은 사고를 접한다. 마침내 그는 수많은 인명이 생명을 잃는 커다란 산업재해가 발생하기 전에 이미 사람이 다치지는 않는 작은 사고가 300번, 사람이 가벼운 부상을 입는 경미한 사고가 29번이나 발생한다는 사실을 밝혀낸다. 말하자면 한 번의 대형사고가 발생했을 때, 사람들은 사전에 있었던 329번의 경고를 무시했다는 셈이 된다. 하인리히가 이 법칙을 공표한 1931년 이래 유사한 법칙이나 이론이 공표되어 전조현상의 수는 급증하지만, 사실상 핵심은 사고를 예고하는 전조현상의 수에 있다기보다 수많은 사고가 사전에 예방 가능하다는 점에 있을 것이다. 예방할 수 있었음에도 발생한 사고는 모두 인재(人災)라고 봐야 하는 까닭이기도 하다. '안전 불감증'은 생명을 희롱하는 위험천만한 곡예이다.

전조의 의미를 가진 서양어 'aura, augury(영어)/augure(프랑스어)'는 본래 고대 로마시대 때 사제들이 치던 점에서 유래한 말이다. 고대 중국에서 거북의 등껍질을 불에 태워 그 균열을 보고 길흉을 점쳤던 것처럼, 고대 로마시대에도 사제들은 중대한 국사를 앞두고 여러 가지 방식으로 점을 쳤다. 물고기나 닭의 배를 갈라 그 내장을 보고 점을 치기도 하고, 사제들이 신을 모시는 장소(temple)에 가서 하늘에 네모를 그린 다음, 그 네모 안에 새들이 그리는 궤적을 보고서 점을 치기도 했다. 오늘날 '관조(觀照), contemplation(영어, 프랑스어)'란 의미의 서양어 단어는 이렇게 탄생했다. 또는 마법의 책이 은닉된 동굴에 가서 그 알쏭달쏭한 의미 recette(프랑스어)를 천착하며 앞날을 점쳐보기도 했는데, 그 비의(秘義)는 오늘날 속화되어 '요리법'이 되었다.

한치 앞을 내다보기 힘든 어지러운 세상이다. 한반도 하늘 위로 커다

란 네모라도 쳐서, 그 안에서 높이 치솟는 커다란 불꽃들이 얼마나 되고
또 어느 방향으로 움직일는지 지켜보며 앞날을 점쳐야 하나? 어떻게 해
야 하나?

🌿 번아웃(burnout)
　오랜 시간 동안 지속적으로
　스트레스에 노출됨으로써 야기되는
　육체적, 정신적 소진 상태를 말한다.
　단순한 피로나 스트레스 상황과는 구별되는,
　만성화하고 일반화한 기능 저하,
　탈진·고갈 상태를 가리킨다.

내 머리는 셌는가?

꽤 오래전에 유행했던 난센스 퀴즈이다. 어떤 사람이 버스를 탔는데, 그 버스에 탄 사람을 세어보니 모두 11명이었다. 12명이 타고 있어야 하는데, 어떻게 된 걸까? 정답은, 세는 사람이 정작 자기 자신은 세지 않은 것이다! 하긴, 알고 보면 함정이 금세 보이는 퀴즈이다. 의당 사전에 세는 사람이 자기 머리도 세야 하는지 물었어야 했지만, 사실상 우리가 세상사를 대할 때 대개는 자기 자신은 예외로 치는 편의주의적 사고방식을 겨냥한 퀴즈이다. 철 지난 난센스 퀴즈인 만큼 진부하긴 하지만, 그 안에 담긴 교훈은 결코 만만치 않다. 바로 오늘날의 사회가 요구하는 기본적인 덕목을 담고 있기 때문이다.

그 덕목은 법 앞에 우리 모두가 예외 없이 똑같다는 평등사상이 될 수도 있고, 관찰자가 결코 관찰대상과 분리해서 생각할 수 없다는 과학적 언술이 될 수도 있다. 개인 간의 관계라면 주는 것이 있으면 받는 것도 있어야 한다는 기브앤드테이크(give-and-take), 국가 간의 외교관계에서라면 상호호혜의 원칙이 될 수도 있다. 또는 요사이 자주 질타의 대상이 되는 갑을관계에서처럼 역지사지(易地思之)의 도리를 일깨우는 윤리적 기준일 수도 있다.

비근한 예를 들면 '된장녀', '김치녀'를 외치며 젊은 여성의 허영심을 비난하는 젊은 남성들은 무엇보다 먼저 자기 자신 또한 고추장남, 깍두기남은 아닌지 스스로 물어봐야만 하지 않을까? 만일 그렇지 않다면, 뭐 묻은 개가 겨 묻은 개를 나무라는 격이 될 수도 있으니 말이다. 마찬가지로 생활력 강하고 억척스럽지만 여성이기를 포기했다느니 유통기한이 끝났다느니 하며 '아줌씨'를 폄하하는 중년 남성들이 스스로 능력도 없고 매력도 꽝인, 이미 용도폐기 되었어야 할 배불뚝이 '꼰대 아자씨'는 아닌지 자문해봐야 한다. 관점에서 조금 벗어난 이야기이긴 하지만, 남과 여의 개념만큼 상대적으로 정의되어야 할 개념 쌍도 달리 없다. 남자를 정의하려면 반드시 여자의 개념이 필요하고, 여자를 정의하려면 남자의 개념이 필요한 까닭에서다. 남과 여는 떼려야 뗄 수 없는, 쌍으로만 존립하는 개념이다.

그럼에도 불구하고 우리가 이토록 간단해 보이는 덕목을 쉽게 망각하는 까닭은 무엇일까? 바로 우리 정신의 편향성 때문이다. 바로 우리 안에 뿌리 깊이 박힌 자기중심적 관점이 문제다. 팔이 안으로 굽고, 내가 하면 로맨스, 남이 하면 불륜('내로남불')을 부르짖게 만드는 바로 그 일방통행식 관점이다.

요컨대 문제는 우리가 우리 자신을 객관화하기가 그만큼 힘들다는 데 있다. 우리의 눈이 다른 모든 것은 보되 정작 눈 자체는 볼 수 없는 것과도 흡사하다. 이를테면 연속극에 등장하는 대가족 가정의 거실처럼 공간의 네 면 중 한쪽은 시청자가 언제나 볼 수 없는 것과 마찬가지 이치다. 바로 카메라가 위치하기 때문이다. 카메라는 카메라를 보질 못한다. 나침반이 북극점 가까이에서는 방향을 가리키는 대신 뱅글뱅글 돌기만 한다고 한다. 나침반이 정작 자기 자신은 가리킬 줄 모르기 때문이다. 인간의 눈이 보지 못하는 맹점을 가지고 있듯 나침반 또한 극점에서는 제정신을 잃는다.

예전에 어느 책에서 한 오스트리아인이 그 맛있는 치즈를 놓고 어떻게 다른 나라 사람들은 '케제(Käse, 독일어)'라 부르지 않고, '치즈(cheese, 영어)'나 '프로마주(fromage, 프랑스어)'라고 부르는지 모르겠다는 구절을 읽고서 실소를 금하기 힘들었던 기억이 있다. 자기네 음식이 맛으로도 최고지만, 그 음식을 가리키는 말도 자기네 것이라야 한다고 믿는 문화적 우월주의가 가소로워 보였기 때문이다. 나야 물론 김치찌개가 세상에서 가장 맛있는 음식 중 하나라고 생각하지만, 김치찌개 냄새에 눈살을 찌푸리는 외국인과 마주치더라도 속내야 어떻든 감히 나무랄 마음을 품지 말아야 한다고 생각한다. 내 것이 소중한 만큼 네 것도 똑같이 소중하기 때문이다. 서양에 관광 갔을 때 아무래도 코쟁이들이 내가 피부 노란 동양인이라고 얕잡아보는 것 같다고 개탄하는 사람이 정작 우리 주변의 동남아인이나 흑인, 심지어 우리와 똑같이 생긴 조선족을 차별하고 학대하는 행태야말로 꼴불견이 아닐 수 없다. 명백한 자가당착이다.

미국에서 활동 중이던 박찬호에게 열광하고 영국에서 활약하던 박지성에게 환호했던 수많은 한국민의 태도 또한 문화적, 인종적 열등감의 발로라고 간주한다. 그 증거는? 박찬호나 박지성이 한국에 돌아온 이후론 사람들이 이렇다 할 관심을 나타내지 않는다는 점이다. 예전에 어느 종편 뉴스에서 한 대권후보자가 대학에 가서 행한 강연에서 영어를 남발했다고 비꼬는 기사를 내보내는 것을 보았다. 그런데 정작 그 뉴스 프로그램은 하위 코너들이 모두 영어로 네이밍되어 있었다. 영어권 시청자보다는 한국 시청자들이 압도적으로 많을 뉴스 프로그램에 어째서 이토록 영어로 도배를 해야 하는 것일까? 게다가 공정성이 생명인 언론매체에서, 그것도 뉴스 시간에, 어째서 이처럼 균형감각을 상실한 보도를 하는 것일까?

그때 뉴스 프로그램 진행자가 석연치 않은 표정을 지었던 것은 그래도 일말의 양식은 살아 있다는 것을 의미하는 것일까? 어쨌든, 자기 머리도 마땅히 세었어야 했던 것 아닐까? 그때 나는 속으로 이렇게 중얼거렸다. '웃기고 있네……'

자기중심적 사고방식의 폐단을 고치거나 보완하려는 시도는 비단 인간 개개인에게만 국한하지 않는다. 예컨대 거의 모든 민주국가에서 채택하고 있는 삼권분립 정신이 그러하다. 삼권분립이란 행정부, 입법부, 사법부가 동등한 권력을 가지면서 서로를 견제해야 한다고 믿는 정치사상이다. 만일 그렇지 못할 때 보다 많은 권력을 움켜쥔 쪽이 전횡을 일삼을 위험성이 항시 상존한다고 보기 때문이다. 이 같은 권력분립론은 프랑스의 법철학자 몽테스키외가 『법의 정신』(1748)에서 최초로 주창했고, 그 정신을 최초로 실천한 국가는 미국이라 알려져 있다. 하지만 몽테스키외가 『법의 정신』을 발간하기 훨씬 전에 이미 『페르시아인의 편지』(1721)

란 문학작품에서 문화적 상대주의를 역설했던 소설가란 사실은 덜 알려져 있다.

이 소설은 9년 동안 유럽을 여행하고 돌아온 두 아랍인이 쓴 편지들로 이루어진 서간체 풍자소설로, 서로 다른 두 문화권의 비교를 통해 사람들이 타문화에 대해 얼마나 황당한 편견을 갖고 있고 또 우스꽝스러운 행태를 보이는지 꼬집는다. 여러 명의 부인을 하렘에 가둬놓고 있다고 비난받는 아랍남성에게, 정작 본부인은 제쳐놓고 끊임없이 바깥에서 한눈파는 유럽남성도 더 나을 것이 없다. 오십 보 백 보다. 걸음을 떼기조차 힘들 정도로 거추장스러운 유행을 좇고, 2천 년 전에 죽은 두 시인 중 누가 미묘한 감정표현을 더 잘하는지를 놓고 피 튀기는 설전을 벌이는 유럽인들의 태도도 기이하기 짝이 없다.

어떤 문화가 더 우월하다고 말할 수 있겠는가? 그저, 다를 뿐이라고 해야 하지 않을까? 이처럼 몽테스키외에게서 권력분립사상은 불쑥 생겨난 것이 아니라, 상대주의적 사고방식에서 탄생했다고 보아야 한다. 권력이니 법이니 문화니 하며 말은 거창하지만, 그 핵심은 '내 머리는 세었는가?'이다…….

같은 맥락에서 일찌감치 삼권분립 정신을 받아들인 미국의 대통령 취임식에 저절로 눈이 간다. 전통적으로 미국 대통령의 취임식은 당선자가 백악관이 아닌 국회의사당 앞에서, 그것도 대법원장 앞에서 취임선서를 하게 되어 있다. 이렇게, 그 어떤 나라 대통령보다도 막강한 권한을 가진 미국 대통령의 취임식이 그 자체로 삼권분립 정신을 요약해서 상징적으로 보여준다는 점은 교육적으로도 상당한 효과를 발휘한다고 여겨진다.

텔레비전을 통해 자기 나라 대통령의 취임식을 시청하는 미국의 어린이들은 어째서 그토록 막강한 힘을 가진 자기네 대통령이 취임식을 그렇게 하는지 부모에게 자연스레 물어볼 것이 아닌가?

지동설과 천동설 간의 오랜 갈등은 누구나 알고 있는 역사적 사실이다. 천동설은 움직이지 않는 지구가 우주의 중심이고 천체가 그 주위를 돈다고 믿었던 주장인 데 반해, 지동설은 우리 인간이 사는 지구가 그저 태양 주위를 도는 하나의 행성일 뿐이라는 상대주의적 우주관이다. 천동설이 진실에 반하는데도 이천 년에 걸쳐 군림할 수 있었던 것은 신 중심의 절대주의적 신앙이 과학에까지 영향을 미친 결과이다. 절대자에게 향한 신앙은 반사적으로 그가 총애하는 인간의 우월감으로 이어지고, 이같은 우월감은 인간이 사는 지구를 우주의 중심이라 믿게 했다. 그러니까 이와 같은 우주관을 뒤집은 코페르니쿠스의 지동설은 과학적 진리일뿐 아니라, 당시의 종교적 세계관과 자기중심적 사유방식에 엄청난 타격을 가한 혁명이었다.

코페르니쿠스의 지동설 이래 기존의 세계관을 지축부터 송두리째 뒤흔들어놓은 것은 바로 아인슈타인의 상대성 이론이다. 그의 상대성 이론은 새로운 우주관의 도래를 뜻하기도 하지만, 이후의 모든 과학적 태도의 근간을 이루기 때문이다. 아인슈타인은 그 어떤 자연현상을 관찰할 때라도, 관찰자는 자신의 '절대운동'을 실험적으로 측정할 수 없다고 말한다. 본래 상대성 이론이 난해하기도 하지만 자연과학에 문외한인 필자로서는 다음의 비근한 예를 드는 것으로 만족하고자 한다.

달리는 기차 안에서 공을 떨어뜨렸을 때 기차 안에 있는 사람이라면 수직 낙하하는 것으로 보일 테지만, 만일 관찰자가 기차 바깥에서 보았더라면 그 공은 포물선을 그리며 떨어지는 셈이라고 한다. 즉 관찰값은 그 자체로 독립적으로 존재한다기보다 관찰자의 위치에 종속한다는 의미이다. 관찰자의 위치와 입장에 따라 관찰대상은 얼마든지 다르게 나타날 수 있는 것. 이처럼 인간은 그 어떠한 경우에 있어서도 중립적이거나 절대적인 관찰자가 될 수 없다는 사실은 이제 상식이 되었다. 이 세상에 존재하는 삼라만상은 언제나 구체적인 상황 속에 놓여 있고, 또 인간은 신이 아닌 까닭에서이다.

마찬가지로 정신분석학도 관찰자가 그 어떠한 경우라도 결코 객관적 위치에 놓일 수 없음을 극단적인 방식으로 보여준다. 정신분석 치료의 근간은 분석가가 피분석자의 무의식을 탐지하고 동반하는 데 있다. 피분석자의 무의식에 접근할 수 있는 유일한 통로는 바로 분석가의 무의식을 통해서일 뿐이다. 전무후무한 소통방식이다. 즉 피분석자의 무의식을 읽는다는 것은 곧 분석가 자신의 무의식을 읽는 것을 의미한다. 이처럼 진정한 정신분석의 조건이 충족되는 순간은 분석가의 정신세계와 피분석자의 정신세계 사이의 경계가 완전히 허물어지는 순간이다. 관찰자가 관찰대상과 완전히 하나가 되는 극한적 상황이다.

앞서 소개한 난센스 퀴즈의 또 다른 버전이 있다. 최신 버전이다. 이 버전에서는 상황이 하나 더 추가된다. 버스에 탄 사람이 탑승한 전체 인원을 세어보니 12명이어야 하는데, 11명뿐이었다. 그래서 또다시 세어보았다. 그런데도 여전히 11명뿐이었다. 어떻게 된 걸까? 물론 이번엔 세는 사람이 분명 자기 머리도 세었다. 정답은?

계속, 잘못 세웠기 때문이다!

이번에는 또 어떤 인간적 오류가 문제인가?

🌿 확신 편향

모든 인간은 자기중심적이다.

이는 세상을 바라보는 구심점이 바로 자기 자신이며,

이러한 구심점이 제대로 서 있지 않는 이상

바깥세상은 존재하지 않는 셈이기 때문이다.

우리는 우리 자신의 자아를 나르시시즘에 입각하여

형성했던 만큼, 이 나르시시즘이 사라지지 않는 한

모든 인간은 자신의 내면세계가 바깥으로 투사함으로써

왜곡 또는 굴절 현상을 보이게 마련이다.

확신 편향("내가 옳다", "나만이 옳다" 등……)이란

이때 필연적으로 나타나는 자기중심적

오류를 지칭한다.

욕

벌써 여러 해 전의 일이다. 서울의 지하철 안에서였다. 고만고만한 한 무리의 여중생들이 학교를 파한 후 귀가하는 중에 나누던 대화를 본의 아니게 엿듣게 되었다. "우리 엄마, 그거 순 미친X이야……" 너무도 충격적인 한마디였다. 아니, 어떻게 어린 여중생이, 그것도 입에 담기조차 흉측한 욕설을 자기 엄마를 향해서 할 수 있단 말인가. 아직 너무 어려서일까? 아니, 중학생이면 벌써 웬만한 분별력은 모두 갖춘 나이가 아닌가? 세월이 하수상하고 세상 돌아가는 품이 점점 더 험악해진다고는 하지만, 어떻게 저토록 어린 여중학생까지? 더욱 기가 막힌 것은 그 여학생이 불량스럽게 보이기는커녕 얌전한 가정에서 '곱게' 자란 듯해 보였다는 사실이다. 세상에 어째 이런 일이…….

그로부터 여러 해가 흐르고 또 흘렀다. 이따금씩 청소년 무리를 마주칠 때마다 또래끼리 주고받는 욕설이 상당히 보편화되어 있음을 확인할 수 있었고, 어쩌면 이 아이들이 자기네끼리 사용하는 욕설이 반드시 욕설로서뿐 아니라 동류의식을 확인하고 다지는 수단이 아닐까 하는 생각에까지 이르게 되었다. 앞에서 소개한 어린 여중학생이 결코 예외적인 사례가 아닐 수도 있다는 생각이 뒤늦게 들었다. 그래도 그렇지, 너무 심하지 않은가. 오늘날의 청소년들이 스스로 내뱉는 욕설이 대체 무슨 뜻인지나 알고서 내뱉는지 의심스럽기조차 하다. 한 세대 앞선 시절이었더라면 아마도 불량배, 그것도 가장 저질스런 불량배 사이에서나 쓰였음직한 험악한 욕설들이 작금에 이르러서는 청소년들의 입에 아무렇지도 않게 오르내리고 있으니 말이다.

오늘날 청소년들 사이에서 욕과 욕설이 난무하는 한편, 존댓말 사용은 점차로 사라지거나 왜곡되고 있는 현상은 우려할 만한 수준이다. 청소년들이 또래끼리 주거니 받거니 건네는 말을 요순시대의 임금님이 들었더라면 귀를 씻기 위해 강물이 아니라 황해 바닷물로도 모자랄 판이다. 누구를 탓할 것인가? 욕설을 입에 달고 사는 청소년들이 우선 잘못이겠지만, 궁극적으로는 기성세대의 잘못이라고 봐야 한다. 청소년의 세계는 어른의 세계를 고스란히 비추는 거울이므로…….

물론 욕이나 욕설에 나쁜 면만 있는 것은 아니다. 이를테면 관습적으로나, 아니면 대화 상대자의 양해가 전제되는 경우라면 오히려 친근감 내지는 인간미를 나타내는 수단으로 이해될 수도 있으니 말이다. 경상도에서라면 "문딩이 자슥"은 욕이라기보다 애칭에 가깝다. 내가 존경하는 은사님 중에는 당신의 딸을 지칭할 때마다 "이년이", "저년이" 하는 분이 계시다. 잘 모르는 사람이 들으면 욕이라 하겠지만, 나는 이 말을 들을 때마다 딸에 대한 아버지의 살가운 애정을 느끼곤 한다. 판소리나 탈춤 공연 중에 걸쭉한 욕설이나 육담이 자주 등장하는 까닭 또한 우리네 정서에 그만큼 호소하는 힘이 크기 때문이다. 판소리 여섯마당 중에 욕설이나 육담이 빠지는 경우는 오히려 드문 경우라 할 수 있으며, 명창이 간간히 내뱉는 "빌어먹을", "이 썩을 놈이" 등은 욕이라기보다 공감을 이끌어내기 위한 장치에 가깝다고 봐야 한다. 그러면 덩달아 달뜬 관객들이 "얼쑤"하며, 추임새를 넣으며 화답하게 마련이다. 그런가 하면 판소리의 어떤 판본에는 대단히 충격적인 내용들을 담고 있기도 하다. 예를 들어 『심청가』의 어느 판본에서는, 심청이 공양미 삼백 석을 위해 인당수에 몸을 던지기 직전 이런 사설을 내뱉는 것으로 되어 있다. "지랄 같은 애비 살리자고 이 심청이 물에 빠져죽네……" 누가 심청을 효녀의 표본이라 했는가?

욕, 욕설, 또는 육담(肉談)이나 육두문자(肉頭文字, 생식기 등의 내밀한 신체 부위, 또는 남녀 사이의 교접에 빗댄 욕설)*가 위력을 발휘하는 까닭은 이런 말들이 우리의 정신세계에서 상대적으로 우리의 육체와 가까운 거리를 유지하고 있기 때문이다. 욕이나 욕설은 이를테면 언어가 가진 여러 기능 중에서 '강제적' 기능이 탁월한 종류의 언어라고 할 수 있다(로만 야콥슨). 욕이나 욕설은 언어의 가장 기본적인 정보전달 기능은 가지지 못하는 대신, 상대편을 구속하거나 강제하는 '힘'으로서 작용하는 셈

---

* 참고삼아 '육두문자'란 말의 어원에는 여러 버전이 전해진다. 어느 무식한 시골선비가 연못의 수면 위로 고개를 내민 물고기를 보면서 "저기 육(肉)이 두(頭)를 내밀었네"라는 고사에서 유래했다는 설(빗나간 언어 사용)과, 육두(肉頭)란 두 글자 한자에서 형상과 뜻을 동시에 취했다는 설이 있다. 후자의 경우 '육(肉)'자의 형상에서 '머리(頭)'를 취한 모양, 즉 '쌍시옷'을 일컫는다고 보는 것이다. 그러고 보면 우리말 중에 심한 욕이나 욕설의 상당수가 쌍시옷으로 시작한다는 사실을 점잖게 빗댄 어원풀이인 셈이다. 드러내놓고 입에 올리기 힘든 욕과 욕설의 생리를 그야말로 절묘하게 묘사한 어원풀이이다.

이다. 바로 욕이나 욕설이 상대를 깎아내리거나 상처를 주기도 하는 까닭이다. 욕이나 욕설은 언어가 정보전달에만 그치지 않고 힘으로 작용할 수 있음을 보여주는 가장 대표적인 경우이다. 심리치료사의 적절한 말 한마디가 환자의 마음이나 육신의 고통을 덜어주는 힘을 발휘하듯 욕이나 욕설은 내뱉는 사람에게는 '배설'의 쾌감과도 같은 카타르시스를 안겨주는 동시에 상대방에게는 타격을 입히는 공격성을 발휘한다.

정신분석학적 관점에서 보면, 욕과 욕설은 무의식적으로 항문기적 특성과 대단히 밀접한 관계를 맺고 있다. 바로 욕이나 욕설이 일단 입 '바깥으로' 내뱉어지면 무차별적으로 상대를 해하거나 '묵사발'을 만들어버리기도 하는 까닭이다. 물론 욕이나 욕설이 무의식적으로 겨냥하는 바는 상대를 '배변'의 위치로 전락시키는 일이다. 일단 우리의 몸 바깥으로 가차 없이 배출되고 난 후에는 아무짝에도 소용없는, 익명의 대상으로 전락하는 배변처럼…… 우리말은 물론 동서고금을 막론하고 욕이나 욕설 중에 항문이나 생식기, 남녀 간의 교접과 관련한 말이 유난히 많은 까닭은 항문기적 공격성이 상대의 내밀한 부분에까지도 해를 가하거나 영향을 미치고자 하는 마술적 사고방식이 작용하기 때문이다. 예컨대 누군가에게 남녀 사이의 교접을 빗댄 욕을 하는 경우, 이 욕은 상대를 해할 뿐 아니라 상대의 내밀한 부분에까지 파고들어 프라이버시를 침해하는 셈이다. 공격성뿐 아니라 음흉한 관음증이 함께 숨어 있다.

욕이나 욕설은 아니지만 작금의 언어 사용 중에 또 다른 우려스러운 점이 목격된다. 바로 우리가 사용하는 말이 날이 갈수록 점점 더 거칠어지고 점점 더 공격적으로 되어간다는 점이다. 내가 한턱 "낼게"란 말 대신 내가 "쏠게"라고 한다거나, 배신을 "한다"란 말 대신 "때린다" 등의 신조어가 어느새 대세로 자리를 잡아가고 있다. 총을 겨누거나 주먹만 쳐들지 않았을 뿐 언어를 통해 총을 쏘거나 주먹을 휘두르려는 것이나 마찬가지의 표현이다. 나는 이런 부류의 신조어를 항문기적 표현이라 부르고자 한다. 언어가 사회를 반영한다고 한다면, 군대용어나 별반 다를 바 없는 이 같은 신조어는 점점 더 거칠어지는 우리의 세태를 그대로 반영하는 셈이다. 우리의 입이 더 이상 '더러워지지' 않길 바라는 것이 나 혼자뿐일까?

🌿 항문기적 특성
어린 시절 우리의 정신세계가
항문이란 기관에 사로잡혀 있던 시기에
형성되는 여러 특성들을 지칭하며, 차후에 굳이
신체기관으로서의 항문이 문제되지 않는다 하더라도
"내뱉다", "통제하다", "지배하다" 등의 가치들은
항문기적 특성으로 이해된다.

직업병

내가 좋아하는 텔레비전 프로그램 중에 〈생활의 달인〉이 있다. 겉으로 보기에 전혀 특출하거나 남달라 보이지 않는 평범한 사람들이 놀라운 장기나 진기를 펼쳐 보이는 프로그램이다. 구체적으로 기억나는 출연 사례는 그리 많지 않지만, 소개하자면 이렇다. 크리스털 잔을 십여 개씩 얹은 쟁반을 또다시 여러 개씩 겹쳐서 운반해도 아무 탈 없는 서빙 전문가가 있는가 하면, 맥주 조끼를 수십 개씩 늘어놓은 후 순식간에 잔을 채우고 거품을 걷어내는 바텐더가 있었다. 어마어마한 양의 천을 순식간에 잘라 담요 크기로 만들고 또 가장자리도 순식간에 박아 최종상품으로 만들어내는 신이 내린 손이 있는가 하면, 넓은 플라스틱판을 일순간에 그것도 한 치의 오차도 없이 정확하게 잘라 화투를 만드는 또 다른 장인의 손도 있었다……

텔레비전에서 본 것은 아니지만, 어느 유명 호텔 일식당에 근무하는 초밥의 달인은 척하니 밥을 손에 쥐기만 하면 항시 2백여 개의 밥알(정확한 숫자는 잊었다)이 손에 잡힌다고 한다. 언제나 한 알의 오차도 없다고 하니, 정말 놀라울 지경이다. 그런가 하면 내가 이사할 때마다 와서 거들어주는 고마운 이삿짐센터 사장님이 계시다. 깡마르고 체구는 보통 사람보다 작은 편인데도 어디서 그런 괴력이 솟는지, 장롱이며 냉장고, 세탁기를 번쩍 들어올려 운반하는 광경을 볼 때마다 벌어진 입이 다물어지지 않는다. 어디서 그런 힘이 나오느냐는 물음에 이삿짐센터 사장님은 이삿짐은 힘이 아니라 요령이라고 대답한다. 조금만 무게가 나가는 물건을 운반해도 다음날 팔다리가 저리고 허리가 다른 사람 허리인 양 느껴지는 나로서는 그 요령이 어떤 것인지 정말 궁금하기 짝이 없다.

그러고 보면 굳이 특별한 재능이나 능력을 타고나지 않았더라도, 하나의 직업이나 직종에 오래 종사하다 보면 그 분야에 문리가 트고 남이 보기에 신기할 정도의 능력이나 역량을 발휘하는 사례들을 우리 주변에서 쉽게 마주칠 수 있다. 그러니 자신의 능력 부족이나 남을 탓하기 전에, 우선 한 가지 분야에서 진득하니 파고 또 파서 전문가로서의 지식과 경험을 쌓아놓고 볼 일이다. 예컨대 돈에 문리가 튼 사업가는 어떤 상황, 어떤 경우라도 돈이 눈에 들어온다고 하고, 또 내가 아는 어떤 서양인은 처음 외국어 몇 개를 익힌 경험과 지식을 토대로 노력에 노력을 거듭하여 이제는 21개국어를 자유자재로 구사한다. 한글을 반나절에 깨쳤다면서 눈에 보이는 한글 간판을 모조리 읽어내는 그분의 모습이 아직도 눈앞에 선하다. 사회심리학적 관점에서 보자면, 학습효과가 극대화할 때 직업인으로서 최고 수준에 오른 셈이라 할 수 있고, 게다가 이로 인한 자기효능감(자신이 바람직한 결과를 만들어낼 수 있다는 믿음)은 상승효과를 발휘한다(반두라).

한 분야에서 이룬 경험과 지식이 언제나 긍정적인 결과만을 가져오는 것은 아니다. 세상의 이치가 모두 그렇듯 그 어떤 현상이나 빛이 있으면 부작용과 그림자도 뒤따르게 마련이기 때문이다. 이를테면 이발사는 사람을 볼 때 머리부터 눈이 가고 구두 제조공은 사람들이 신은 구두부터 눈이 감으로써 자칫 다른 부분들은 소홀히 할 수도 있는 이치다. 의사와 여성이 타던 차는 구입하지 말라는 말이 있다. 좋게 볼 수도 있고 그렇지 않을 수도 있는 말이다. 사람의 생명을 다루는 직업인인 만큼 신중할 수밖에 없는 의사나, 남성보다 덜 '난폭한' 여성이 몰던 차는 얌전하게만 몰아 자동차가 제 역량을 충분히 발휘하기 힘들다는 점에 초점을 맞춘 속설이다. 장차관, 판검사 등을 지낸 지체 높은 양반들은 언제나 당당하지만, 누구에게나 호령하려는 습관이 남아 자칫 사회생활에 어려움을 겪을 수도 있다. 영광의 그림자가 그만큼 길고 짙게 드리우기 때문이다.

20세기 최고의 명가수 카루소의 부인이 명성과 부를 누리게 해줬던 남편이 죽고 나자 자기 드레스의 단추 하나 혼자 힘으로 낄 수 없어 오랫동안 고생했다는 이야기는 널리 알려져 있다. 교직에 몸담고 있는 선생님이나 교수는 어떤 주제건 간에 누구보다 쉽게 얘기할 줄 아는 능력을 갖췄지만, 언제나 교훈을 주고 가르치려는 탓에 자칫 상대를 피곤하게 만들 수도 있다. 장사꾼은 자식도 속인다는 말이 있지만, 이 말 또한 맞을 수도 있고 틀릴 수도 있다. 장사의 본질이 무엇인지, 또 큰 장사꾼인지 작은 장사꾼인지에 따라 얼마든지 달라질 수 있는 속설이다. 도둑이 자기 자식에게는 도둑질하지 말라고 가르친다지만, 요즘처럼 허가받은 도둑놈들이 우글거리는 세상에서는 도둑질에 관한 정의를 명확히 내릴 필요가 있다.

　다른 사람의 정신세계를 들여다보고 수시로 넘나드는 직업을 가진 심리치료사나 정신분석가는 아무런 정신적 문제나 갈등도 없다고 여기는 세상 사람들의 생각은 잘못이다. 직업인으로서의 자아를 벗어던지면 여느 사람이나 조금도 다를 바 없는 보통 사람이기 때문이다. 때론 자신의 문제가 아닌 다른 사람의 문제를 떨치지 못해 그 누구보다 고통스런 시간을 보낼 수도 있는 직업인이다.

🌿 거울의 단계

우리의 자아는 처음 어떻게 생겨나는 것일까?
현재까지 이에 대한 가장 유력한 정신분석학적 설명은
프랑스의 정신의학자 자크 라캉이 제시한 '거울의 단계'가 제공하는 듯 보인다.
속되게 표현하면, 세상에 갓 태어난 갓난아이는 그저 엄마 젖만 빠는
고깃덩어리에 불과한 존재이다. 그러다가 어느 날 아이는
거울 속에 비친(혹은 엄마의 얼굴에 비친) 시각적 형체에 주목한다.
아이는 거울 속에 비친 형체의 윤곽선이 바로 자기 자신의 모습이란
생각을 갖기에 이른다는 것이다! 바로 우리의 자아가 탄생하는 순간이다!
이처럼 라캉은 우리의 자아가 본연의 우리가 아닌 것(거울에 비친 상)을
우리 것인 양 삼는 만큼, 우리의 자아가 애초부터 소외된 채로
만들어졌다고 말한다. 이를테면 까도 까도 심지가
나오지 않는 양파와도 같은 존재……

인간의 이중성

최근 '블라인드 채용제(이력서에 차별적인 '스펙'을 적지 못하도록 하는 정책)'가 시행된다고 하여 앞으로 어떤 사회적 파장이 미칠는지는 아직 알 수 없지만, 청년층 사이에서는 스펙(본래 기계적 제원을 뜻하는 말이다) 쌓기 열풍이 여전한 듯하다. 한때 대학들이 출신교 학생들의 성적표를 이중으로 발행하던 시절이 있었다. '진짜' 성적표 말고도, 취업을 앞둔 예비졸업생들을 위해 학교 측에서 성적표를 보기 좋게 단장하여 따로 발행해줬다. 대학을 마쳤건만 좋은 직장은커녕 웬만한 일자리도 구하기 힘든 현실인지라 희망하는 직장의 입사 원서에 조금이라도 나은 성적표를 함께 들이밀고 싶어하는 학생들의 요망에 대학이 부응한 결과였다. 하지만 애석하게도 대한민국 회사 치고 입사 지원자의 성적표를 곧이곧대로 믿는 곳은 한 군데도 없다고 한다. 그러니 그야말로 헛손질인 셈이다.

이런 소식을 접하면서 요사이 젊은 여성들 사이에 유행처럼 번지는 '쁘띠성형'을 떠올렸다. 지나친 비교일까? 겉치레와 체면을 중시하는 우리 사회의 이중성 내지는 과도한 융통성이 마찬가지 방식으로 나타난 결과라고 여겨지기 때문이다. 성적표 좀 손본다고 무슨 대수냐 싶겠지만, 자잘한 손질이 결국 큰 혼란으로 이어질 수밖에 없다. 공신력을 갖춰야 할 문서가 공신력을 의심받는다면, 우리는 대체 무엇을 기준 삼아 판단해야 한단 말인가? 예컨대 눈, 코를 고친 '인공미인'임이 뻔한데, 무슨 기준으로 후보자의 '진짜 미모'를 판단할 것인가.

하나의 잣대가 아니라 '이중의 잣대'가 문제다. 이중의 잣대는 언제나 혼란과 불신을 초래하기 때문이다. 그러고 보면 우리말에서 '이중'이란 말이 들어간 단어들은 거의 대부분 부정적 뉘앙스를 풍긴다. 이중간첩, 이중국적, 이중장부, 이중생활, 이중인격자에 이르기까지…… 표리부동한 사람이라거나, 뒤에서 호박씨 까는 사람이라는 말은 그 어떤 욕보다도 모욕적인 언사다. 극히 드물기는 하지만, 실제로 표리부동한 사람들이 존재하기는 한다. 정신의학에서 '해리성 정체성 장애'라 부르는 질환을 앓는 사람들로, 이를테면 지킬 박사와 하이드마냥 자신의 한쪽 면을 다른 한쪽이 전혀 의식하지 못하는 심각한 정신질환을 일컫는다. 자기 자신이 한 행동을 지각하지도 의식하지도 못하니 이보다 더 딱한 노릇이 없을 듯하다. 맥락은 다르지만, 본의 아니게 정신머리를 놓곤 하는 알츠하이머 노인 중에는 자기가 의식하지 못한 채 저지른 행동으로 인해 견디기 힘든 수치심을 느끼고 목숨을 끊는 사례도 있다.

반면, 이보다 '이중성'의 정도는 덜하지만 훨씬 더 고약한 사례들을 우리 주변에서 심심치 않게 마주치고는 한다. 예컨대 장애인 보호시설의 원장이 원생들을 보살피기는커녕 아무런 저항 능력이 없는 이들을 성폭행한다거나, 고결한 말을 입에 달고 사는 성직자가 남모르게 성적 일탈을 일삼는다거나, 공무원이 나랏돈을 자기 주머니에 챙기거나 자기 잇속을 위해 업자와 결탁한다거나 하는 사례들은 지탄받아 마땅한 파렴치한 이중성이다. 과연 그렇다면 우리는 얼마나 투명해질 수 있으며, 얼마나 투명해야 하는가?

이중인격의 사례는 동서고금을 막론하고 언제나 존재해왔다. 반면교사 삼아 '유명한' 서양의 몇몇 사례를 소개하고자 한다. 프랑스의 계몽사상가 루소는 자기 친자식 다섯 모두를 고아원에 내다버렸다. 루소는『사회계약론』,『불평등기원론』등의 저서로 프랑스 대혁명에 불을 지핀 장본인 중 하나이기도 하지만, 인류 역사상 본격적인 최초의 교육서라고 할 수 있는『에밀』의 저자이기도 하다. 인위적이며 문명에 뿌리를 둔 모든 것은 결국 퇴락할 수밖에 없다고 주장하며 "자연으로 돌아가라"를 외쳤던 그였다. 물론 루소 자신으로서는 필설로 모두 표현하기 힘든 우여곡절이 없지는 않았겠지만, 그럼에도 자식 다섯 명을 부모가 키우는 대신 모조리 고아원에 떠맡기는 것이 자연으로 돌아가는 행위가 아님은 분명하다.

『좁은 문』,『전원교향곡』등 고아한 감정과 때 묻지 않은 감수성의 고양으로 한때 세계인의 마음을 사로잡았던 프랑스의 소설가 앙드레 지드는 정식 결혼한 부인과 한 번도 성관계를 맺지 않은 것으로 알려져 있다. 하지만 도저히 부인을 육체적으로 범할 수 없다던 그가 결혼 직후부터 다른 여성과 지속적으로 성관계를 맺어왔고 또 동성애도 마다하지 않았다는 사실은 어떻게 이해해야 할까? 현대철학의 출발점이라 할 수 있는 하이데거는 전후에 나치 전력이 밝혀져 세계 철학계에 커다란 파문을 일으켰다. 논의의 핵심은 그의 나치 전력과 그의 사상 사이에 연관성이 있느냐는 점이다. 이 문제에 관하여 딱 부러진 결론이 났다는 말은 아직 들어보질 못했다. 폴 드 망은 한때 포스트모더니즘의 기수로 위세를 떨쳤던 벨기에 출신의 문학비평가다. 그런데 최근에 그의 나치 전력이 밝혀지면서, 그가 그간 행한 문학비평에서 전가의 보도처럼 휘두르던 '불결정성(indécidabilité, 결정할 수 없음)'이란 개념이 그의 나치 전력을 감추기 위한 개념이 아닌가 하는 의심을 낳고 있다. 문학작품이 언제라도 또 다른 의미로 읽힐 수 있으므로 확고부동하게 정해진 의미란 존재하지 않는다는 취지를 담고 있는 이 개념이 자신의 과거에 똑같이 적용될 경우 얼마나 다행스러운 일이겠는가?

음악의 세계도 결코 예외는 아니다. 특히 본인이 의도했건 의도하지 않았건 간에 나치 전력으로 곤욕을 치른 음악가들이 적지 않은 듯이 보이기 때문이다. 오랫동안 클래식 음악계의 황제로 군림했던 카라얀이 본인의 말과는 달리 나치당에 적극적으로 가담했다는 사실이 밝혀짐으로써 무수히 많은 음악 애호가들에게 실망과 혐오의 감정까지 안겨준 바 있다. 그에게 심한 배신감을 느낀 음악 애호가 중에는 카라얀이 적극적인 나치 협력을 통해 드러낸 출세 지향적인 성향을 보건대 나중에 그가 보인 과도한 상업주의적 행태가 결코 공연한 일이 아니라고 폄하하기도 한다. 그럼에도 불구하고 카라얀의 음악은 여전히 아름답고 여전히 찬란한 빛을 간직하지 않는가? 예술가의 예술행위와 정치적 신념 내지 행보 사이에는 어떤 관계가 있는가? 행여 관계가 있다면 어떻게 분간해낼 수 있는가?

카라얀에 앞서 베를린 필을 지휘했던 푸르트뱅글러 또한 나치 전력으로 시달리기는 마찬가지였다. 자세한 내막은 알 수 없지만, 그는 나치 전력에 관한 한 비교적 소극적이었던 것으로 알려져 있다. 푸르트뱅글러가 1951년 바이로이트 극장에서 공연한 베토벤의 교향곡 9번은 클래식 음악사상 최고의 명연 중 하나로 꼽힌다. 종전 후 바이로이트 극장(나치의 '간판스타' 바그너가 직접 세운 극장이다)의 재개막 첫 공연으로, 갓 나치 전력의 꼬리표를 뗀 푸르트뱅글러가 음악의 순수성과 건재를 알리는 공연이었다. 역설적이지만, 당시 그의 내면에 나치 전력으로 인한 죄의식을 떨치고자 하는 거센 욕망이 없었더라면 과연 그의 공연이 그토록 역동적이고 감동적일 수 있었을까?

음악가의 정치적 행보에 관한 이야기가 나온 김에 한마디만 더 보태자면, 세계적인 피아니스트이자 지휘자인 다니엘 바렌보임은 최근에 남북한뿐 아니라 오랫동안 이스라엘과 아랍세계의 화해를 위해 크게 공헌한 음악가다. 이를테면 음악을 통해 인류애를 구현하고자 하는 음악가이다. 한편 그는 뭇 여성들에게 가장 몹쓸 남성으로 기억되고 있기도 하다. 그는 불치병으로 십수 년 동안 병상에서 신음하다 세상을 떠난 자기 부인을 한 번도 찾지 않은 무정한 남편이었기 때문이다. 그의 부인은 당시만 하더라도 남편 바렌보임보다 더욱 유명했던 첼리스트 자클린 뒤프레이다. 남편에게 사랑도 주고 명성도 안겨주었건만 처절하게 배신당한 뒤프레의 애달픈 심정을 후대인들은 19세기 작곡가 오펜바흐의 유고작인 첼로곡에 "재클린의 눈물"이란 제목을 달아주며 함께 울었다…… 과연 자신의 가정조차 건사하지 못한 사내는 인류애를 위해 활동할 자격을 가질 수 없는가?

이 글의 제목으로 '이중성'이란 말을 썼지만, 우리 인간을 규정하기 위해서는 아무래도 두 개의 얼굴 정도로는 태부족인 듯하다. 서양어에 '페르소나(persona)'란 말이 있다. 오늘날 '사람(person)', '인성', '인간성(personality)' 등의 말을 낳은 그리스어다. 페르소나란 말은 본래 고대 그리스 시대에 연극배우들이 무대 위에서 썼던 가면을 일컫는 말이다. 요즘 같으면 극 중의 역에 해당하는 수만큼의 배우들이 등장하겠지만, 당시만 하더라도 동일 배우가 역할에 따라 그때마다 서로 다른 가면을 바꿔써가며 공연을 했다.

어쩌면 인간의 참 얼굴은 애초부터 존재하지 않는지도 모를 일이다. 한풀 벗기면 또다시 나타나는 가면처럼 실제로 우리는 이때는 이런 가면, 저럴 때는 저런 가면을 쓰며 살아가지 않는가. 열 길 물속은 알아도 한 길 사람 속은 모르는 경우가 허다하지 않은가. 우리가 진정 하나의 얼굴로 행세할 수 있으려면 얼마나 많은 시련과 사색이 필요한가.

🌿 해리성 정체성 장애
이중인격 또는 다중인격이라고도 불리며,
동일인에게서 둘 이상의 정체성이
번갈아가며 나타나는 이상현상을 말한다.

정신적 교류

나야 물론 해당하지 않지만, 기독교인이라면 으레 줄줄 암송할 줄 아
는 기도문들이 있다. 그중의 하나가 사도신경이다. 사도신경이란 '나는
믿습니다'란 뜻을 가진 라틴어 '크레도(Credo)'란 제목의 글을 우리말로
옮긴 것으로, 기독교 신자로서의 신앙고백이 담긴 기도문이다. 그런데
사도신경의 구절 중에서 특히 이해하기 힘든 구절이 있다. 바로 가톨릭
버전으로는 "모든 성인의 통공(通功, communion)을 믿으며……"란 구절
이다. 모든 성인과 내가 통한다는 뜻일까? 만일 그렇다면, 어떻게? 개신
교 버전으로는 "성도가 서로 교통하는 것……"이란 구절에 해당한다. 말
의 의미로만 보자면 개신교 버전이 가톨릭 버전보다 상대적으로 쉽긴 하
지만, 나로서는 이 말에 담긴 참뜻을 헤아리기가 여전히 어렵긴 마찬가
지다.

종교와는 무관한 내가 '통공'이나 '교통'이란 말의 의미에 깊은 관심을
두고 있는 까닭은 내가 이 말들의 원어인 서양어 'communion'을 그 어떤
단어보다도 좋아하고 애착을 가지고 있기 때문이다. 종교적 맥락을 떠나

서, 내가 나 아닌 다른 존재와 깊이 '통합' 수만 있다면 세상에 이보다 더 행복한 일이 또 있을 수 있을까?

내가 좋아하는 서양어 표현을 하나만 더 들어보고자 한다. 프랑스어에 '자매와도 같은 영혼(âme sœur)'이란 표현이 있다. 누군가를 몹시 사랑하거나 애착을 느낄 때, 마치 한몸인 양 내 마음을 고스란히 헤아릴 줄 아는 존재를 가리키는 표현이다. 이 말은 남녀의 성별과 무관하게 사용하는 말이지만, 어째서 여기에 형제나 그 누구도 아닌, 굳이 '자매'란 말이 붙게 되었는지 한 번 곰곰이 따져볼 만하다. 내 마음을 있는 그대로 받아줄 수 있는 사람이 이 세상에 존재하길 염원하는 마음이 여성 특유의 수용적 태도를 필요로 해서일까?

사실상 우리 모두는 알게 모르게 무수히 많은 다른 존재와의 교감 내지는 영향 속에서 살아가고 있다. 오랜 세월을 함께 산 부부가 생각은 물론 생김새까지도 닮는다는 것은 누구나 인정하는 세상살이의 진리이다. 마치 핏줄을 나눈 형제, 자매처럼…… 가족끼리는 외모는 물론 사고방식이나 습성, 심지어 정신적 분위기까지도 닮게 마련이다. 이처럼 부부 사이, 부모와 자식 사이, 식구들 사이뿐 아니라 '내'가 다른 존재와 의식적으로든 무의식적으로든 간에 정신적 교류를 이루는 사례는 우리 주변에서 얼마든지 찾아볼 수 있다. 스승과 제자 사이, 선배와 후배 사이, 연인 사이, 친구 사이를 비롯하여 심리치료사와 내담자 사이에서도…….

두 존재가 정신적으로 교류를 함으로써 나타나는 현상은 무척이나 다양할 수 있지만, 그중에서도 교류의 강도가 남달랐던 몇몇 예를 보도록 하자.

"친구 따라 강남 간다"는 말이 있지만, 친구와의 깊은 우정으로 인해 사람의 운명이 완전히 바뀌는 경우도 드물지 않다. 예를 들어 『수상록』으로 유명한 프랑스의 인본주의자 몽테뉴는 스무 살 무렵 깊은 우정을 나눴던 친구 라 보에시가 요절하자 평생토록 세상을 등지고 집필에만 몰두하여 역사에 길이 남을 자기 성찰의 저서를 남겼다. 젊은 시절 잠시 맛본 강렬한 우정이 그에게는 기나 긴 여생의 시간에 버금할 만큼 커다란 정신적 영향을 남긴 셈이다. 대체 그 무엇이 두 사람 사이를 그토록 가깝게 끌어당겼을까?

몽테뉴는 이렇게 말한다.

"왜냐하면 그였고, 왜냐하면 나였기에……"

크나큰 우정에는 꼬리표를 달 수 없다는 의미일까? 정신분석학의 창시자인 프로이트에게 플리스란 친구가 없었다면 정신분석학이 탄생할 수 없었을 것이란 말은 결코 과장이 아니다. 프로이트가 친구인 플리스를 무의식적으로 자기분석의 지지대로 삼음으로써 비로소 정신분석학이 세상에 선을 보일 수 있게 되었기 때문이다. 프로이트는 자기 자신이 아닌 다른 정신분석가에게서 정신분석을 받지 않은 유일한 정신분석가다.

스승과 제자 사이의 교류 또한 정신적 대물림이 이루어지는 대단히 중요한 인간관계 중 하나다. 이때 두 존재 사이에서 행해지는 대물림이 단순히 지식이나 기술의 전수에만 그친다고 본다면 이는 크나큰 오산이다. 스승과 제자 사이에는 기술 차원의 초보적 전수에서부터, 가장 이상적인 형태인 '전인적' 전수도 존재하기 때문이다. 고대 그리스 시대에는 스승이 제자에게 행한 가르침이 문자 그대로 '전인적' 방식으로 이루어졌다. 즉 육체관계까지를 포함한…….

물론 이 양 극단 사이에는 중간 형태의 다양한 전수방식들이 존재한다. 맥락은 다르지만 스승에게서 배우지 않고 독학으로 일가를 이룬 전문가들에게서 흔히 목격되는 공통점들이 있다. 독학의 가치를 모르는 바는 아니지만, 독학자들에게서 자주 마주치게 되는 관점의 편협성이나 포용력의 부족 등은 혼자만의 힘으로는 극복하기 힘든 특성들인 것으로 보인다.

심리치료의 장이야말로 두 주체 간의 정신적 교류를 가장 표본적으로 보여주는 영역 중 하나라고 할 수 있다. 마음의 고통이나 갈등으로 인해 심리치료사를 찾는 내담자와 심리치료사 사이에 깊은 정신적 교류가 이루어지지 않고서는 치료 자체가 성립할 수 없기 때문이다.

『고도를 기다리며』로 유명한 노벨문학상 수상작가 사무엘 베케트는 젊은 시절 영국의 정신분석가 비온에게 수년간 정신분석을 받은 바 있다. 후대의 평가로는, 그 영향으로 베케트의 희곡작품은 스스로 행하는 정신분석인 양 읽히고, 또 정신병에 관한 비온의 이론은 베케트의 정신세계를 그대로 빼닮았다고 여겨진다. 바로 두 사람이 치료과정을 통해 깊은 정신적 교감을 이뤘었다는 사실을 보여주는 놀라운 사례라고 할 수 있다.

어떤 의미에서 볼 때 심리치료의 장은 과연 무엇이 사람을 낫게 하고, 무엇이 사람의 고통을 덜어주는지에 대한 교훈을 던져주는 듯하다. 우리는 어떻게 살고, 우리는 어떻게 견디는가? 다른 존재와의 진정한 교감을 빼놓고는 도저히 대답할 수 없는 질문이다.

🌿 동일화

우리가 우리의 자아가 아닌
다른 존재나 성질을 우리 자신이나
우리 자신의 것으로 삼는 정신적 과정을 일컫는다.
실상 우리의 자아란 연이은 상실의 경험을
내재화하는 동일화 과정을 통해 형성되는 만큼,
구강기적 특성을 가졌다.
사랑하고 좋아하는 존재를 우리 안에 넣으려 하거나
흉내 내고 닮고 싶어 하는 심정이 바로
동일화의 기본틀이다.

모순어법

벌써 오랜전 일이다. 지난 대선 당시 한 후보가 활동을 개시한 지 채 한 달이 되지 않아 불출마를 선언했다. 애초에 그는 출사표를 던지며 자기 자신을 가리켜 "진보적 보수주의자"라고 말한 바 있다. 대단히 흥미로운 표현이다. 여기에 담긴 정치적 소견이나 노림수야 어떤 것이든 간에, 이 말이 상식의 허를 찌르는 말임은 틀림없다. 이제까지 우리 사회에서 함께 사용된 적이 한 번도 없었던 진보와 보수란 단어를 한데 아우르고 있으니 말이다.

이른바 '모순어법'이다. 그러자 인터넷에는 득달같이 수많은 악성 댓글들이 달리기 시작했다. "뜨거운 찬물", "깨끗한 쓰레기", "친미적 반미주의자" 등등, 대선후보자의 모순어법을 흉내 내며 조롱하는 댓글들이 대부분이었다. 인터넷이란 가상현실(이 말 또한 모순어법이다)이라고 책임이 면제되지는 않는다. 자신과 다른 견해나 생각이 있는 사람은 모두 적으로 간주하는 우리 사회의 허탈하고도 '웃픈(웃기면서 슬픈)' 자화상이라고나 할까.

모순어법이란 상반된 의미를 가진 두 단어를 병행하여 사용하는 수사법이다. 좀처럼 함께 사용하기 힘든, 반대되는 의미의 두 단어를 병치시켜 파격을 구사하는 어법이다. '모순형용'이란 용어로 일컬어지기도 한다. 요컨대 시어(詩語)의 일종이다. 정보의 투명한 전달을 목표로 하는 산문(散文)과는 달리, 시어는 듣는 이의 감수성이나 정서에 호소하는 또 다른 언어사용이다. "소리 없는 아우성"(유치환의 「깃발」)과 같은 모순어법은 '시끄러운 아우성'이나 '소리 없는 침묵' 등의 밋밋한 표현들보다 그 얼마나 호소력이 강한가? 바람에 미친 듯이 펄럭이는 깃발을 이보다 더 언어적으로 멋지게 표현해낼 수 있을까?

　'검은 태양', '잔인한 천국', '어슴푸레한 광명' 등등, 참신한 모순어법을 시에서 보다 자주 마주치게 되는 것은 바로 모순어법이 시적 기능을 훌륭하게 수행하기 때문이다. 우리 감각의 상투성을 깨뜨리는 강력한 무기인 셈이다. 프랑스 상징주의 시인 샤를 보들레르는 모순어법을 자신의 미학적 기반으로 삼았다. 모순어법이야말로 인간의 극단적 이중성을 드러내는 최적의 수사법이라 여겼기 때문이다. 그의 시집 『악의 꽃』(이 또한 모순어법이다)에서는 모순어법을 통해 온갖 종류의 인간적 이중성이 그려진다.

　알쏭달쏭한 사례들도 적지 않다. '군대식 요리'란 표현은 어떤가? 군대에서 먹는 모든 음식은 요리의 반열에 결코 오를 수 없는 '짬밥' 수준이라 생각하는 사람들에게는 이 표현이 모순어법이다. 또 요즘의 세태를 반영하듯 사달이 나는 가장 빈번한 경우는 '문화'란 말이 붙을 때이다. '장례문화', '예식문화', '제사문화' 등은 마케팅 냄새가 풍기긴 하지만 그래도 봐줄 만한 조어법이다. 반면, '음주문화', '외식문화', '야식문화' 등등은 두 단어의 조합이 어울리기도 하고 그렇지 않아 보이기도 한다. 가장 혐오스러운 예는 '조폭문화'란 표현이다. 폭력적이고 위악한 까닭에 반문화적이라고 할 수밖에 없는 조폭이란 말에 문화란 말이 붙었으니 모순어법임에는 틀림없지만, 어쩐지 두 단어의 결합이 어색하기만 하다. 말의 혼란이 가치판단의 혼란을 가져오는 것은 아닌지 차분히 생각해볼 필요가 있다.

모순(矛盾)이란 말 자체가 모순어법이다. 모순은 한자로 각기 '창'과 '방패'란 뜻이니, 모순어법을 가르키기 위한 명칭으로 이보다 더 적합한 명칭은 달리 없을 듯하다. 모순어법을 뜻하는 서양어 단어 'oxymore, oxymoron(영어, 프랑스어)' 또한 그 자체로 모순어법이다. '옥시(oxy-)'는 '날카로운, 뾰족한'이란 뜻의 그리스어 접두사이고 '모어(more)'는 '무딘, 뭉툭한'이란 뜻을 가진 접미사이다. 창과 방패, 또는 뾰족하면서도 뭉툭한 성질은 논리학적으로 볼 때 모순명제에 해당한다. 참과 거짓을 판별할 수 없는 명제임을 뜻한다.

갈등(葛藤)이란 말 또한 모순된 상황을 보여주는 재미난 한자어이다. 각기 '칡'과 '등나무'를 뜻하는 이 말은 두 덩굴식물이 엮이는 방향으로 상반된 양상을 나타냄으로써 이러지도 저러지도 못하는 난감한 지경을 뜻한다.

한편, 모순어법은 아니지만 그 메커니즘을 고스란히 품고 있는 말들도 있다. 1월을 뜻하는 서양어 'january(영어)/janvier(프랑스어)'는 '야누스(Janus) 신의 달'이란 뜻이다. 야누스는 고대 로마신화에 등장하는 신으로 두 얼굴을 가졌다. 두 얼굴을 가졌기에 문 안팎을 동시에 감시할 수 있는 문(門)의 신이기도 하다. 고대에 로마 시내에 있던 야누스 신전은 평화 시에는 문을 닫아놓고 전쟁 시에는 문을 열어놨다고 한다. 서양력에서 1월이 이처럼 야누스 신의 달이 된 까닭은 1월이 지난해를 보내고 새로운 해를 맞이하는 경첩과도 같은 위치에 있는 달이기 때문이다.

모순어법은 어법이기 이전에 인간이 경험한 여러 모순된 상황들의 연장선상에 위치하는지도 모른다. 수많은 사회적 모순이 우리를 괴롭히고 인간의 모순된 모습도 언제나 우리를 어리둥절하게 만든다.

중국 고대의 신화적 인물인 복희씨는 인간의 머리와 뱀의 몸을 가졌다고 전해진다. 때로는 마치 야누스 신처럼 남성의 외관을 가진 복희씨가 여성의 외관을 가진 여와와 한몸이 되어 재현되기도 한다. 복희씨는 동양 최고의 고전인 주역의 팔괘를 만들어낸 인물로 알려져 있는 만큼 음양의 이치를 한몸에 구현해야 했던 데서 그렇게 재현되고는 하는 것일까?

프로이트는 여성 히스테리 환자가 한 팔로 자신을 감싸고 다른 한 팔로는 밀어내는 모순된 모습을 보인다고 말한 바 있다. 모순된 자신의 성 정체성을 드러내는 방식이다. 남녀를 불문하고 자위행위는 암수한몸의 메커니즘을 따르기도 한다. 남성의 경우 남근을 감싸는 둥근 손은 여성 성기에 해당하며, 여성의 경우 곧추세운 손가락은 남성 성기에 해당한다. 주체가 자위행위를 하는 순간만큼은 동시에 남성이자 여성이 되는 암수한몸의 모순된 존재가 되는 것이다……

마지막으로, 정신분석학의 시각에서 보면, 여성의 성적 매력은 남성

남성의 외관을 가진 복희씨가 여성의 외관을 가진 여와와
한몸이 되어 재현되기도 한다.
〈복희와 여와〉, 국립중앙박물관 소장.

적 속성을 가지고 있다. 무의식적 남근상(phallus)이 크게 작용하기 때문이다. 대단히 논쟁적인 주제이다.

🌿 남과 여(성차)

정신분석학적 관점에서 볼 때,
남과 여란 개념은 항시 함께 붙어다니는
쌍으로만 기능하는 개념쌍이다.
따라서 남자가 어떻다느니,
여자가 어떻다느니 하는 식의 언급은
반쪽만의 언급으로 그칠 가능성이 크다.
여성을 무시하고 배제하는 남성 중심의 가치관이나,
남성에 대한 혐오가 극심한 탓에 완전히 배제코자 하는
페미니즘은 과학적인 언술이라기보다
편향된 시각일 가능성이 농후하다.

가짜웃음

온갖 종류의 가짜가 횡행하는 세상이니만큼 웃음이라고 가짜가 없을 리 없다. 이른바 억지웃음, 가짜웃음이 그렇다. 백화점의 안내데스크나 상점 등에서 점원이 손님에게 내보이는 웃음이 처음에는 반갑고 따뜻하게 여겨지다가도 내 뒤의 손님을 맞이하면서 처음 웃음을 거두고 다시금 새로운 웃음을 기계적으로 지어대는 양을 보고 있노라면, 어느새 기분이 상하고 내가 '상술'에 놀아난 것은 아닌가 하는 생각이 들어 씁쓸해진다. 불행인지 다행인지 알 순 없으나 개인적 경험에 비추어볼 때, 그래도 이런 가짜웃음은 우리나라에서보다 여느 선진국에서 좀 더 자주 접했던 것 같다. 그 까닭은, 우리나라의 상점들에서는 아예 손님들에게 억지웃음조차 짓지 않고 퉁명스럽게 대하는 경우가 좀 더 잦기 때문이 아닌가 싶다.

가짜웃음은 이를테면 얼굴 위에 잠시 가면을 뒤집어쓰거나 본 얼굴을 가릴 목적으로 위장용 필터를 얹어놓은 격이라 할 수 있다. 사실상 이같은 직업상의 거짓웃음(서양에서는 이런 미소를 흔히 '팬암 미소'라 부른다. 팬암은 미국의 대표적 항공사이다) 말고도, 우리 스스로 이와 같은 억지웃음을 지어야 할 때가 있으니, 바로 사진을 찍을 때이다. 사진사가 '김치' 혹은 '치즈'를 구령하면, 우리는 너 나 할 것 없이 그럴듯한 가짜웃음을 짓지 않는가. 거짓웃음이 사진 찍을 때의 그 어색한 순간을 가리기에는 좋지만(손가락으로 V자를 그리는 제스처도 그런 책략의 하나일 것이다), 사실 나중에 사진이 되어 나오면 자신의 가짜 미소에 만족해하는 사람이 얼마나 되겠는가. 표정이나 몸짓을 짐짓 꾸밀 수는 있을지언정, 깊은 곳에서 자연스럽게 배어나오는 우리 자신의 진면목을 가장할 수는 없을 테니 말이다.

20세기 최고의 사진가로 평가받는 앙리 카르티에 브레송은 한 인물의 초상사진을 찍기 위해 여러 날을 바쳤음에도 불구하고 제대로 된 사진 한 장 건지기가 힘들다고 고백한다. 하지만 아무런 '연출' 없이 마침내 성공한 그의 초상사진에는 누구라도 감탄하지 않을 수 없는 힘이 담겼다. 사진을 통해 나타나는 우리 자신의 '진면목'이 어떤 것인지 꼭 집어 말할 수는 없지만, 그것이 수백, 수천의 미세한 디테일이 조합하여 만들어내는 자연스러운 어떤 것이란 데에는 전적으로 공감한다. 연예인 개개인이 가진 그 사람만의 매력을 기가 막히게 사진으로 잘 포착한다고 알려진 사진작가가 있다. 나야 물론 연예인은 아니지만, 여건만 된다면 그 사진작가에게 나 자신을 한 번 맡겨 보고 싶다. 나의 '참모습'이 어떤 것인지 정말로 궁금한 까닭에…….

한편, 종잡기 힘들 정도로 변화무쌍한 표정이나 감정 상태를 나타내는 부류의 사람들이 있다. 이른바 '히스테리' 환자들이다. 여느 사람들에게는 별일도 아닌 일로 감정을 폭발시킨다거나 뜬금없이 웃거나 흐느껴 우는 등의 과잉반응을 나타내는 남다른 감수성의 소지자들이다. 오늘날의 정신의학에서는 이 같은 부류의 인성(人性)을 히스테리란 말 대신, '연극성 성격장애'란 용어로 지칭한다. 마치 연극배우가 무대에서 그러하듯, 언제 어떤 맥락에서 표정을 짓거나 가장하고 또 변신을 꾀할지 짐작하기 힘든 까닭에서다. 마치 뿌리 뽑힌 부평초마냥 물 흐르는 대로 이리저리 부대끼며 부유하는 특성을 나타낸다고 할 수 있다.

정신분석학의 창시자인 지그문트 프로이트는 이 같은 '히스테리' 현상이 특정 부류에 국한하지 않고 보통 사람들의 인성 구조와 동일하다는 점을 지적한다. 우리의 '자아'가 본질적으로 불안정하다는 점을 꼬집는 말이다. 오늘날의 정신의학계에서도 우리의 '자아'가 실체인지 아닌지에 관한 논란에 대해 아직 명쾌한 결론을 내리고 있지 못하다. 극한적으로, 라캉 같은 정신의학자는 우리의 자아가 주로 시각적으로 형성되었으며, 자기 자신이 아닌 '타자'에서 비롯하고 '타자'에 의해 지탱되는, 허깨비 같은 존재라고 말한다(『거울의 단계』). 요즘 들어 젊은 여성이 한 손에 휴대전화를 든 채 자신의 모습을 찍는 사진이 유행처럼 번지고 있다. 어째서 한 손에 휴대전화를 들고 있어야만 하는가? 그저 '자뻑'일 뿐인가? 아니면 빠뜨릴 수 없는 소도구처럼 한 손에 쥐고 있는 휴대전화는 바로 자신의 자아를 비추고 자아의 환상을 지탱해줄 거울(타인의 시선)이 아닐까?

이와는 반대로, 본래의 자기 모습이 아닌 이물질이 우리의 자아를 두껍게 덮고 있는 경우들도 있다. 마치 굴이나 홍합껍데기 위에 따개비나

해초류가 단단히 달라붙어 있는 것처럼 말이다. 예를 들면 일단의 여배우 중에 내가 '요조숙녀 증후군'이라 부르고자 하는 성향을 지닌 부류가 있다. 오랜 세월 동안 조신한 요조숙녀로 처신해야 한다고 학습되었거나 "키워진"(프랑스의 철학자 시몬 드 보부아르의 표현이다) 탓에 선량한 역이 아닌, 거친 역이나 악역을 제대로 연기하지 못하는 부류를 일컫는다. 사회인으로서야 환영받아 마땅하지만, 불량배마냥 걸쭉하게 욕설을 내뱉지도 담배연기를 불량스럽게 뿜어내지도 못한다면 배우로서는 치명적이다. '공무원 증후군'도 존재할 법하다. 물론 일반화할 순 없지만, 일부의 공무원 중에 유난스레 몰개성으로 무장한 모습이 특징적으로 눈에 띄기 때문이다. 희끄무레한 무채색 복장에 개성도 표정도 없는 까닭은 살아남기 위한 생존전략일까?

가짜와 상업주의가 판치는 오늘날 가짜웃음, 가짜울음만이 넘쳐나는 것이 아니다. 요사이 텔레비전 프로그램의 적잖은 부분을 채우는 예능프로그램이나 '리얼리티 쇼'에는 은밀해야 할 사연들이 공개적으로 까발려지고 조작되고 있다. 상품을 매개로 남녀 간의 사랑이 맺어지거나 가족 간의 사랑이 봉합되고, 개인의 가장 내밀한 욕망과 고뇌가 표면에 돌출하여 이야깃거리나 볼거리로 전락하고 있으니, 우리의 허약한 자아를 파고드는 거대한 〈트루먼 쇼〉가 어느새 우리 곁에 도래한 듯하다. '리얼리티(reality)', '트루(true)' 따위의 말이 넘쳐나는 것이야말로 역설적으로 우리가 여전히 무엇이 현실이고 무엇이 진실인지 알 수 없는 오리무중 속에 살고 있음을 말하고 있지 않은가?

우리가 가짜웃음, 가짜울음을 가장하고 짐짓 표정을 꾸미는 까닭은 바로 우리의 자아가 허약하고 또 우리가 욕망하는 존재이기 때문이다. 나는 오늘도 가짜웃음을 짓는다. (세상을 향해) 내가 살아 있음을 표현하기 위해…….

🌾 히스테리(hysterie)
주체의 정신적 갈등이 이렇다 할 신체적 손상 없이
상징화하여 발현되는 신경증의 일종이다.
히스테리란 말 자체는 그리스어로 '자궁'을 뜻하는데,
이는 이 병증이 정신분석학의 초창기에 주로
여성의 성적 불만족에서 비롯됐다는 점에서 유래한다.
히스테리 환자들(주로 여성)이 주로 과장되고
불안정한 정서를 나타낸다는 점에서, 오늘날에는
'연극성 성격장애'란 말로 대체되는 추세이다.
정신분석학의 창시자 프로이트는
히스테리의 신경증적 구조가
정상인의 욕망 구조와 동일하다고 말한다.

번아웃

얼마 전 한 대학동창의 부음을 전해 듣고 무척이나 가슴이 아팠다. 지금도 불쑥 그 친구 생각이 날 때면 어김없이 슬퍼진다. 그리 친하게 지내던 사이는 아니었지만, 그 친구가 관련업계에서 전설적인 인물로 통한다는 이야기를 들은 지 오래지 않아 접한 부음이라서 그 충격이 더욱 컸던 것 같다. 이른바, 과로사로 세상을 떠난 것이다.

그 친구가 엄청난 스트레스에 시달리고, 또 종사하던 업종의 성격상 술을 자주 해야 했던 만큼 건강을 크게 해치게 되었다고 한다. 하지만 죽음 앞에서 전설이 다 무슨 소용인가? 이미 세상을 떠난 사람도 사람이지만, 그의 가족이 겪어야 했을 슬픔과 고통, 앞으로 겪게 될 정신적, 경제적 어려움을 떠올려보면, 전설이란 말은 한갓 허망한 수사에 불과하지 않은가? 분명 이 세상에 목숨 바쳐 지킬 만한 가치들이 존재한다고 믿고는 있지만, 이런 식은 결코 아니라고 생각한다. 좀 더 일찍 알았더라면, 이제는 세상을 달리 한 이 친구의 말을 좀 더 주의 깊게 들어주고, 그 친구의 건강만큼이나 마음 상태를 조금은 헤아려줄 수 있지 않았을까 하는 회한이 진하게 남는다.

그 친구에게 직장은 진정 무엇을 의미했는지, 직장이 가족의 생계유지를 위한 수단 내지는 방편으로서의 의미 이외에 또 어떤 다른 의미를 가지고 있었는지, 달리 '숨 쉴 공간'은 없었는지……. 과로사의 문제는 노동환경이나 건강, 가족 부양 의무 등과 같은 겉으로 드러나는 사회적, 경제적 여건 못지않게 자아 정체성의 문제와도 밀접하게 연관돼 있는 경우가 적잖아 보이기 때문이다. 특히 과로사가 중년의 남성 직장인들에게서 가장 빈번하게 발생한다는 점을 고려할 때, 이른바 '중년의 위기'와도 밀접한 관계가 있다고 간주된다. 육체적으로나 정신적으로 더 이상 젊은 시절 같지 않다는 한계의 깨달음과 자신감의 결여, 지나온 길을 다시 거슬러 새 출발을 하기에는 너무 늦었다는 위기의식에서 오는 불안감…… 중년의 직장인들이 느끼는 가장 심각한 문제 중 하나는 바로 지금 이 시점에서 달리 뾰족한 대안이 없다고 여기는 데서 오는 무력감이 아닐까 싶다. 먹고사느라 생각할 짬도 없이 끊임없이 부대끼며, 이리저리 살점이 뜯기고 때론 동강이 나기도 하는 불쌍한 우리 시대의 '가시고기들'…….

심리학에서는 이처럼 오랜 시간 동안 지속적으로 스트레스에 노출됨으로써 야기되는 육체적, 정신적 소진 상태를 '번아웃(burnout)'이라 부른다. '탈진', 혹은 문자 그대로 옮기자면 '소진(消盡)'을 뜻하는 영어 표현이다. 다시 말해, 탈대로 타버려서 더 이상 탈 것이 없는 상태를 뜻한다. 심각한 에너지 고갈 상태가 때로는 죽음으로 내몰 수도 있는 만큼 각별한 관심과 주의가 필요한 상태라고 할 수 있다.

번아웃은 만성피로를 비롯하여 까닭 없는 분노 표출, 대응능력이나 판단력 저하, 의욕상실을 야기할 뿐만 아니라 고립, 대인기피, 냉소주의, 우울증 등의 심각한 상황으로 이어질 수도 있다. 정도의 차이는 있지만 우리 모두가 삶의 어느 순간 경험한 바 있는 바로 그 상태이다. 여러 날 지속되는 기말고사, 피 말리는 입시 경쟁, 강도 높은 오랜 작업이나 노동, 연속적으로 이어지는 경쟁의 순간들…… 이 같은 지난날의 경험을 떠올리면 당시의 상황들이 지금도 여전히 끔찍하고 두렵게 느껴지는 한편, 그 이후로 휴식이나 재충전의 시간이 얼마나 절실하고 또 달콤한지 누구나 인정하지 않을 수 없을 것이다. 너무나 자명한 사실이지만, 사람이 기계가 아닌 이상 과도한 노동이나 스트레스는 이상 반응을 가져올 수밖에 없다. 하물며 기계도 한동안 사용하고 나면 열도 식히고 기름도 쳐주거늘, 사람이야 두말할 필요도 없는 사실이다.

2018년 통계청이 발표한 자료에 따르면, 우리나라는 2016년 기준으로 노동시간이 OECD 국가 중 두 번째인 것으로 드러났다(연간 2052시간으로, 멕시코에 근소한 차이로 1위를 빼앗겼다!). 지금의 한국을 만들었고 또 미래의 한국을 만들어나가는 원동력이 바로 우리 자신의 피와 땀, 지독스러운 근면성임을 보여주는 방증인 셈이다. 하지만 바깥으로 드러난 수치만으로도 이미 충분히 짐작할 수 있듯이 과도한 노동이 드리우는 그림자 또한 깊고도 아스라해 보인다.

일례로, 프랑스의 경우 법적으로 주당 근로시간이 35시간이며 유급 휴가기간이 연간 5주로 못 박혀 있다. 상대적으로 볼 때 우리나라 근로자들이 얼마나 혹독한 노동지옥에서 시달리고 있는가! 우리나라의 경우 노동기간도 시간이지만, 개선해야 할 노동 여건들이 산재한다고 말할 수 있다. 과연 우리나라 근로자 중에 주말에도 수시로 직장에 불려나가는 일이 한 번도 없었고, '칼퇴근'을 하면서 등골이 서늘했던 경험을 해보지 않은 사람이 얼마나 될 것인가? 나아가 한 달은커녕 일주일 연속 휴가를 떠날 수 있는 행복한 직장인들이 얼마나 될 것인가? 봉급은 적을지언정 좀 더 많은 개인시간을 갖길 원하는 젊은 직장인들이 점차로 늘어나는 추세야말로 자아실현을 중시하는 우리 시대의 반영이기도 하지만, 번아웃의 위험으로부터 자기 자신을 지키기 위한 보호본능이 아니라고 그 누가 부인할 수 있단 말인가? 슬픈 현실이지만, 나는 우리나라야말로 번아웃 현상을 연구하기 위한 가장 좋은 실험장이라 여긴다.

육체적 번아웃 못지않은 심각한 문제는 바로 정신적 번아웃이다. 그 가장 대표적인 예로 주부들의 가사노동을 들지 않을 수 없다. 주부들의 가사노동은 일 년 열두 달 하루도 빠짐없이 이어지고 또 매일 적지 않은 시간을 할애해야 하는 반복적이고 단순한 노동에 속하는 까닭에, 육체적 번아웃 못지않게 정신적 번아웃을 초래할 가능성이 높다. 게다가 바깥에서 돈벌이를 위해 애쓰는 남성에 비해 사회적으로 인정받지 못하는 데서오는 자긍심 저하로 인해 주부들이 공허감이나 허탈감, 우울증에 시달릴 위험성은 그만큼 높은 셈이다. 바로 가사 분담의 당위성만큼이나 가사노동의 가치에 대한 가족들의 인정이 절실한 까닭이다. 하물며 '시월드'란 냉소적인 신조어를 만들어낼 정도로 여전히 시퍼렇게 살아 있는 시집살이의 중압감까지 보태진다면, 적지 않은 우리네 가정 내에는 언제 어떤 식으로 터질지 모르는 시한폭탄이 째깍째깍 작동하고 있다고 해도 결코 과장된 말이 아니다.

우리나라의 맥락에서 볼 때, 어린아이들이라고 해서 정신적 번아웃 현상을 비껴가지는 않는 듯 보인다. 거의 모든 연령대에 걸쳐 '살인적인' 경쟁이 굳건히 버티고 있는 환경에서 아이들이라고 해서 어떻게 예외일 수 있겠는가? 경쟁에서 살아남기 위해, 아니 적어도 경쟁 대열에서 낙오하지 않기 위해, 오늘도 우리의 아이들은 영어 유치원, 보습학원, 입시학원으로 달려가고, 온갖 종류의 정보와 IT 기기로 무장하고, 운 좋은 경우 해외여행을 떠나는 부모를 동반하기 위해 비행기에 오르기도 한다. 남들보다 '더 빨리, 더 높이, 더 멀리' 비상해야만 하니까. 선행학습은 기본이고, 아직은 요원한 대학 입시를 대비하여 좋은 위치를 선점할 조그만 기회라도 붙잡을 수 있을까 호시탐탐 노린다.

하지만 얻는 것이 있으면 반드시 잃는 것도 있다는 사실을 잊지 말아야 한다. 아니, 얻는 것보다 잃는 것이 더 많다고 말하는 편이 보다 정확하다. 학습에 관한 한 부모의 조급증은 자녀의 학습에 대한 조로증(早老症)을 초래할 수밖에 없기 때문이다. 예를 들어 이제 갓 초등학교에 입학할 연령의 아이는 한창 인성(人性)을 다져야 할 나이이다. 이 시기에 아이가 자아 성숙보다는 학습에 지나치게 시달리게 된다면, 결국 이때 형성된 번아웃으로 인해 뒤늦게 발목이 잡힐 수밖에 없다. 공부 잘하던 초등학교 초년생이 몇 년 후 범재로 전락하고, 중고등학교 시절 날고 기던 우등생이 대학 입학 후 '놀자 대학생'으로 탈바꿈하는 경우가 우리 주변에 그 얼마나 많은가? 어디 그뿐인가? 쟁쟁한 실력을 자랑하던 한국 유학생들이 노는 듯 공부하듯 하던 외국 학생들과의 경쟁에서 턱없이 뒤처지는 현상은 또 어떻게 설명할 것인가?

나는 '순수성'을 상실한 학습은 결국 실패로 이어질 수밖에 없다고 굳게 믿는다. 같은 맥락에서 선행학습은 공부하는 아이에게는 그저 항생제일 따름이다. 약발이 떨어지고 내성까지 생겨나면 그 어떤 약보다도 해롭게 작용하기 때문이다. 물론 그 가장 큰 부작용은 아이로 하여금 공부에 대한 '흥미'를 앗아간다는 데 있다.

공부는 재미가 나고 신명이 날 때 가장 효과적이다. 이 세상의 부모 치고 자신의 자녀를 사랑하지 않는 부모는 없겠지만, 문제는 자녀를 어떻게 사랑할 것인가이다. 우리의 아이들을 어떻게 하면 신명나게 공부하게 만들 수 있을까? 자식을 진정으로 사랑하는 부모라면 아무리 세상이 정신없이 바삐 돌아가더라도 이 질문에 대해 곰곰이 생각해볼 짬을 내야 하지 않을까?

🌿 자기효능감
자기 스스로 바람직한 결과를
만들어낼 수 있다는 믿음을 뜻한다.
자발적이란 점에서 볼 때
그 무엇보다 강력한 동기부여가 된다.

연속극 보는
남자

"당신이 어떤 사람들을 만나는지 말해보라. 그럼, 당신이 어떤 사람인지 말해주리라"라는 서양 격언이 있다. 삶의 지혜가 담긴 말이 아닐 수 없다. '나' 자신에 대해 알기 위해서는 그 근거를 나 자신이 아니라 오히려 내 주변에서 찾으려 할 때, 오히려 우리 자신의 참모습이 더 확연하게 드러난다는 대단한 통찰력이 담긴 말이기 때문이다. 무엇보다도 자기 미화를 멀리하고 검열을 에두를 수 있기 때문일 것이다. 동일한 맥락에서 다음과 같은 말을 해보고자 한다. "우리 사회가 어떤 텔레비전 연속극을 보는지 말해보라. 그럼, 우리 사회가 어떤 사회인지 말해주리라……."

아침 출근시간대에서부터 자정에 이르기까지 거의 모든 텔레비전 채널(얼마 전까진 몇몇에 불과했지만 이젠 수십, 수백 개에 이른다!)마다 빼곡하게 방영하는 텔레비전 드라마야말로 우리가 함께 울고 웃는, 이제는 우리의 삶에 빠뜨릴 수 없는 동반자가 되어버렸으니 말이다. 그야말로 텔레비전 연속극 공화국이라 불릴 만하다. 우리나라에서 텔레비전 방송이 시작된 이래 수십 년 동안 줄기차게 이어지고 발전해나가고 있을 뿐만 아니라, 이제는 전 세계적으로 '한류'를 이끄는 원동력으로까지 평가받고 있지 않은가? 한때 텔레비전 연속극 망국론이 언급되었던 적이 있었다. 새로운 가치관을 만들어내지 못하고, 구태의연한 기존의 가치들을 고수하는 역할만 반복할 뿐이란 논지에서였다. 사실상 적잖은 텔레비전 연속극들이 여전히 가족의 비밀이나 '남녀상열지사', 가난한 집 자식과 부유한 집 자식 간의 결합을 둘러싼 우여곡절을 드라마의 주된 뼈대로 삼고 있긴 하다.

그러나 우리나라의 텔레비전 연속극이 이토록 질긴 생명력을 지닌 채 발전을 거듭하기까지에는 시청자들의 전폭적이고도 한결같은 호응이 있었기에 가능한 일이다. 텔레비전 연속극이 가진 가장 커다란 임무는 새로운 가치관 창출이 아니라, 일반 대중이 가진 열망이나 욕구 및 욕망을 어루만지고 다독거리는 데 있다고 생각한다. 배가 고프면 밥을 먹고 잠이 오면 잠을 자야 하듯 대중이 자신의 열망이나 욕망을 간접적으로나마 표출하고 펼쳐볼 기회를 제공한다는 점이야말로 텔레비전 연속극이 가진 가장 커다란 순기능인 듯하다. 이런 까닭에 텔레비전 연속극이야말로 그 어떠한 사회학적 연구나 정치적 고담준론보다도 우리 사회를 충실하게 반영하는 거울일 수 있다.

한편, 텔레비전 드라마마다 재벌집이 거의 빠지지 않고 등장하고 의사, 검사, 변호사 등 사(士) 자로 끝나는 '평균 이상'의 사회 엘리트층이 등장인물의 주를 이룬다는 사실을 놓고 볼 때, 일반대중의 열망이 어디를 향하고 있는지 극명하게 보여주는 듯하다. 바로 신분 상승 욕구이다. 실제 현실에서라면 우리가 재벌 2세를 친구나 연인으로 둘 가능성은 극히 희박하고 또 집안 식구 중에 '사'자로 끝나는 직업을 가진 이들이 오히려 예외적이라 할지라도, 텔레비전 연속극에 사회적으로 평균 이상으로 잘난 인물들이 넘쳐나는 것은 우리 자신의 실제 모습이 아니라 우리의 '꿈', 우리의 '욕망'이 투영되어 있기 때문이 아닐까? 더불어, 이처럼 특출한 등장인물들이 전형(典型)에서 벗어난 채 그려진다 하더라도, 시청자의 눈높이에서는 여전히 전형으로 기능할 가능성이 크다. 복잡한 문학작품에서와는 달리 텔레비전 드라마는 시청률을 높이기 위해 시청자가 동일화하기 쉬운 전형이나 엘리트 직업군을 선호하는 듯이 보이기 때문이다.

돈과 명예를 추구하는 대신 가난하고 핍박받는 사람들을 위해 헌신하는 변호사며, 재벌 집 자녀 출신임에도 불구하고 우여곡절 끝에 평범한 가정에서 성장하게 된 주인공이 결국 자신이 자라난 서민가정으로 되돌아간다는 식의 설정은 드라마의 주인공이 우리가 내심 갈망하는 지위를 가졌으되 현재의 초라한 내 모습이 쉽게 동일화할 수 있는 여지를 남긴다는 점에서 볼 때 변형된 전형으로 기능하는 셈이다……. 그리고 이 또한 필자 자신의 개인적인 소견이긴 하지만, 드라마를 통해 나타나는 신분 상승의 정도가 다른 나라들에서보다 유독 심하다고 여겨지는 것은 우리의 사회적 욕구가 그만큼 크기 때문이라고 봐야 하지 않을까?

우리가 남들보다 상대적으로 더 많은 명예와 안락함을 누리고, 또 자기 모습을 좀 더 나은 모습으로 보이고 싶어 하는 욕구 내지 욕망은 인지상정이라고 할 수 있다. 정신분석학의 관점에서 보자면 우리 모두의 정신을 밑바닥에서부터 지탱하는 가장 커다란 부분은 바로 나르시시즘이기 때문이다. 일반적으로 나르시시즘 하면 '왕자병', '공주병'을 먼저 연상하는 경향이 있지만, 실상 이는 자아 과잉에 따른 성격장애의 유형들이라 할 수 있다.

　반면, 정신의학에서 바라볼 때는 맥락이 사뭇 다르다. 나르시시즘은 우리 자신의 정체성이 만들어지고 또 발전해나가는 핵심이자 버팀목이기 때문이다. 정신의학에서는 나르시시즘을 둘로 나눈다. 하나는 '일차적 나르시시즘'이라 부르는 원시적 형태의 나르시시즘으로, 우리의 자아가 탄생하는 '신화적' 차원의 형태이다. 두 번째는 '이차적 나르시시즘'이라 불리는 것으로, 통상적 의미의 나르시시즘은 바로 이를 가리키는 말이다. 즉 이미 만들어진 '나'란 바탕 위에 끊임없이 외부요인들이 추가됨으로써 점점 더 발전된 형태의 '나', 혹은 자아 정체성을 형성해나가는 것이다.

　이를테면 텔레비전 연속극은 시청자의 채워지지 못한 '나르시시즘'을 어루만지고 얼러주는 역할을 수행하는 셈이다. 하지만 여전히 몇몇 의문은 남는다. 어째서 우리나라의 텔레비전은 다른 나라들에서는 유례를 찾아보기 힘들 정도로 연속극들이 넘쳐나는가? 또 어째서 우리나라의 텔레비전 연속극에서는 신분 상승이란 주제가 그토록 빈번하게 다루어지는 것일까? 필자가 첫 번째 질문에 답할 역량은 못되지만, 두 번째 질문에는 나름대로 몇몇 심리학적 설명을 제시해볼 수 있다. 바로 우리 사회가 가진 특유의 문화적 속성에 주목하고자 한다. 우선, 세계적으로 통용되는 네덜란드의 사회심리학자 호프스테드의 문화차원이론에 따르면, 그가 제시한 다섯 가지 범주 중에서 우리나라의 경우 '권력 간격'과 '개인주의-집단주의'의 척도에서 상대적으로 높은 수치를 나타내는 것으로 나타난다. 권력 간격이란 조직 내 권력불평등을 하급자들이 용인하는 정도를 뜻한다. 요컨대, 우리 사회는 권위주의적 사회로 조사됐다.

개인주의-집단주의 범주는 사회구성원이 집단을 우선시하는가, 개인을 우선시하는가에 대한 척도를 말한다. 물론 우리나라는 집단주의의 수치가 상대적으로 높은 나라로 분류된다. 문화적으로 볼 때 권위주의적이며 개인보다는 집단을 우선시하는 전체주의적 성향이 강한 나라로 조사됐다. 유사한 맥락에서 2011년 미국 메릴랜드 대학 심리학 연구팀의 발표에 따르면, 우리나라는 문화적으로 가장 경직된 나라 중 하나로 조사됐다. 그 원인은? 동일 연구팀에 따르면 조밀한 인구밀도, 자원 부족, 잦은 외부와의 전쟁, 자연재해와 질병 등이 꼽힌다. 요컨대 우리나라는 자원이 부족한 인구조밀국이란 환경적 요인으로 인해 사회구성원들 사이에 격심한 경쟁심이 존재할 뿐만 아니라, 권위주의적 사고방식에 따른 사회적 억압이 상대적으로 강한 문화적 특성을 가진 것으로 간주된다. 이 같은 환경적 여건에 역사적 요인까지 가세하는 듯하다.

예를 들어 성리학적 세계관에 기반을 둔 조선사회의 양반제와 사농공상(士農工商)의 차별적인 사고방식이 현대에 이르러서도 어느 정도 여전한 것은 아닌가? 얼마 전까지만 해도 20대의 새파란 판검사까지도 '영감'이라고 부르던 시대가 있었다(본래 '영감'이란 말은 조선시대에 정3품 이상의 당상관을 일컫는 존칭이었다). "직업에 귀천이 없다"란 말이 있지만 이 말 또한 일종의 '부인(negation)'의 기제가 발동하는 말로서, 여전히 우리 사회에는 직업에 귀천이 존재함을 암시하는 듯하다……. 겉으로 드러나 있지는 않지만 텔레비전 연속극이야말로 이러한 사실을 충분히 보여주고 있지 않은가?

우리 사회에 여전히 통용되고 있는 온갖 종류의 차별과 질시에 대한 비판이며 고발은 차치하고서라도, 오늘날 봇물처럼 터져나오는 갑질 논란이나 수저론을 놓고 보면, 이는 역으로 우리 사회가 얼마나 권위주의와 서열 및 위계질서 의식에 젖어 있는지를 보여주는 반증은 아닐까? 수저론만 해도 그렇다. 본래 이 말은 "은수저를 입에 물고 태어났다"란 서양격언에서 탄생한 말로 고귀한 신분을 타고난 사람을 일컬을 때 쓴다. 하지만 이 말이 우리 사회에 편입되면서 '은수저'뿐 아니라 '금수저'며 '흙수저'란 새로운 표현을 만들어냈다. 출생과 환경에 따른 차별에 대항하기 위해 사용하는 용어 자체가 서열의식을 채택하고 있다는 점이야말로 우리 사회구성원들의 속내가 얼마나 복잡한가를 보여준다. 우리 사회에 팽배한 신분 상승 욕구는 그 자체의 의미를 가질 뿐 아니라, 어쩌면 극심한 차별과 질시에 대한 반발의 표현일 수 있다.

나는 오늘도 텔레비전 채널을 돌려본다. 우리 자신의 본모습을 엿보기 위해…….

🌿 나르시시즘(narcissism)
우리 자신의 정체성이 만들어지고 또 발전해가는 핵심이자 버팀목이다.
통상적 의미의 나르시시즘이란 '이차적 나르시시즘'을 일컫는 말로,
이미 만들어진 '나'란 바탕 위에 끊임없이 외부요인들이 축적됨으로써
점점 더 발전된 형태의 '나' 혹은 자아 정체성을 형성해나가는 것이다.

3부

다문화심리학

"당신이 세상의 끝이라고 생각하는

바로 그곳에서

세상은 당신의 끝을 본다."

- 덴마크 속담

누가 이 사람을
모르시나요?

"누가 이 사람을 모르시나요? 얌전한 몸매의 빛나는 눈……"

요즘의 20~30대는 모를는지도 모르지만, 1983년 여름부터 가을까지 대한민국을 온통 눈물바다로 만든 일대사건이 있었다. 6·25전쟁 때 헤어진 이산가족을 찾기 위한 방송이 텔레비전 전파를 타기 시작한 이래 처음 예정과는 달리 가족 찾기 생방송은 여러 달 동안 지속되었고, 전국 방방곡곡은 온종일 텔레비전 앞에서 너나할 것 없이 눈시울을 붉게 적셨다. 전쟁 통에 헤어지고 나서 30년 만에 딸을 찾은 영감님은 이제는 중년여인이 되어 있는 피붙이 앞에서 실신을 하고, 이름도 주소도 행적도 잊은 채 오직 나이와 성별, 그리고 몸 한구석의 점 하나만으로 자식을 되찾은 부모는 뜨겁게 오열해야만 했다…….

당시 대학원 학생이던 나는 집안에 전쟁으로 인한 이산가족은 없었지만, 텔레비전을 보면서 애절하고 안타까운 사연에 함께 눈물 흘리고 함께 가슴 뭉클했던 기억이 아직도 생생하다. 돌이켜보면 일종의 집단 치유과정이었다고 할 수 있는 당시의 생방송은 공통으로 겪은 커다란 불행 앞에

자기는 프랑스 사람이며, 다만 한국 출신의 입양아라는
대답이었다. (……) 오직 입양 이전에 가졌던
자기 한국 이름만을 알 뿐. 김남문. 올해 나이 38세.

서는 개인과 공동체 간의 구분이 사실상 무의미하다는 점을 일깨워주는 듯하다. 어쩌면 공통으로 겪은 불행은 공통으로 겪은 행운보다 더욱 큰 결속력을 발휘하는지도 모른다.

몇 해 전, 내가 우연한 기회에 프랑스 땅에서 김남문 씨를 처음 만났을 때 내 뇌리에는 앞에 짧게 소개한 노래 가사가 휘파람 소리처럼 스쳐지나갔다. 이 노래는 이산가족 찾기 생방송이 진행되는 동안 배경음악으로 흘러나오던 방송 주제가인 패티 김의 〈누가 이 사람을 모르시나요〉의 첫 부분이다. 어째서였을까?

그러니까 내가 김남문 씨와 처음 마주친 것은 프랑스 동북부의 도시, 어느 병원 앞에서였다. 우리는 같은 버스에서 내려 동시에 같은 병원을 향해 걷고 있었다. 내 앞으로 걷고 있던 낯선 동양남자의 왼쪽 팔뚝에는 "김남문"이란 한글 문신이 또렷하게 새겨져 있었다. 호기심이 발동한 나는 걸음을 재촉한 채 문신한 동양남성에게 말을 걸지 않을 수 없었다. 프랑스어로 물었다.

"한국분이세요?"

"아니요."

자기는 프랑스 사람이며, 다만 한국 출신의 입양아라는 대답이었다. 한국말은 한마디도 할 줄 모른단다. 두 살 때 프랑스로 입양되어 왔으며, 그 이전 기억은 전혀 없다고 했다. 홀트아동복지회를 통해 입양되었으며, 오직 입양 이전에 가졌던 자기 한국 이름만을 알 뿐. 김남문. 올해 나이 38세. 현재 프랑스 본토 출신 부인과의 사이에 아들과 딸을 각각 하나씩 두고 있단다. 아니나 다를까, 한국 음식을 무척이나 좋아한단다. 내가 만나본 거의 모든 한국 출신 입양아들처럼…….

한국 출신 입양아들은 예외 없이 하나의 공통점을 가지고 있다. 대개 한국말은 거의 할 줄 모르면서도 한국 음식에 대한 집착은 지나칠 정도로 강하다는 점이다. 프랑스어에는 '랑그(langue)'란 단어가 있다. 공교롭게도 이 랑그란 단어는 '말'이란 뜻과 '혀'란 뜻을 동시에 가지고 있다. 어쩌면 프랑스에 입양된 한국 출신의 고아들은 청소년 시절 자신의 부끄러운 입양 사실을 드러낼 '한국말'은 배우기를 꺼려했지만, 이를 보상하기라도 하듯 '한국 음식'은 지나칠 정도로 좋아하는지도 모른다…….이를테면 정신의학에서 말하는 '자아 분열'의 메커니즘이 발동하는 셈이다.

일찍이 영국의 저명한 정신분석가 도널드 위니콧은 이 세상 사람들을 두 부류로 나눌 수 있다고 단언한 바 있다. 바로 버림받아본 사람의 부류와 그렇지 않은 사람의 부류이다. 그만큼 버림받아본 경험은 인간 정신의 구조화에 매우 커다란 영향을 미치기 때문이다. 경미하게는 상실감이나 분리불안, 애정결핍, 죄의식, 과도한 집착, 의존적 성향 또는 다양한 종류의 중독현상으로 이어지기도 하고, 심각하게는 멜랑콜리 등을 비롯한 중증의 정신병을 야기하거나 정체성 형성에 결정적 타격을 입히기도 한다. 굳이 학문적인 설명을 덧붙이지 않더라도 믿었던 친구로부터 배신을 당해보았거나 사랑하는 연인으로부터 이별 통보를 받아보았다면 다른 사람으로부터 버림받는다는 것이 얼마나 쓰라린 마음의 고통을 안겨주는지 알 것이다.

하물며 이 세상 그 누구보다 가장 많은 사랑을 받아야 할 부모로부터 어린 자식이 버림을 받게 된다면 그 심정은 어떨까? 이때 아이가 느끼고 또 이 아이가 커가면서 느낄 공허감과 열등감, 분노, 죄의식은 견디기 힘든 마음의 고통뿐 아니라 그 존재의 뿌리까지 뒤흔들어놓기에 충분하다. 고아를 일컫는 우리말 중에 '천애고아'란 말이 있다. '천애(天涯)'란 하늘 끝을 뜻하며 비유적으로는 하늘가에 다다르더라도 자신을 품에 안아주고 사랑해줄 사람이 아무도 없다는 의미이다. 나를 낳아준 부모를 찾아 평생토록 울고 울어서 강물이 될지언정 한없이 세상을 떠돌 수밖에 없다는 의미이다. 나를 이 세상에 붙잡아줄 닻을 찾을 수 없기 때문이다. 고아의 심정을 고아 아닌 사람이 어떻게 헤아릴 수 있을까?

경우가 조금 다르긴 하지만, 어린 시절 유대인 출신의 부모를 강제수용소에서 모두 잃은 프랑스의 소설가 조르주 페렉(Georges Perec)은 고아들이 느끼는 고통과 상실감이 어떤 것인지 시사하는 바가 크다. 그가 평생토록 쓴 모든 소설은 어린 시절 까닭 없이 자기 곁에서 사라진 부모의 공백을 메우려는 피눈물 나는 시도라고 해석할 수 있다. 그의 여러 작품 중에 『실종(La Disparition)』이란 소설이 있다. 줄거리도 줄거리지만, 이 소설에서 그는 프랑스어에서 가장 많이 사용되는 철자인 'e' 자가 없는 단어들만 사용하여 300여 쪽에 달하는 분량을 채웠다. 그야말로 작가로서는 형극의 고통이 아닐 수 없다. 과연 이 소설에서 '실종'된 것은 무엇일까? 작가는 어째서 이런 기발한 소설을 써야만 했을까?

김남문 씨가 한국말이라고는 한마디도 할 줄 모르면서 커다란 한글로 자신의 팔뚝에 자신의 어린 시절 한국이름을 새긴 까닭은? 고아로 버려지고, 운 좋게 서양 양부모를 만나긴 했지만, 그에게는 '문자 그대로' 자기 자신임을 깊이 새겨줄 수 있는 무언가가 뼈저리게 필요하기 때문이라고 보아야 하지 않을까?

누가 이 똘망똘망한 눈초리의 한국 출신 젊은 사내를 모른 척할 것인가? 누가 이 사내를 모르시나요?

🌿 카타르시스(catharsis)

정화(淨化)의 의미를 가진 그리스어이다.
예술 분야뿐 아니라 심리학이나 정신분석학에서도
널리 사용하는 말이다. 예를 들어 심리치료 중 찾아드는
카타르시스의 순간에는 억눌렸거나 잊혔던 과거의
정서나 감정이 되살아나면서 말문이 트이기도 한다.
구조화된 치료환경 내에서 경험되는 카타르시스는
'승화'와도 밀접한 관련을 가지고 있다.

차이 1

꽤 오래전 일이다. 내가 가족과 함께 프랑스 파리에서 유학하던 시절이니까 족히 20년은 넘었다. 우리 가족이 김치를 담그기 위해 파리에 있는 중국 시장을 찾았을 때였다. 요즘이야 사정이 무척 좋아졌다지만, 당시만 하더라도 김치를 담그려면 이른바 '중국 배추'를 구해야 했고 또 그러려면 중국 시장에 가야만 했다(참고로 파리의 '차이나타운'은 말과는 달리 중국인보다는 동남아시아인들이 훨씬 더 많다. 프랑스가 동남아시아의 여러 나라를 식민지로 거느렸던 역사적 전력 때문이다).

아이 엄마가 중국 대형슈퍼에서 김치 재료를 구입하는 동안 나는 서너 살배기 딸아이를 데리고 바깥에서 시간을 보내야만 했다. 딸아이가 좋아하는 근처 놀이터에서 잠시 시간을 보내다가 시간에 맞춰 아이 엄마와 합류하기 위해 슈퍼를 향해 가던 중이었다. 칭얼대는 딸아이를 달래기 위해 내가 아이를 등에 업고 있었다. 그때였다. 나이 지긋한 동양남자 둘이 부근을 지나다가 아이를 등에 업고 있는 나를 보고는 한국말로 이렇게 말하는 소리가 또렷이 들려왔다.

"되놈도 자기 새끼는 예뻐하는 모양이네!"

아마도 파리의 차이나타운을 구경 중인 한국 관광객들인 듯했다. 이 말을 듣는 순간 나는 속에서 욱하며 이렇게 소리치고 싶었다.

"나도 한국 사람입니다. 말씀이 좀 지나치신 것 같습니다."

프랑스에 체류하는 동안 드물게 인종차별적 태도에 부닥쳐보긴 했지만, 이처럼 같은 한국 사람들로부터 노골적인 인종차별을 받아보기는 처음이었다. 하지만 그 순간 나는 너무도 어처구니없는 일을 당한지라 아무런 대꾸도 할 수 없었다. 과연 내가 어떻게 대응해야 했을까?

자식을 사랑하는 마음이야 '되놈(중국인을 지칭하는 낮춤말)'이건 한국인이건 프랑스인이건 간에 다를 바가 어디 있겠는가. 하지만 나를 중국인으로 오인한 그들이 내가 알아듣지 못하리란 전제하에 내뱉은 이 말에는 그저 웃고 넘겨버리기에는 무언가 대단히 원색적이고 배타적인 태도가 배어 있었다. 그 순간 나 자신이 마치 동물원 우리에 갇힌 한낱 구경거리 짐승인 양 느껴졌기 때문이다. 어쩌면 그때 두 명의 한국관광객이 무심코 내뱉은 이 말은, 비록 20여 년 전이고 또 한국 땅이 아니었을지언정, 바로 지금 이 시각에도 한국에서 벌어지고 있는 외국인(특히 한국보다 못 사는 나라에서 온 외국인)들을 겨냥한 차별의 적나라한 모습을 대변하는 것은 아닌가 여겨진다.

특히 동남아 출신이나 아프리카 출신 이주민들을 외모를 빗대 짐승에 견준다든지, 파키스탄 노동자를 '바퀴스탄'이라 부르는 등의 태도는 그야말로 모욕의 수준을 넘어 인류의 보편성에 반하는 야만행위이다. 유럽에서라면 심각한 인종차별적 언사로 간주되어 법의 제재를 받고도 남을 만한 행위이다. 정신분석적으로 보자면, 무차별적 배척과 가학성이 문제되는 항문기적 행태라 할 수 있다. 물론 유아기적 태도로서 성숙한 인간성과는 거리가 먼 태도이다.

과연 우리는 '나'와는 다른 얼굴, 다른 피부색, 다른 문화를 가진 이들에 대해 어느 만큼의 포용력을 가지고 있는가? '나' 혹은 '우리'에 속하지 않는 모든 차이를 배척하려는 태도에는 인성 형성과정에 간여하는 여러 심리적 조건들이 얽혀 있다. 물론 그 밖에도 무수히 많은 사회적, 문화적 여건들이 개입한다.

캐나다의 저명한 다문화전문가인 리샤르 부리스(Richard Bourhis)는 이민자에 대한 차별이 심한 사회일수록 여성에 대한 차별, 장애인에 대한 차별 또한 심하다고 말한다. 두 현상 사이에 완전한 비례관계가 존재한다고 지적한다. 무서운 사실이다. 현재 우리 사회 전반에 걸쳐 행해지고 있는 온갖 형태의 차별들(해외 이주자들에 대한 차별, 성차별, 장애인 차별, 소수자 차별 등등)은 대상만 다를 뿐, 실은 같은 뿌리에서 뻗어 나온 반응들이라고 볼 수 있다.

어디 이뿐일까. 끼리끼리 문화, 지연, 학연, 혈연, 학교 내 왕따…… 어쩌면 우리 사회에 만연한 여러 차별의 문제는 사회문제이기에 앞서 유아기 형성과정까지 거슬러서 살펴봐야 할 심리학적 문제일는지도 모른다. 작은 차이를 부풀리고 나아가 배척의 기준으로 삼는 데 너무도 익숙한 우리 사회가 진지하게 자신을 되돌아봐야 할 때이다.

적지 않은 분야에서 그렇듯, 정도가 문제이다. 지금 우리는 원하건 원하지 않건 간에 세계화 시대를 살고 있다. 빗장 젖혀진 세계 속에서 우리는 장차 어떤 민족으로 남을 것인가?

🌿 차별

우리가 누군가를 또는 어떤 그룹을 차별할 때
그 차별의 기준은 그 자체로 조금도 중요하지 않다.
차별의 기준이 치졸하고 심지어 터무니없는 것이라 할지라도
차별의 행태는 언제 어느 곳에서나 자행되기 때문이다.
이처럼 차별이 지독스레, 그리고 무차별적으로
행해지는 것을 보고 있노라면, 차별하는 행태가 생득적으로
타고난 인간본성의 일부가 아닌가 여겨지기도 한다.
그렇다고 해서 차별하지 않거나 차별을 자제하는 태도가
유전적으로 후대에 전해지는 것도 아니다.
바로 차별이 초래하는 해악에 대한 경각심을 매순간,
'지금 여기서' 또다시 발휘해야 하는 까닭이기도 하다.

차이 2

정신분석학의 개념 중에 '여덟 달째의 불안'이란 개념이 있다. 헝가리 태생의 미국 정신분석가 르네 스피츠(René Spitz)가 처음 제안한 이래, 이제는 심리학이나 아동정신분석학에서 널리 통용되는 개념이 되었다. 이 개념의 핵심은, 아기가 태어나서 여덟 달째에 접어들면서부터 외부인과 맞닥뜨릴 때마다 불안감에 사로잡힌다는 것이다. 흔히 말하는, 아기가 '낯을 가리기' 시작하는 시기다. 행여 모르는 사람이 자기 앞에서 어른거리거나 자기를 품에 안기라도 할라치면 아기가 소스라치며 울어대지 않던가? 그러다가도 엄마가 다시 품에 안아주면 아기는 언제 그랬냐 싶게 이내 울음을 뚝 그치고 잠잠해진다. 굳이 엄마가 아니더라도 아기가 '마음'을 준 사람이라면 누구라도 이러한 진정효과를 발휘할 수 있다. 여덟 달 된 아기의 의식 속에는 이미 '내 편'과 '내 편이 아닌 편'에 대한 분별력이 자리 잡고 있는 것이다.

그런데 어째서 이 시기에 전에 없던 이런 현상이 나타나는 것일까? 어째서 여덟 달째인가? 갓 태어난 아기는 이렇다 할 자아를 갖고 있지 못하다가 주변사람들(주로 엄마)과의 접촉에 힘입어 점차로 '자기 자신'을 형성해나가게 되는데, 여덟 달째에 접어들면 비로소 '자기 자신'에 대한 어렴풋한 인식을 갖기 시작함으로써 '나'와 '나 아닌 존재', 즉 타인을 비교적 분명하게 구분하기 시작한다. 동시에 아기가 이제까지 자기와 한몸인 줄 알았던 엄마가 자기와 다른 존재임을 깨닫기 시작하는 시기이기도 하다. 마치 아담과 이브가 선악과를 맛본 이후부터 부끄러움을 알기 시작하듯, 아기는 이 시기에 이르면 비로소 이 세상이 자기 자신이나 엄마뿐 아니라 미지의 존재들로 가득하다는 분별력을 갖기 시작한다. 그러니까 이 무렵 아기가 느끼는 불안감은 낯선 존재를 경험하기 시작함으로써 생겨나는 불안감이다.

이 시기의 아기에게 엄마의 존재는 거의 절대적이다. 아기에게 엄마는 이제 막 눈뜨기 시작한 낯선 세상에서 자기를 보호해줄 수 있는 가장 강력한 보호벽이자 안전판이기 때문이다. 이전까지만 하더라도 아무 품에나 안기고 방긋 웃어주기까지 하던 아기가 이 시기에 이르면 유독 엄마를 찾는 이유이기도 하다. 아기는 엄마가 곁에 없으면 좀처럼 불안감을 누그러뜨리지 못하며, 하물며 엄마가 없는 환경에서 낯선 사람과 맞닥뜨릴 때는 경악에 가까운 반응을 나타내기도 한다. 이른바 '분리불안'으로, 이는 바로 '여덟 달째의 불안'에 뿌리를 두고 있는 것이다.

유난히 엄마에게 매달리는 아이 때문에 무척 힘들어하는 젊은 엄마들이 적지 않다. 엄마는 마땅히 아이가 불안감을 느낄 때마다 다독거려주어야 하지만, 일찍부터 아이의 독립성을 키워줄 여러 방도를 진지하게 고민해야만 한다. 그러지 못한다면, 이후로도 아이는 여전히 엄마에게서 떨어질 때마다 불안감에 시달리고, 학령기에 이르고 나서도 학교나 유아원에 혼자서 가기를 거부하는 심각한 국면을 맞을 수도 있다. 심지어 성인이 된 아들의 입사 면접시험 장소에까지 따라가는 엄마들이 있다는 우스갯소리가 전해진다. 이 또한 사실의 진위 여부를 확인할 수는 없지만, 장가든 아들의 잠자리까지 참견하는 엄마들조차 있다는 말도 떠돌지만…….

한편, 스피즈의 이 개념은 비단 유아의 자아 형성기에 특징적으로 나타나는 불안감을 이해하기 위해 유용할 뿐만 아니라, 장차 아기가 자라면서(심지어 성인이 되어서까지) '나' 혹은 '우리'가 아닌 이질적인 존재들에 맞닥뜨릴 때 나타내게 될 반응의 틀을 제시한다는 점에서도 대단히 흥미롭다. '여덟 달째'에 접어든 아기가 낯선 사람이나 환경을 접하면서 느끼는 불안감이 안을 향한 반응이라고 한다면, 이때 아기가 나타내는 거부의 반응이나 차별은 바깥을 향한 반응이다. 이를테면 두 반응은 동전의 양면처럼 작용한다. 아직 충분히 영글지 못한 아기의 자아는 낯선 존재를 상대할 때마다 내면적으로 위협을 느끼는 셈이며, 자기 세계가 튼튼하지 못한 만큼 엄마라는 바깥의 지원군을 필요로 한다.

요컨대 '여덟 달째의 불안'이란 개념은 이제 갓 만들어지기 시작한 원초적 자아의 탄생을 조명할 뿐만 아니라, 아기가 바깥으로 나타내는 거부 반응은 바로 자신의 허약한 자아를 보호하기 위한 것임을 말해준다. 장차 아이가 자라면서 튼튼한 자아를 갖게 되고, 주체로서 충분한 자립성과 자기 세계를 갖추게 된다면 바깥세상을 두려워할 까닭이 없다.

똑같은 관점을 사회에도 적용해볼 수 있다. 결코 자랑스러운 일은 아니지만, 우리 사회는 온갖 종류의 차별이 심각할 정도로 횡행하는 사회인 듯 보인다. 이 지구상 그 어디에도 차별이 존재하지 않는 곳은 없겠지만, 차별에 관한 한 우리 사회는 참으로 유별나다고 할 수 있다. 그리 넓지도 않은 땅덩어리 곳곳에서 횡행하는 편 가르기나 끼리끼리 습성은 접어놓고라도, 최근 들어 외국인 이주노동자들에 대한 노골적 차별은 같은 한국 사람이 보기에도 그야말로 큰 수치가 아닐 수 없다. 출신나라, 피부색, 생활풍습, 문화가 다르다는 이유로 차별이 행해진다면, 여기에는 물론 여러 인문·지리적, 환경적, 역사적 요인들이 개입한다(내가 보기에, 그 가장 큰 이유는 현재의 대한민국이 사면이 가로막힌 일종의 '섬나라'라는 점에 기인한다고 생각한다. 우리는 오랫동안 외국인들을 경험할 기회를 많이 갖지 못했다). 하지만 심리학적 관점에서 보자면, 외국인들에 대한 과도한 차별에는 우리 사회가 여전히 낯선 존재, 타자와의 만남에서 미성숙한 면모를 간직하고 있기 때문이라 여겨진다. 타자와 맞닥뜨렸을 때의 불안감. 우리 사회에서 '여덟 달째의 불안'은 여전히 진행 중이다.

바야흐로 세계화 시대를 살고 있는 오늘날 우리가 '차이'를 거부하고 우리 자신을 더 풍요롭게 만들 기회로 삼지 못한다면 참으로 애석할 따름이다. 어느새 바깥세상은 저 멀리 앞서가고 있을는지 모르기에.

🌱 **여덟 달째의 불안**
헝가리 태생의 미국 정신분석가 르네 스피츠가 창안한 개념으로, 아기가 태어나서 여덟 달째에 접어들면서 외부인과 맞닥뜨릴 때마다 불안감에 사로잡히는 현상을 일컫는다. 차후에 있게 될 모든 차별적 행태의 거푸집이기도 하다.

문화적 차이

나는 한국 사람은 어떻고, 미국 사람은 어떻다느니 하는 따위의 말은 좀처럼 신뢰하지 않는다. 지금 이 시점에서 볼 때 대한민국 인구만 하더라도 무려 5천만에 이르고, 남북한을 합하면 7천만 명에 달한다. 어마어마한 수이다. 한국 사람이라면 공통적으로 가지고 있고 또 드러내는 성향들이 있겠지만, 공통점 못지않게 상이점이 존재하리란 것은 너무도 자명해 보인다. 대개 한국 사람은 이런 것 같은데, 사람마다 개인차가 너무 심해 일반화하기 힘들다고 말한다면 적어도 최소한의 객관성은 갖춘 말이라 여겨진다. 우리는 그 얼마나 많은 편견 속에서 살고 있는가?

사실 나는 한국 사람이라고 해서 모두 같은 한국 사람이라고 생각하지 않는다. 사용하는 언어만 같을 뿐 이야기가 전혀 통하지 않는 사람들이 있는가 하면, 더불어 이야기를 나누고 싶지 않은 사람들도 적잖기 때문이다. 여기에 세대 차이까지 보태면 사정은 훨씬 더 복잡해진다. 확연한 세대 차이를 나타내는 이들과 이야기를 나눌 때마다 마치 국적이 다른 사람을 상대한다는 느낌이 드는 것은 나 혼자만의 일일까? 서울 강남에 넘쳐나는 '머리 까만' 미국인(한국 출신 미국적자)들과 대화를 나눌 때마다 '접속 모드'를 외국인에 맞춰놓고 상대한다. 이 또한 편견일 수 있지만 나는 서울에서 태어나 자라났건만 서울 사람보다 지방 사람, 특히 시골에서 자란 사람을 보다 신뢰하는 편이다. 어딘가 모르게 서울 사람보다 우직하고 진직하며 좀 더 인간성이 느껴지기 때문이다. 요컨대 '거시적' 문화 차이가 존재하는 만큼이나 '미시적' 문화 차이도 얼마든지 존재하는 셈이다.

김정일 사망 후 북한 주민들이 울부짖는 장면이 텔레비전에 방영된 이래 내 주변의 프랑스인들로부터 남한과 북한을 비교하는 질문을 자주 받고는 했다. 그럴 때마다 나는 말을 얼버무리곤 했는데, 우선 내가 북한 사정에 대해 아는 바가 별로 없기 때문이기도 하지만 무엇보다 먼저 한 핏줄을 이어받은 동포로서 부끄러운 감정을 어찌할 수 없었던 이유가 더욱 컸던 듯싶다. 북한 주민들이 보이는 집단 노이로제 현상까지는 아닐지라도, 권력과 힘 앞에서 비판 기능이 마비되고 맹목적으로 굽실거리는 성향은 우리 사회에서도 자주 목격된다. 정치적 맥락을 떠나 우리 자신을 깊이 돌아보아야 할 중요한 심리학적 과제라고 여겨진다.

그런가 하면, 프랑스 체류 기간이 비교적 긴 나는 한국에서 다니러 온 사람들로부터 어떻게 하면 프랑스 여성과 사귈 수 있는지 묻는 질문을 자주 받고는 했다. 이 질문은 중년남성 여행객들이라면 거의 천편일률적으로 던지는 질문인 만큼 그 일관성의 의미가 자못 궁금하지 않을 수 없다. 물론 이 같은 질문에 담긴 엉큼한 속내를 짐작하지 못하는 바는 아니지만, 나는 솔직담백하게 답한다. 프랑스 아가씨를 사귀려면 우선 프랑스어부터 배우라고…….

해외 체류기간이 길어지고 다문화 심리치료를 깊이 접하면 접할수록 문화의 차이에서 오는 갈등과 어려움이 예전에 여기던 것보다 훨씬 더 깊고 훨씬 더 광범위하다는 생각을 자주 하게 된다. 문화적 차이는 개별적이고 특수한 차이를 뛰어넘어 엄연히 존재하는 현실이며, 이로 인해 때로는 심각한 상황들이 야기되기도 한다. 어느 중국 출신 다문화 학자가 말하듯 "사람은 똑같이 태어나지만, 누적되는 습관의 차이로 서로 다른 사람이 된다"란 생각에 점점 더 동의하지 않을 수 없는 한편, 문화의 차이가 초래하는 여러 장벽들에도 높낮이가 존재한다는 생각을 한다.

초창기 프랑스 유학생들이 셋집 화장실에서 변기 옆에 함께 놓인 비데의 용도를 몰라 김치 담그는 도구로 사용했다는 이야기는 프랑스의 유학생 사회에서 널리 회자되는 에피소드이다. 단편적인 문화적 차이인 만큼, 이내 적응 내지는 극복 가능한 차이다.

반면, 뛰어넘기 힘든 문화 장벽들도 적지 않다. 예컨대 한국에서 나서 자란 청소년이 문화권이 다른 나라에서 중고등학교 시절을 보냈다면 한국 사람이라기보다 그 나라 사람으로 간주하는 편이 보다 올바르다. 대개의 경우 중고등학교 시절은 성인으로서의 정체성이 확립되고 사회적 자아가 왕성하게 형성되는 시기인 만큼, 장차 이 아이는 한국에서보다는 그 나라 사람으로 처신하는 편이 훨씬 더 자연스럽기 때문이다.

우리나라 부모들이 어떤 생각으로 자녀들을 해외로 조기유학을 보내는지 그 연유야 모두 헤아릴 수 없지만, 장차 부모와 자식 간에 한국적 정서에 기반을 둔 가족 개념이 유지되리란 생각은 상당 부분 접는 편이 오히려 현실적이다. 그런가 하면 국제결혼을 앞둔 이들이라면 미래의 배우자뿐 아니라 그 사람이 지내온 문화와도 결혼하는 셈이란 각오를 단단히 다져야 한다.

다양한 이유로 자기가 나고 자란 문화와 다른 문화권에서 살 수밖에 없는 사람들은 흔히 정체성에 관한 한 이중적 태도를 취하고는 한다. 일종의 생존전략이자 방어기제가 발동하는 셈이다. 내가 주변에서 접하는 고령의 한국 교포분들만 보더라도, 현지 사람들을 상대할 때는 더할 나위 없이 현지인답게 대하면서도, 본연의 자기 자신으로 돌아올 때면 여느 한국 사람 못지않게 처신하는 분들이 여럿 계시다.

이제는 한국에서조차 접하기 힘든 고전 한국어를 구사하고 '멸종된' 한국적 가치를 고수하는가 하면, 심지어 집에서 직접 메주를 띄워 된장, 고추장까지 담가먹는 정성의 이면에는 정체성 유지를 위한 처절함조차 느껴진다.

어릴 적 형성된 문화적 토양이야말로 가장 뿌리가 깊은 만큼 평생을 지속하는 까닭에서이다. 특히 어린 시절 고향에서 맛본 음식은 몸에 맞을 뿐만 아니라 정신에도 '보양식'으로 작용한다. 나는 우리의 정체성 가장 밑바닥에 먹거리가 크게 자리한다고 생각한다. 유명한 생텍쥐페리의 동화 『어린 왕자』에 나오는 여우처럼, 바로 내가 "길들여진" 음식이자 오늘의 나를 만든 일부분이기 때문이다.

그러고 보면 요즘 유행하는 '다문화'란 말은 한국 내에 거주하는 외국 출신 이주자들에게만 국한할 것이 아니라, 고향 땅을 떠나 해외에서 살고 있는 모든 한국 출신의 사람들에게 확장해서 사용되어야 할 것 같다.

음식

문화적인 관점에서 볼 때, 인간 존재의 가장
밑바닥에 깔려 있으면서 상부를 지탱하는 요인은
과연 무엇일까? 아마도 어린 시절 맛봤고
또 굳어져버린 식생활일 가능성이 높다.
이처럼 음식이 우리 정신세계에서 차지하는
비중이 높고 심원한 까닭은 정신분석학에서 말하는
성·정신발달 단계의 첫 번째 단계인 구강기의
경험과도 밀접한 관계를 맺고 있기 때문인 듯하다.
음식이란 우리가 생명을 유지하기 위해 반드시
필요할 것일 뿐 아니라, 다양한 정서적,
문화적 상징성을 가지고 있기도 하다.
한국인으로서의 정체성을 어떻게 규정할 수 있을까?
바로 우리의 입, '모국어'와 '한국 음식'이 아닐까.

다문화 경영

프랑스의 동북부에 위치한 로렌지방에 거주한 적이 있었다. 로렌지방은 프랑스 구국의 영웅 잔 다르크가 탄생한 지방이자 독일과 국경을 접하고 있는지라 이웃한 알자스 지방과 더불어 수차례 독일과 영토분쟁의 비극을 겪었던 지방이기도 하다. 로렌지방은 오랫동안 석탄과 철강이 대량 생산되고 공장들이 즐비한 프랑스의 대표적 굴뚝산업 지역이었다. 그러다가 1970년대 후반부터 경쟁력 상실로 인해 광산과 공장들이 하나씩 둘씩 문을 닫음으로써 경제적 시련기가 찾아왔다. 그 후 1990년대에 이르러 로렌지방은 경제를 회생시키기 위한 일환으로 외국기업을 적극 유치하기에 이르렀고 미국, 일본의 기업들과 함께 유수의 한국재벌 기업도 들어서게 되었다. 지금은 사라지고 없지만, 당시만 하더라도 대한민국 재계 랭킹 4위를 차지하던 재벌기업의 전자 분야 공장들이 하나씩 둘씩 들어서기 시작했다. 세계화란 말이 아직 사람들의 입에 오르내리기 이전 시기에 이미 한국의 기업이 선진국 프랑스 땅에 여러 공장을 세웠다는 사실은 프랑스에 거주하는 많은 한국인의 자긍심을 드높였다.

하지만 머지않아 로렌지방에 둥지를 튼 한국 재벌기업의 공장들에 대한 고약한 기사들이 현지 신문에 등장하기 시작했다. 당시만 하더라도 대한민국 젊은이들의 꿈이자 희망이던 문제의 한국 재벌기업이 경영 악화로 급작스레 쇠락의 길을 걷기 시작했고, 그 여파로 프랑스 로렌지방의 공장들에까지 악영향이 미친 결과였다. 모기업의 경영 악화 소식뿐 아니라, 로렌지방의 한국 공장들에서 연일 이어지는 파업사태로 프랑스 사회 일각이 꽤나 떠들썩했다. 급기야 2000년에 들어서자마자 로렌의 한국 공장들은 모두 문을 닫았고, 직장을 잃은 프랑스 노동자들이 거칠게 항의하는 사태가 이어졌다. 로렌지방 지자체가 제공하는 특혜란 특혜는 모조리 누렸으면서 노동자들을 착취하고 내쫓은 악덕기업이라 부르짖으며……

과연 당시 한국 재벌기업의 로렌지방 공장들에서는 어떤 일이 벌어졌을까? 심리학의 분야 중에 '조직심리학'이란 분야가 있다. 일반인들의 생각으로는 심리학이 오직 인간 심리 연구에만 몰두하는 학문이라 여기기 쉽지만, 심리학의 여러 분야 중에는 조직심리학이란 분야도 오래전부터 존재해왔다. 조직심리학은 사회 조직, 직장문화, 근로환경 등에 관련한 '인간 무리'의 심리를 연구한다. 내가 한때 적을 두었던 이곳 대학에는 한국에 정통한 조직심리학 전문가가 한 분 계시다. 그 프랑스인은 바로 문제의 로렌한국 공장에서 연수생 자격으로 박사학위 논문을 준비하면서 문화 차이에 기반을 둔 조직심리학의 중요성에 눈을 뜨게 되었다고 한다. 이 전문가의 증언에 따르면, 로렌지방의 한국 공장들은 현지 문화는 아랑곳하지 않고 운영되었던 것 같다. "로마에 가면 로마인처럼 하라"라는 서양 격언과는 달리, 문제의 한국 재벌기업은 충분히 준비되지 않은 상태에서 현지에 뿌리를 내리려 했던 것으로 보인다. 공장들은 한국의 구미 공장을 거의 그대로 축소하여 옮겨놓은 형태였고, 현지의 근로환경이나 문화 여건은 고려하지 않고 서울 본사의 지시를 곧이곧대로 집행했다고 한다. 요컨대 로렌지방의 한국 공장들은 프랑스 영토 내에 오로지 한국적 가치만이 존재하는 산업적 치외법권 지역이었던 셈이다.

공장 주변으로는 회사 깃발과 함께 태극기가 펄럭이고, 건물 중앙 홀에는 회사 설립자의 커다란 사진이 걸려 있었다고 한다. 애국주의와 산업역군(役軍)으로의 기업의 역할이 무엇보다 강조되던 지난 시대의 한국적 경영방식을 엿볼 수 있는 대목이다. 하지만 이 같은 외형적 면면은 차치하고라도 현지의 문화와 근로환경에 대한 한국 경영진의 무지와 경시는 현지 프랑스 근로자들과 가장 심각한 갈등을 빚었던 요인으로 꼽힌다. 일방적 명령하달식 사고방식에 익숙지 못하고, 집단적 가치만큼이나 개인적 가치를 중요시하는 프랑스 근로자들은 한국 경영진의 권위적이고 전횡적인 경영 방식에 정체성 위기를 느낄 수밖에 없었다.

프랑스인 중간간부층을 두고 있기는 했지만, 이들은 공장의 근로환경과 현지의 법령을 조율하고 한국 경영진의 방침을 프랑스 근로자들에게 일방적으로 통보하는 역할에 그쳤다. 게다가 프랑스 근로자들은 새벽부터 출근하여 하루 종일 공장을 떠나지 않을 뿐만 아니라 심지어 주말에까지 공장에 나와 서성이는 한국의 경영진과 근로자들을 이해할 수 없었다. 이들은 설날 같은 한국의 공휴일에 한국 직원들의 가족까지 동원되어 공장에서 큰 잔치를 벌이는 풍속을 이해하지 못했고, 생일을 맞은 프랑스 근로자에게 생일선물로 초콜릿바를 건네는 한국인 상사에게서 고마움보다는 모욕을 느꼈다. 한 가지 흥미로운 점은 당시 로렌지방의 한국 공장에서 일했던 근로자들 중에 현지의 프랑스인 토박이 근로자들보다는 이민자 출신의 근로자들이 이 같은 한국적 기업풍토에 상대적으로 보다 잘 적응했다는 사실이다. 사회적 약자일 수밖에 없는 이민자로서는 '새로운' 문화환경에 적응해야 한다는 동기부여가 강한 만큼, 프랑스 문화 이외에 접하는 한국의 기업문화도 어차피 수용해야 할 또 다른 문화로 인식했을 가능성이 그만큼 높았기 때문인 것으로 보인다. 다양한 문화적 요인들에 대한 이해가 기업 경영에 필수적이라는 사실을 보여주는 방증 중 하나이다.

오늘날과 같은 다문화 시대에서는 문화적 차이에서 오는 다양한 국면들을 고려하지 않고서는 살아남기가 힘들다. 맥락은 다르지만, 이 같은 다문화(혹은 상호문화)에 대한 이해의 필요성을 말해주는 색다른 사례를 두 가지만 들어보고자 한다.

첫째로, 미국이 아프간 전쟁에서 인류학자들을 적극적으로 동원했다는 것은 잘 알려진 사실이다. 기업 경영뿐 아니라 전쟁에서조차 이기기 위해서는 타문화에 대한 이해가 필수적이란 사실에 미국이 일찌감치 눈을 뜨고 있었기에 가능한 일이다. 전쟁에서 물리적 군사력만으로 밀어붙여 승리할 수 있으리라 기대하기에는 세상이 너무나 많이 변했다. 물론 학자들을 전쟁에 동원한다는 사실이 윤리적으로 정당화될 수 있느냐 하는 문제는 별개의 문제이다.

둘째로, 프랑스 내의 범죄조직의 이야기이다. 프랑스에는 중국 출신 갱단이나 동남아시아계 갱단, 아랍계 갱단, 동구권 출신 갱단은 흔하지만, 정작 프랑스인 갱단이 있다는 말은 들어보기 힘들나. 그 까닭은? 이 문제에 관한 과학적 연구는 아직 접해보지 못했지만, 다문화 조직심리학의 관점에서 볼 때 충분히 설명이 가능하다. 바로 프랑스 문화에 비해 중국이나 동남아, 아랍 및 동구권의 문화가 상대적으로 공동체적 성격이 강하고 또한 위계질서 관념 또한 강한 문화이기 때문이다. 명령하달이 이루어지면 일사불란하게 움직이고 의리와 침묵의 의무를 금과옥조처럼 여기는 범죄조직의 생리상 개인주의가 극도로 발달한 프랑스 문화와는 좀체 어울리지 않는다.

슬픈 현실이지만 아직 우리 사회가 대단히 가부장적이고 위계질서 관념이 여전히 시퍼렇게 살아 있는 한, 우리의 '조폭문화' 또한 어디에 내놓아도 만만치 않은 듯이 보인다.

❈ 심리학의 분야
현대에 들어 심리학은 거의 모든 인문·사회 분야를 포괄한다.
시대의 요청에 따라 심리학의 영역 또한 외연이
확장·변경되고 진화하리란 사실은 쉽게 짐작할 수 있다.
그럼에도 불구하고, 심리학 분야는 크게 보아
개인적 차원의 심리학과 사회적 차원의 심리학으로 대별된다.
개인적 차원의 심리학이란 주로 심리치료를 전담하는
(병리학적 관점의) 임상심리학을 말하며,
사회적 차원의 제반 심리현상에 집중하는 분야는
사회심리학이라 부른다.

처녀 시절
장례식

프랑스에서 이따금 목격할 수 있는 흥미로운 광경이 있다. 이른바 '처녀 시절 장례식(enterrement de vie de jeune fille)'이다. 현지인들에게 문의해본 결과, 물론 '총각 시절 장례식'도 존재한다고 한다. 주로 사람들이 많이 드나드는 공원에서 심심치 않게 목격할 수 있는 광경이다. 간략하게 소개하자면, 결혼식을 목전에 둔 예비신부가 벌건 대낮에 눈에 띄는 기발한 차림을 한 채 친구들로 보이는 무리에 둘러싸여 공원을 거닐거나 뭔가를 파는 '행사'이다.

기억을 더듬어보면, 어느 화창한 여름날 오후, 새빨간 드레스에, 새빨간 립스틱을 바르고, 새빨간 구두를 신고, 새빨간 양산을 들고 있던 프랑스 아가씨가 눈앞에 떠오른다. 의도적으로 사람들의 눈길을 끌도록 친구들이 강제로 그렇게 치장해놓았음이 분명했다. 그뿐만이 아니었다. 그 아가씨가 들고 있는 붉은 양산에는 살마다 사탕이 주렁주렁 매달려 있었다. 행인들에게 1유로 내지 2유로에 팔고 있었다. 매달아놓은 사탕을 다 팔고 나면, 그 수입으로 무엇을 할는지에 대해서는 미처 물어볼 짬이 없

어느 화창한 여름날 오후, 새빨간 드레스에,
새빨간 립스틱을 바르고, 새빨간 구두를 신고,
새빨간 양산을 들고 있던 ……

었기에 잘 모르겠다.

또 다른 광경이 생각난다. 체격이 건장한 아가씨가 수영복을 입고서 온몸에 울긋불긋한 비닐과 소도구로 무장한 채 한 무리의 사람들에 둘러싸여 공원을 횡단하던 장면이 떠오른다. 물이라고는 찾아볼 수 없는 그 공원에서 그 처녀가 어째서 수영복 차림에 물갈퀴까지 손에 들고 있어야 했는지 연유를 물어보지는 못했지만, 필시 또 다른 '처녀 시절 장례식' 광경임에는 충분히 미루어 짐작할 수 있었다. 예비신랑의 친구들이 사주단자가 고이 담긴 함을 동네방네 고함을 지르며 파는 우리네 혼인 풍습에 비견해볼 만한 행사이다.

인생의 중요한 고비를 맞이할 때마다 치르는 통과의례는 형태만 다를 뿐 인류 공통의 보편적인 현상이라고 할 수 있다. 물론 이러한 통과의례에 내재하는 의미는 다양하겠지만, 아무래도 그 가장 큰 의의는 공동체적 연대감과 액땜에 있다고 여겨진다. 통과의례를 통해 주체로 하여금 작은 고통이나 모독을 감수케 함으로써 거대한 공동체의 일원으로 받아들이는 동시에, 주체로 하여금 주변의 질시나 시샘을 모면토록 하는 기제가 발동한다고 볼 수 있다.

하지만 프랑스에서 이 같은 '처녀 시절 장례식'을 심심치 않게 접할 때마다 진정으로 나의 관심을 끌었던 것은 이 '이벤트성' 구경거리 자체가 아니라, 프랑스 처녀들이 한결같이 나이가 꽤 들어 보인다는 사실이었다. 어째서일까?

우리나라에서도 여성이 결혼하는 시기가 점점 더 늦어지고는 있다지만 프랑스에서의 상황은 조금 다르다고 할 수 있다. 프랑스를 포함한 대부분의 유럽나라들에서 결혼은 이미 필수가 아니라 선택으로 자리 잡은 지 오래이기 때문이다. 게다가 함께 살아보지도 않고 어떻게 결혼을 하느냐는 논리가 지배적이다.

데카르트의 나라답게 대단히 합리적인 사고방식이다. 적잖은 유럽인들에게 결혼은 축복을 의미한다기보다는 구속으로 여겨지기 때문이란다. 결혼식을 앞두고 행해지는 이 행사가 '장례식'이란 이름으로 불리는데서도 이들의 숨은 의식의 한구석을 엿볼 수 있다. 요컨대 결혼을 통해 안정을 얻을 수 있는 대신 자유분방한 생활과는 영영 작별해야 한다는 생각이 이면에 깔려 있기 때문이다.

프랑스의 경우 결혼하지 않고 함께 사는 커플의 비율이 전체 커플의 50퍼센트에 달하며, 결혼하고 사는 커플의 경우에도 대개는 이미 몇 년씩 동거하고 나서야 비로소 결혼을 결심하는 것으로 간주된다. 물론 남녀 모두 (동성애 커플을 포함해서) 동거 내지는 결혼 이전에도 이미 '적잖은' 파트너를 거치는 것이 보편화되어 있는 현실이다. 2010년 통계에 따르면, 평생토록 프랑스 남성은 성파트너로 14명의 여성, 여성은 성파트너로 4.4명의 남성과 관계를 하는 것으로 집계된다(남녀 사이의 이 엄청난 수치상의 불균형에 대해서는 앞으로 심리학적 관점에서 살펴볼 기회가 있으리라 기대한다). 비록 10여 년 전 자료이긴 하지만, 현상 자체를 파악하기엔 큰 무리가 없는 듯 보인다.

프랑스에서는 이른바 68혁명을 거친 이래 성에 대한 금기가 깨지고 족쇄가 풀린 지 오래인지라, 좀 심하게 말하면 오늘날 프랑스에서 남녀 간 (심지어 동성 간)의 '상열지사'는 화젯거리로조차 오르기 힘든 실정이다.

그렇지만 이는 어디까지나 통계숫자일 따름인 까닭에 언제나 일반화의 위험성을 안고 있다.

내가 주변에서 듣는 바로는, 너무 수줍어하는 성격인지라 마흔 살 넘어서까지 아직 제대로 여성과 대화조차 가져보지 못한 남성이 있는가 하면, 이제까지 200~300명의 여성과 성관계를 가졌다고 뽐내는 중년남성도 있다. 매그레 경감 시리즈로 유명한 벨기에의 작가 심농(Simenon)은 평생토록 2만 명의 여성과 성관계를 가졌다고 고백한 적이 있다. 그의 한 측근에 따르면, 2만 명은 과장이고 2천 명가량에 불과할 따름이라고 깎아내리기도 하지만…….

어쨌든, 한 쌍의 커플이 결혼하지 않고서도 얼마든지 떳떳하게 살 수 있는 풍토에서 결혼하기로 결심하기까지에는 서로에 대한 사랑과 깊은 신뢰가 동반하지 않고서는 이루어지기 힘든 환경이다. 남녀 사이의 동거나 자유로운 결합이 아직은 사회적으로(적어도 공개적으로는) 쉽게 용인되지 않고 있는 우리 사회에서(우리 사회도 원하건 원하지 않건 간에 점점 더 서구적 방식을 좇아갈 것이라 예상된다) 이 같은 서구의 결혼관 내지는 이성관이 과연 좀 더 합리적이라고 할 수 있을까? 어림없는 소리이다. 이렇듯 힘들게 결혼에 이른 부부 역시 이혼하는 비율이 50퍼센트나 되기 때문이다.

우리나라의 이혼율 또한 만만치 않다고는 하지만, 유럽의 현실과 비교해보자면 상대적으로 그리 높다고 말하기 힘들다. 유럽에서는 한 쌍의 남녀가 결혼에 골인하는 비율도 (결혼생활이나 별반 다를 바 없는) 동거의 경우에 비하면 무척 낮은 까닭에, 한 쌍의 남녀 사이의 이별 혹은 결별의 경우를 모두 합하면 어마어마한 숫자에 달할 것이기 때문이다. 실제로 내가 주변에서 마주쳤던 프랑스 중년여성들의 절반 정도가 혼자 살고 있었고, 초등학교, 중학교에서 '재결합 가정(재혼 및 새로운 동거로 형성한 가정)'의 자녀들이 득실거린다는 이야기를 프랑스 학교 관계자나 학부모들로부터 심심치 않게 듣고는 했다.

성 개방이 초래한 오늘날의 서구 사회를 바라보고 있노라면 과연 어떠한 가치관이 바람직한 것인가 하는 생각이 저절로 들지 않을 수 없다. 하지만 모든 문화현상을 문제 삼을 때마다 그렇듯이 패러다임이 동일하지 않을 경우 외부인의 비판적인 태도는 삼가는 것이 올바를 뿐만 아니라 필수적이다.

그럼에도 불구하고 심리치료의 현장에서라면 어느 곳에서나 이별이나 결별로 인해 고통 받는 수많은 사람들을 마주칠 때마다, 남녀 사이의 문제는 어느 문화권, 어느 곳이건 간에 크게 다르지 않다는 생각을 저버리기 힘들다.

보다 많은 자유를 쟁취하고 누리는 서구인들의 문제는? 뜨거운 사랑을 찾아 끝없이 헤매며, 수시로 파트너를 갈아치우기도 하는 이들의 문제는? 바로 자유이다. 너무 많은 자유는 진정한 자유가 아니라 또 다른 구속일 수 있기 때문이다. 자유는 언제나 상호적으로 작용하는 까닭에 끊임없이 파트너의 애정을 확인하고 다져야 하며, 내가 전폭적인 자유를 누리고 싶어하는 만큼 상대편도 전폭적인 자유를 누리고 싶어할 수 있다는 사실을 인정해야 하기 때문이다.

그리고 보면 처녀 시절 장례식을 치르는 프랑스 아가씨들의 얼굴에

서 예외 없이 일말의 어두운 그림자를 엿본 듯하다. 나 혼자만의 착각일
까?

❦ 통과의례

통과의례가 가진 가장 커다란 의의는
공동체적 연대감과 액땜에 있다고 여겨진다.
통과의례를 통해 주체로 하여금 작은 고통이나
모욕을 감수케 함으로써 거대한 공동체의 일원으로
받아들이는 동시에, 주체로 하여금 주변의 질시나 시샘을
모면토록 하는 기제가 발동한다고 볼 수 있다.
정신분석학에도 통과의례 같은 것이 존재할까? 있다면,
바로 거세 콤플렉스일 것이다. 우리는 거세의 율법을
기꺼이 받아들임으로써 (받아들일 때라야만)
정상인으로서 제대로 된 욕망을 누릴 수 있기 때문이다.
거세란 근친상간의 금기를 받아들이고,
주체 자신이 타고난 성별을 수긍하며, 장차 부모님'처럼'
욕망하는 주체로서 세상 앞에 서는 일일 테니 말이다.

외국어 유감

우리말은 물론 영어도 사용하지 않는 외국에서 근 십여 년간 유학생활을 하고 나서 영구 귀국한 직후의 일이다. 어느 모임에서 선배님 한 분이 한 말을 제대로 알아들을 수 없었다. "에이에스(AS)"란 말이었다. 지금 돌이켜보면 특별히 어려울 것도 없는 말이지만, 당시만 하더라도 무슨 뜻인지 몰라서 내가 되묻는 바람에 잠시 좌중에 어색한 분위기가 감돌았다. 귀국 후 재차 '우리 사회'에 적응하는 데 신경 써야 할 항목 중에 우리말 재학습의 필요성이 대두될 줄이야. 대부분의 탈북민들이 남한 사회에 적응할 때 느끼는 가장 커다란 어려움이 바로 남한 말에 뒤섞인 영어 때문이라고 하질 않던가.

요사이 우리 사회에서 외국어(특히 영어) 남용이 해도 해도 너무하다는 생각이 든다. 사회가 점점 더 복잡해지고 나라 밖 세상과의 교류가 더 활발해지다 보니 외국어를 접하고 사용할 기회가 그만큼 많아지는 것은 충분히 이해할 만하지만, 멀쩡한 우리말을 놔두고 굳이 외국어(외국어는 우리말화한 외래어와 구별해야 한다)를 남발하는 까닭은 무엇 때문일까?

어쩌면 외국어 남용이 우리 사회의 기강 해이, 나아가 극심한 정체성 혼란을 반영하는 것일지도 모른다는 생각에 우울해지지 않을 수 없다.

　기분이 좋아지면 '업'된 거고, 무리하거나 지나칠 경우 '오버'한 거다. '사실'이라고 하면 될 것을 왜 굳이 '팩트'라고 해야 하는지, 상점이나 식당이 '개업'했다거나 열었다고 하면 될 것을 왜 꼭 '오픈'했다고 해야 하는지, '필요' 내지는 '필요성' 대신 '니즈', '장점' 또는 '혜택' 대신 '메리트', '행사' 대신 '이벤트', '말'이나 '언급' 대신 '멘트', '내용'이나 '정보' 대신 '콘텐츠', '치유' 대신 '힐링', '사양' 대신 '옵션'…… 사례를 들자면 한도 끝도 없을 듯하다. 어째서 '동사무소', '동회'란 말이 어느 순간 일시에 '주민센터'로 바뀌어야 했는지. 게다가 '센트레빌', '리첸츠', '베네루체', '아르테움', '엘스' 등등, 도저히 뜻도 모르고 국적도 알 수 없는 이상야릇한 아파트 이름들에 이르면, 대체 이게 무슨 조화인가 하는 한숨이 저절로 뱉어진다. 얼마 전 내가 살던 경기도의 어느 동네에는 '캐슬'이 널렸고 '첼시'란 이름의 아파트촌도 있었다. 성들이 유럽에만 있고, 첼시란 지명이 영국의 런던이나 미국의 뉴욕 맨해튼에만 있는 줄 안다면 큰 오산이다. 한편, '래미안캐슬'이란 퓨전풍 이름의 빌라촌을 접했을 때는 작명자의 빈약한 상상력이 보이는 듯하여 안쓰럽고 씁쓸한 웃음이 지어졌다.

　뭐니 뭐니 해도 요즘 유행하는 외국어 중에 최고 인기어는 '프레임(frame)'이란 말이 아닐까 한다. 언제부터인가 어떤 맥락에서 비롯됐는지 알 순 없지만, 정치인이며 학자, 기자들이 이 말을 마구잡이로 쏟아내니 말이다. 서양문학을 전공한 나는 단순히 '틀', '골격'이란 뜻을 가진 말이려니 짐작하고 있었는데, 알고 보니 의미의 외연(外延)이 만만치 않은 듯하다. 대충만 추려봐도 '시각', '관점', '구도', '인식', '범주', '패러다임(외래어)' 등등 무척이나 다양하다. 공연히 애꿎은 외국어로 사람들을 현혹시키기보다는 좀 더 쉽고 명확한 우리말로 바꿔 썼으면 하고 바랄 때가 한두 번이 아니다. 악마는 디테일(세부적 사항)에 숨어 있다고 하질 않는가?

자성(自省) 없는 외국어 남발도 문제지만, 한국어와 외국어를 마구 섞어 쓰는 것도 못지않게 문제인 듯하다. 운 좋게 괜찮은 물건이 걸리면 '득템(得-item)'한 거고, 아파트의 좋은 동, 좋은 층은 '로얄(royal)동', '로얄(royal)층'이라 하고, 모두 수리가 되어 있다면 '올(all)수리'한 거다. 이것들을 모두 붙여서 말해보면, 아파트를 보러 갔다가 올수리된 로얄동 로얄층 물건을 '착한' 가격에 구입하면 그야말로 특템한 거다! '좋은데이(day)'는 소주 상표이고, 백화점 등지에서 할인가격에 물건을 파는 날을 '이득데이(day)'라고 말하기도 한다. 유명 정치인 이름을 대신하여 DJ나 MB로 지칭하고 농협은 NH, 국민은행은 KB로, 대기업 선경은 SK, LG는 럭키금성(Lucky Goldstar)에서 가져오는 등, 한국어명을 영문 이니셜로 표기하는 것 또한 한국민의 실용주의가 물씬 풍기는 영어의 우리말화라고 할 수 있다. 누가 영어가 한국말이 아니라고 했던가?

어느새 나는 '꼰대'가 되어버린 것일까? 아니면 '국뽕'? 하긴 요즘도 나는 누군가가 엉터리 존대법("휴지는 저쪽에 있으세요", "맞는 사이즈가 없으세요"……)을 사용하면 눈살을 찌푸리고, 아무때나 말꼬리를 올리면 슬그머니 부아가 돋고, 왜 '외제 사치품'이란 말이 '명품'이란 말로 바뀌게 되었는지 이해하지 못한다. '외제 사치품'이란 말이 국수주의적 태도가 감춰진 편향된 말이긴 하지만, 명품이란 말 또한 페티시즘을 은닉한 못지않게 수상쩍은 말이다.

외국어 남용을 경계할 때 자주 반론으로 언급되는 사례는 일본어의 경우이다. 잘 알다시피, 일본어는 타의 추종을 불허할 정도로 온갖 종류의 외국어가 범람한다. 그렇다고 해서 일본인의 정체성이나 혼이 사라진 건 아니라는 반론에는 나름 공감하지만, 지나치게 서구 지향적인 일본의 현 모습이 일본어에 그대로 반영되어 있는 듯하다. 일본인들은 스스로 아시아의 일등시민을 넘어 '명예 백인'으로 자처하고 있지 않은가. 나는 일본이 여타의 아시아국들과 조화를 이루기 힘든 연유가 일본어 안에 고스란히 담겨 있다고 생각한다. 도쿄의 번화가 긴자의 상점 간판의 절반 이상이 프랑스어(영어 간판은 유행이 지났다)로 쓰여 있다는 사실은 무엇을 의미하는가. 서울의 고급 번화가로 손꼽히는 청담동에도 영어 간판이 점차로 자취를 감추고 프랑스어 간판이 늘어나고 있다고 하니, 우리 또한 제2의 '명예 백인'이 되어가는 중인가?

우리는 어디로 가고 있는가? 말은 그 비밀을 알고 있는 듯하다.

한국어, 파이팅!

🌿 부인

무의식적 욕망이나 생각을 의식의 영역에서
부인의 형태로 표현하는 자아의 방어기제 중 하나이다.
무의식적 내용이 의식상에서는 부정문을 통해 표현됨으로써,
우리의 무의식이 의식과 분리되어 있음을
가장 극명하게 보여주는 메커니즘이기도 하다.

레의 복합도형

Rey complex Figure

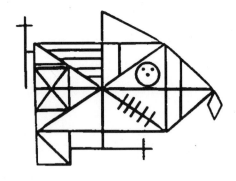

이 글은 심리전문가뿐 아니라 일반인도 심리검사의 요점을 파악할 수 있도록 하기 위한 것임을 밝힌다.

1.

내가 갓 대학에 입학하던 해 어느 날, 학내에 있는 학생복지센터 건물 안을 거닐다가 무료로 심리검사를 해준다는 광고를 보았다. 나는 이내 호기심이 발동하여 심리검사를 신청했다. 오래전 일이라 자세한 정황은 기억나지 않지만, 어쨌든 이리하여 나는 두 종류의 심리검사를 받게 되었다. 하나는 지능검사였고, 또 다른 검사는 로르샤흐 검사라고 했는데, 이 두 번째 검사는 당시만 하더라도 대체 무슨 검사인지 전혀 가늠할 수 없었다. 지능검사는 이미 중고등학교 시절에도 받아본 적이 있어서 낯설지 않았지만, 로르샤흐 검사는 아주 생소했다. 이 검사 중에 나는 흑백과 천연색 잉크로 찍은 대칭형 데칼코마니 카드 열 장을 보면서 무엇처럼 보이느냐는 검사자의 질문에 대답해야 했고, 그러고 나서 또다시 어째서 그렇게 보이더냐는 물음에 꽤 구체적으로 답해야만 했다.

어떤 카드는 박쥐처럼 보이기도 했고, 또 어떤 카드는 나비넥타이를 맨 두 흑인이 서로 마주 보는 듯한 형상으로 보이기도 했다. 대체 무슨 검사가 이렇담? 두 검사를 치르는 데 두 시간가량 소요되었고, 검사자는 이주일 후에 검사 결과가 나온다고 했다. 그 후 검사 결과를 알기 위해 학생 센터를 다시 찾은 나는 특히 로르샤흐 검사의 놀라운 통찰력에 혀를 내두르지 않을 수 없었다.

내 의식에도 살짝 스칠 정도로 긴가민가한 나 자신의 깊은 자아의 면면을 콕콕 짚어내고 '나'에 대해 나 자신보다도 더 잘 알고 있다는 인상을 떨치기 힘들었다. 검사자는 로르샤흐 검사가 성격검사지만, 내가 함께 치른 지능검사의 결과와도 부합한다고 말했다. 두 검사가 모두 성공적으로 이루어졌다는 뜻이었다. 한마디로, 놀라운 경험이었다. 어찌 이럴 수가…… 대체 무슨 조화일까? 그 후 기나긴 우여곡절 끝에 결국 나 자신이 심리분석가가 되었다. 이를테면 그때의 경험은 내 인생행로에 가해진 결정적 한 방이었다.

그 후로도 나는 수십 종의 심리검사를 받았고 또 수련 중인 심리분석가 자격으로 무수히 많은 검사를 시행했으며, 현재까지도 여전히 심리검사에 관한 전문지식을 쌓고 원리를 터득하려고 애쓰는 중이다. 그리고 지금 나는 아직도 로르샤흐 검사가 이 세상에 존재하는 무수히 많은 심리검사 중 최고의 검사가 아닐까 생각한다. 1921년 이 검사를 처음 고안해낸 심리학자의 천재성도 놀랍지만, 그 후로도 오랜 세월 동안 이 검사가 가진 독창성과 발전 가능성에 대해 연구하고 그 해석 방법을 끊임없이 개선해온 수많은 심리학자들의 노력에 힘입어, 더욱더 정교하고 치밀한 검사로 자리매김한 결과이다.

이제야 말이지만, 로르샤흐 검사에 사용되는 열 장의 무정형의 이미지는 피검사자가 자신의 정신세계를 바깥으로 자유로이 투영하는 '영사막' 구실을 하는 셈이며, 그렇게 하여 얻은 데이터를 훈련받은 전문가가 범주화하고 수량화함으로써 피검사자의 심리세계의 심층부가 서서히 그 모습을 드러내는 것이다. 말은 쉽지만, 로르샤흐 검사를 제대로 시행하기 위해서는 적어도 10년가량의 전문적인 수련과정이 필요하다고 알려져 있다. 검사 자체의 완성도 못지않게, 검사자의 숙련 정도와 통찰력이 그 무엇보다 중요하게 작용하기 때문이다.

심리검사란 인간의 성격이나 능력, 또는 그 사람이 갖고 있는 심리적 특성을 객관화하고 수량화하고자 하는 시도라고 말할 수 있다. 인간의 정신세계를 일정한 형식의 검사를 통해 추정해내고, 수량화하고 객관화하는 일이 과연 타당하고 효율적인지는 백여 년 전 최초의 심리검사가 발명된 이래 오늘날까지도 줄곧 논란이 되고 있는 뜨거운 주제이다. 이 세상에 존재하는 그 어떤 심리검사도 인간의 '영혼'을 수량화할 수는 없으며, 우리 모두가 처한 구체적 '실존적' 상황 또한 결코 객관화할 수 없는 까닭에, 모든 심리검사는 분명한 한계를 지니고 있다.

사실상 심리검사가 내세우는 객관성이란 인간 정신의 객관화를 의미하는 것이 아니라, 프로토콜상의 객관성을 의미할 따름이다. 하지만 이같은 한계를 의식하면서 심리검사를 제대로 운영할 수만 있다면 그 어떤 방법으로도 대체하기 힘든 도움을 받을 수 있다는 것 또한 사실이다. 실제로, 임상현장에서 심리치료사는 심리검사를 진단이나 치료수단의 결정, 내담자와의 라포(긴밀한 신뢰관계) 형성 등을 위한 유용한 보조수단으로 사용한다.

심리검사는 적용 기준에 따라 다양하게 분류될 수 있다. 예를 들어 심리검사가 무엇을 측정하느냐에 초점을 맞춘다면 지능검사, 학력검사, 적성검사, 성격검사, 흥미검사 등으로 분류할 수 있다. 혹은 검사의 목적이나 용도를 기준으로 삼는다면 능력검사(지능, 적성, 학력 등)와 인성검사(성격, 적응, 흥미, 기능 등)로 대별된다. 또는 심리검사가 동원하는 메커니즘, 수단이나 방편을 기준으로 삼는다면 투사검사, 인지검사, 인지 및 도구 검사 등으로 나눌 수 있으며, 여기에 현재 급속도로 발달 중인 인터넷을 활용한 온라인 심리검사를 보탤 수 있다. 앞으로 컴퓨터와 IT기기, 인터넷 환경을 활용하는 심리검사가 더욱더 활발해지리라 전망된다.

온라인 심리검사에 호기심을 가진 독자들을 위해 신뢰할 만한 검사한 종을 소개하고자 한다. 미국 하버드대학 심리학과에서 제공하는 무료 심리검사(영어)로, 문화적 편향성을 측정하는 검사이다(https://implicit.

harvard.edu). 다섯 개의 영역으로 구분된 이 검사를 받는 데 십 분가량이면 충분하다. 우리의 내면 깊숙이 숨어 있는 문화적 고정관념을 확인할 수 있는 대단히 잘 만들어진 심리검사이다. 한편, 앞에서 소개한 로르샤흐 검사는 측정영역이나 목적이란 기준에 따르자면 성격 내지 인성검사에 속하며, 활용하는 메커니즘이란 기준을 따르자면 투사(投射, projection)검사에 속한다. 투사검사란 피검사자의 심리세계가 바깥으로 끄집어내져 표현되도록 하는 것을 말한다.

현재까지 임상적으로 검증된 심리검사는 수백 수천 종에 이르며, 앞으로 또 어떤 새로운 혁명적인 심리검사가 탄생할는지, 또는 기존의 심리검사가 어떤 새로운 옷을 입고 재등장할는지 알 수 없다. 심리검사의 종류가 셀 수도 없이 많은 만큼 적절한 검사 선택이 무엇보다 중요하며, 검사를 시행하는 검사자의 자질과 숙련도도 반드시 고려해야 할 사항이다. 한편, 현재 인터넷에 떠도는 수많은 무료 '심리테스트'들이 대부분 신뢰할 수 없는, 그야말로 심심풀이용에 불과하다는 사실에 유념할 필요가 있다. 임상적으로 전혀 검증되지 않았을 뿐 아니라 전문가의 개입이 원천적으로 배제되어 있기 때문이다. 또 다른 사례로 심리검사까지는 아니지만 세간에 널리 퍼져 있는 혈액형별 성격 분류나 이에 따른 최적의 짝짓기 등은 전혀 근거가 없는 속설에 불과하다. 비과학적일 뿐 아니라, 한때는 우생학의 이름으로 만행이 자행되는 빌미를 제공하기까지 했다.

예를 들어 혈액형 B형은 한국인에게 압도적으로 많은 혈액형으로 인구의 30퍼센트를 상회하는데, 서유럽인들 사이에는 5~10퍼센트에 불과한 반면, 나치 독일이 우생학적으로 열등하다고 여겼던 집시나 슬라브족의 경우 한국인 못지않게 B형의 비율이 전체 인구의 25~35퍼센트에 달한다. 이들은 애꿎은 혈액형 탓에 나치에 의해 인종적 학살의 대상이 되어야만 했다…… 그릇된 과학적 믿음이 비극으로까지 이어질 수 있음을 보여주는 사례이다. 덧붙여, 페루 인디언은 인구의 100퍼센트가 O형이라고 하니, 과연 누가 누구와 짝을 이룰 수 있단 말인가…….

일반적으로 제대로 된 심리검사 하나가 탄생하려면 여러 명의 전문인력이 수년의 시간을 들여야 한다. 우선, 심리검사라면 으레 요구되는 타당도와 신뢰도를 갖춰야 한다. '타당도'란 심리검사가 측정하고자 하는 바를 제대로 측정하고 있는지를 말해주는 지표이고 '신뢰도'란 그 어떤 상황에서도 일관된 검사 결과를 나타내는지를 보여주는 지표이다. 이 둘은 모든 심리검사가 갖추고 있어야 할 최소한의 필요충분조건이다. 그밖에도 고려해야 할 사항들은 무척이나 많지만, 그중에서 하나만 더 언급하자면 표준화 작업을 들 수 있다.

'표준화'란 심리검사의 결과가 전체 인구의 분포 가운데 어디에 위치하는가를 보여주는 지표를 말한다. 따라서 표준화 작업은 신뢰할 수 있을 만큼 많은 표본을 대상으로 이루어져야 하는데, 그러려면 많은 시간과 노력이 필요할 수밖에 없다. 심리검사는 이런 과정을 거쳐 비로소 측정도구로서의 역할을 할 수 있게 되는 것이다. 비유컨대, 표준화 작업이 제대로 되어 있지 않은 심리검사란 제아무리 기량이 뛰어난들 들어줄 청중이 없는 연주자의 처지와 크게 다를 바 없다. 나아가 표준화는 지속적인 '업데이트'가 이루어질 때라야만 '객관적' 검사로서 살아남을 수 있다.

예를 들어 여성의 사회적 지위를 측정한다고 할 때, 30년 전의 사회적 상황과 지금의 상황이 동일하다고 볼 수는 없는 노릇이다. 새로운 표준화 작업이 요구되는 까닭이다. 특히 지능검사 영역에서는 '플린효과(Flynn effect)'란 현상이 존재한다. 이는 지능검사의 점수가 10년마다 약 3점씩 상승하는 현상을 말한다. 어째서일까? 아무튼, 제대로 된 지능검사라면 이 같은 예기치 않은 편차를 해소할 수 있어야만 한다. 영구불변의 심리검사란 존재하지 않는다.

2.

'레 복합도형(Rey Complex Figure, RCF)'은 스위스의 심리학자 앙드레 레(André Rey)가 1941년에 창안한 비언어적 심리검사이다. 그 후 벨기에의 심리학자 폴 알렉상드르 오스테리트(Paul-Alexandre Osterrieth)가 이 검사를 대대적으로 보완한 이래(1944), '레-오스테리트 복합도형[Rey-Osterrieth Complex Figure(ROCF)]' 검사라고 불리기도 한다. 뒤늦은 첨언이지만, 심리검사는 언어적 검사와 비언어적 검사로 분류되기도 한다. 당연하지만 심리검사가 언어로 표현된 문항들로 구성되어 있으면 언어적 검사이고, 그림이나 형상을 사용한다면 비언어적 심리검사이다. 기존의 심리검사들은 언어를 매개로 한 문항들로 이루어진 경우가 대부분이다. 반면, 로르샤흐 검사나 이제 필자가 간략하게 소개할 레 복합도형은 대표적 비언어적 검사이다. 언어로 표현된 문항이 전혀 없고 오직 그림이나 도형을 통해서만 심리검사가 이루어지기 때문이다.

비언어적 검사는 언어를 사용하지 않는 까닭에 아직 언어에 익숙지 않은 아동이나 어떤 이유로든 언어 사용이 곤란한 경우, 또는 다른 언어권 피검사자를 대상으로 할 때 요긴하다. 실제로 몇몇 지능검사나 적성검사 중에는 언어를 매개로 한 검사지 외에 오직 비언어적 문항들로만 구성된 별도의 검사지를 개발하여 운용하기도 한다. 흔히 비언어적 심리검사는 언어적 심리검사에 비해 좀 더 보편적일 것이라고 알려져 있지만, 실상은 그렇지 않다. 우리 인간 존재는 설사 언어로 표현되지 않는다 하더라도 언어적 구조를 통해 세상을 바라다보는 경우가 비일비재하기 때문이다.

비근한 예로 나이지리아인은 붉은색과 노란색을 동일한 단어로 표현한다고 한다. 따라서 비언어적 검사를 행한답시고 나이지리아인에게 붉은색 도형을 보여주는 것과 여타의 문화권 사람에게 붉은색 도형을 보여주는 것은 결코 같을 수 없다. 마찬가지로 우리 한국인도 초록색과 청색을 동일한 색으로 간주하는 경향이 있다는 것은 널리 알려져 있는 사실이다. 주제에서 조금 벗어난 이야기이긴 하지만 '황인종'이란 용어 또한 서양인들이 불과 19세기에 만들어낸 말이다. 그전에는 오늘날의 황인종도 '백인'으로 분류되었다고 한다.

요컨대, 비언어적 심리검사라 할지라도 은연중에 깃들 수 있는 언어적 차원 내지 문화적 차원을 제대로 고려하지 못한다면 온전한 심리검사라고 말할 수 없다. 언어란 우리가 세상을 바라보는 눈이기도 하고, 세상을 있는 그대로 보지 못하게 방해하는 장막이기도 하다. 한편 이처럼 비언어적 검사에 은밀하게 개입하는 문화적 편향성을 적극적으로 활용하는 경우도 있다.

레 복합도형 검사를 소개하려는 까닭은 다음과 같다. 첫째, 레 복합도형 검사가 우리나라에 알려져 있긴 하지만 그 존재가 미미한 만큼 보다 적극적으로 활용되기를 희망하는 마음에서이다. 레 복합도형 검사는 그 어떤 검사보다도 간편하고 또 다방면으로 응용할 수 있는 검사이기 때문이다. 둘째, 레 복합도형 검사는 처음 고안된 이래 끊임없는 보완과 개선이 이루어지고 있는데, 그 변천을 추적해보는 것만으로도 심리학적으로 대단히 의미 있는 일이란 생각에서이다.

레 복합도형 검사는 이 글의 첫머리에 제시된 도형을 사용한다(166쪽 그림 참조). 이 도형은 잘 알려진 구체적 형상이 아닌, 인위적으로 만들어진 무정형의 도형 이미지이다. 그런 만큼 피검사자로 하여금 다양한 반응을 불러일으킬 수 있다. 검사는 주로 만 5세 이상의 아동에서부터 모든 연령의 성인에게 시행 가능하다. 레 복합도형 검사에는 이 도형 외에 또 다른 유아용 도형도 있긴 하지만, 실질적으로 만 5세 이하의 아동에게 심리검사를 시행하기에는 부적절한 경우가 있다. 검사의 시행 방법은 이렇다.

우선, 검사자는 피검사자에게 도형을 보여주면서 종이에 그대로 그려보라고 말한다. 그 후 4분, 또는 10분 경과 후(시행의 '표준화'가 아직 덜 되어 있다!), 이번에는 피검사자가 위의 도형을 보이게 않게 치우고 나서 피검사자에게 기억만으로 또다시 도형을 그리게 한다. 여기서 특히 주의할 점은, 검사자가 첫 번째 검사를 시행하고 나서 잠시 후 두 번째 검사가 있으리란 사실을 결코 발설해서는 안 된다는 것!

이처럼 레 복합도형 검사는 오직 도형 하나만을 사용하여 피검사자의 공간 인지능력뿐 아니라 공간 기억력을 측정하기에 적합한 검사이다. 즉 그 어떤 심리검사보다도 시행이 간편하며, 하나의 도형만으로 피검사자의 서로 다른 두 종류의 역량(공간 지각력과 공간 기억력)을 동시에 측정할 수 있다. 검사 후 채점 방식은 이렇다. 피검사자가 복제하고 또한 기억력에 의존하여 복원한 두 도형을 유형별, 그리고 정확도란 두 기준에 따라 채점한다.

유형별 기준이란 피검사자가 도형을 복제하거나 기억으로 복원해낼 때 사각형 뼈대부터 먼저 그리는지, 봉투 모양으로 그리는지, 뼈대와 세세한 부분들을 동시에 그리는지, 또는 잘 알려진 도형처럼 그리는지, 아니면 끄적이는 정도로 그리는지 등을 파악하는 기준이다. 두 번째 기준은 피검사자가 그린 도형이 본래의 도형에 얼마나 충실한지를 판별하는 기준이다.

레 복합도형 검사는 애초에 기억력 결함이나 지각능력 부족과 같은 신경심리학적 특성을 파악할 목적으로 고안됐다. 물론 한참 나중에야 밝혀지게 될 사실이지만, 레 복합도형의 전체적 구도의 재현에는 두뇌의 두정엽 백질 및 회색질이 주로 관여하고, 도형의 정확한 재현에는 전두엽 백질 및 회색질이 크게 작용하는 것으로 알려져 있다. 뇌과학이나 생의학이 지금과 같이 발달하기도 전인 1940년대 초에 이미 한 천재적 심리학자에 의해 뇌 이상을 간편하게 탐지할 수 있는 방편이 심리검사로 만들어졌다는 점은 그야말로 놀랄 만한 일이다.

한편, 서울대병원 권준수 팀은 이 검사를 통해 정신분열증과 강박증 환자에게서도 인지기능의 감소를 확인할 수 있었다고 보고한다. 레 복합도형 검사가 정신과 질환의 진단에도 원용될 수 있음을 보여주는 의미심장한 사례이다.

현재 레 복합도형 검사는 여전히 비언어적 기억과 도형운동적 역량을 측정하기 위한 검사로 주로 시행되고 있다. 나아가 오늘날 해외에서는 레 복합도형 검사가 학습현장에서 큰 문제로 대두되고 있는 주의력결핍 아동을 선별해내기 위한 검사로 사용되고는 한다. 현재 우리나라에서는 주의력결핍증 아동을 탐지하고 진단하기 위한 검사들이 매우 제한적이고 천편일률적으로 시행되고 있는 만큼 레 복합도형 검사가 병행 사용됨으로써 보다 효율적인 대처가 가능해지기를 희망한다.

레 복합도형 검사가 세상에 처음 선보인 지 벌써 80년의 시간이 흘렀건만, 이 검사가 가진 모든 잠재력을 밝히는 일은 아직 진행 중이다. 유럽에서는 레 복합도형 검사 전용 디지털 펜과 프로그램이 개발되어 사용되고 있기도 하다. 육안으로는 관찰하기 힘들었던 여러 요소들이 데이터화함으로써 채점이 보다 즉각적이고 정교해질 수 있으며, 나아가 이 검사가 새로운 국면을 열어보일 수 있는 가능성을 열어놓았다.

예를 들어 피검사자의 머뭇거림이나 불안감을 정확히 짚어낼 수 있게 된 것이다. 앞으로 이 검사가 또 어떤 새로운 면모를 보여줄지 자못 궁금한 가운데, 필자가 특히 주목하고자 하는 것은 레 복합도형 검사가 현재 구미 각국에서는 다문화 가족 구성원의 사회 정착 정도를 측정하는 데 매우 유용한 검사로도 사용되고 있다는 점이다.

다시 말해, 레 복합도형 검사는 피검사자가 새로 정착한 사회의 문화에 얼마나 적응했는지를 탐지할 수 있는 탁월한 검사란 뜻이다. 현시점에서 볼 때 우리나라에는 전혀 알려지지 않은 면모이다. 흔히 다문화 가정의 아동은 레 복합도형을 그릴 때 수직축을 재현하지 못하는 경우가 일반 아동보다 훨씬 더 빈번한 것으로 조사됐다. 바로 다문화 가정의 아동이 정서적으로 안정돼 있지 못하다는 증거이다. 즉 아동의 정신세계에서 과거와 미래를 나누는 시간 축이 아직 덜 형성되어 있음을 의미한다.

또 일반 아동의 절반가량이 레 복합도형의 중앙선을 그리는 데 반해 다문화 가정의 아동 3분의 2가 중앙선을 그리는 것으로 나타났다. 일반 아동은 도형을 전체적으로 파악하는 까닭에 중앙선을 소홀히 여기기도 하는 반면, 다문화 가정의 아동은 도형을 전체적으로 파악하는 능력이 부족한 까닭에 중앙선에 보다 집착한 결과이다. 한편, 아프리카에서 이주해온 아동은 레 복합도형을 집이나 배, 성당 등 구체적인 물체와 결부 짓는 경향이 보다 강한 것으로 드러났는데, 이는 이전의 문화적 경험을 놓치지 않으려는 집착 때문인 것으로 간주한다.

우리나라 다문화 가정의 아동들은 어떤 결과를 보여줄까? 또한 출신 나라 별로는 어떠한 차이를 나타낼까? 우리나라에서는 아직까지 이 방면의 연구가 전무하다. 레 복합도형 검사는 피검사자로 하여금 은연중에 무의식적 '신체 이미지'를 불러일으키고, 이 신체 이미지는 피검사자의 새로운 문화에의 적응 정도를 나타내는 우회적 지표로서 작용하는 셈이다.

미래에는 심리검사가 어떻게 이루어질까? 어쩌면 사람이 아니라 기계가 검사자가 되어, 기계의 지시에 따라 검사를 받아야 할 날이 올는지도 모른다. 하지만 아무리 세상이 바뀐다 할지라도 사람의 본성이 바뀌지는 않을 테니, 심리검사의 양식이나 검사 방식은 바뀌어도 그 근본취지나 내용은 좀처럼 바뀔 것 같지 않다.

기술과 과학 문명이 발달함으로써 인간의 복지나 편의성은 증진될 테지만 그렇다고 해서 우리가 더 행복해지리란 보장은 없다. 영원히 풀기 힘든 인간적 모순이다. 게다가 우리는 여전히 인간적 약점과 허점으로 가득한 모습 그대로 남아 있게 될 것이다. 왜냐하면 인간이기에……

🌿 투사
주체가 자신의 내면세계에 있는
(주로, 자기 것으로 인정하기 싫은)
대상이나 성질을 바깥으로 끄집어내는
태도를 일컫는다.

4부

\

이론과 실제

"무타티스 무탄디스(mutatis mutandis,

바꿀 것을 바꾼 후에)"

- 라틴어 성구

은유

"연탄재 함부로 발로 차지 마라 / 너는 누구에게 한 번이라도 뜨거운 사람이었느냐"

유명한 안도현 시인의 「너에게 묻는다」란 제목의 시 일부분이다. 처음 이 시 구절을 읽으며 느꼈던 그 복잡미묘한 감정이 고스란히 되살아난다. 호소력 강한 시 구절임이 틀림없다. 사실 타고 남은 연탄재야 발로 차도 큰 탈이야 없을 테지만, 이 시에서야 어디 그런가? 실은 타고 남은 연탄재가 바로 우리 자신을 가리키는 말일 테니 말이다. 그것도 "누구에게 한 번이라도 뜨거운 사람"이어야 했을 우리 자신을 되돌아보게 만드는 은유가 아닌가? 하찮은 대상을 일순간에 하찮지 않은 대상으로 탈바꿈시키는 시인의 재능이 놀라울 따름이다.

은유(隱喩, 메타포 metaphor)란 시에서 핵심을 이루는 기제로서, 표현하고자 하는 대상을 다른 대상에 비겨서 표현하는 수사법을 일컫는다. 즉 두 대상 사이에 '공통분모'가 존재한다고 상정할 때, 비교하는 대상 1이 비교당하는 대상 2를 그 연관관계를 지칭하지 않는 채 대체하는 수사법을 말한다. 예를 들어 아름다운 여성을 가리켜 "여기 한 떨기 장미가 있다"라고 할 때, 장미는 아름다운 여성을 대신하는 멋진 은유가 되는 셈이다. 문제의 여성과 장미 사이에는 아름다움이란 공통분모가 존재한다고 보기 때문에 가능한 대체의 수사법이다. 나아가 생텍쥐페리의 지적처럼 장미는 여성처럼 아름다울 뿐만 아니라 아름다운 꽃 아래에는 아프게 콕콕 찌르는 가시들도 나 있다는 점을 감안해볼 때, 여성이란 속성을 이중적으로 나타낸다는 점에서 더더욱 훌륭한 은유가 되는 셈이다.

얘기가 나온 김에 덧붙이자면, 시의 세계에서는 은유에 버금가는 수사법으로 '참여'나 '인접성'을 전제로 한 환유(換喩)란 항목도 존재한다. 국회의원을 지칭하여 "금배지"라고 부른다거나(참여), "한 잔 하다"란 표현에서처럼 실제로 우리가 마시는 것은 술잔이 아니라 거기 담긴 술을 마신다는 점(인접성)에서 볼 때, 이 둘은 모두 훌륭한 환유의 사례라고 할 수 있다. 은유와 환유는 이를테면 x란 수평축과 y란 수직축을 가진 그래프 위에서 도형이 그려지듯 서로 간에 엮이면서 멋진 시 세계를 구축해내는 셈이다.

그러고 보면 우리는 실생활에서 알게 모르게 무수히 많은 종류의 시적 언어, 특히 은유나 은유적 표현을 구사한다. 우리는 "마음에 상처"를 입기도 하고 "가슴에 멍"이 들기도 하는가 하면, 너무나 기쁜 나머지 "입이 귀에 걸리"거나 "귀밑까지 찢어지"기도 한다. 우리 중에는 "입이 무거운" 사람이 있는가 하면 "손이 큰" 사람도 있고, 유난히 "눈이 높은" 사람이나 "발이 넓은" 사람도 있고, 때론 "간이 배 바깥으로 튀어나온" 사람도 있다. 순수한 은유라고 보기에는 조금 무리가 없진 않지만 "꽃보다 남자" 혹은 "꽃보다 할배"를 선호하는 이들이 있는가 하면, 어찌나 거만한 지 "목에 깁스를 하고" 다니는 이들도 있다. 다리는 다리이되 "책상다리" 도 있고, 날개는 날개이되 "선풍기 날개"도 있다. "속상한" 일이나 "골치 아픈" 일이야 피하고야 싶지만, 우리 모두가 부딪히는 일상적 삶의 일부 분이기도 하다. 또 "자라 보고 놀란 놈 솥뚜껑 보고 놀란다"란 말은 그저 은유적인 표현일까, 아니면 실제 현실에서 마주칠 법한 일일까? 과연 은 유와 실제 현실 사이의 경계선은 어디일까?

정신의학자가 시인은 아니지만, 그의 주요 업무가 은유와 환유의 메커 니즘을 찾아내는 일이라고 한다면, 과연 과장된 말일까? 우리의 정신세 계 또한 시의 세계 못지않게 온갖 종류의 수사법을 구사하기 때문이다. 특히 두 현상 사이에서 남이 보지 못하는 '공통분모'를 발견하는 일이야 말로 시인뿐 아니라 정신의학자에게도 대단히 중요한 일이기 때문이다. 저명한 프랑스의 정신분석가 자크 라캉이 이론화한 이래 이제 은유와 환 유는 문학만의 전유물이 아니라 우리의 정신세계가 움직이는 작동 원리 로 보편화되었다. 정신분석학의 창시자 지그문트 프로이트의 『다섯 개의 정신분석 사례집』에 등장하는 만 다섯 살의 '꼬마 한스'는 거리의 마차를 몹시 두려워하는 공황증 환자이다(한편 꼬마 한스는 한창 거세 공포를 겪 고 있는 중이다). 꼬마 한스는 어째서 마차나 그 마차를 끄는 말들을 두려 워하는 것일까? 프로이트는 그 까닭이 거대한 말이 남자 성인(아버지)을 연상시키며, 거대한 말처럼 커다란 남근을 가진 아버지가 언제라도 자신 의 남근에 위협을 가할 수도 있기 때문이란 사실을 밝혀낸다. 마차를 끄 는 말은 아버지 내지는 거세 공포의 '은유'로 작용하는 셈이다.

또 다른 사례를 보자. 중년의 남성 내담자가 심리치료사를 찾아와 상담하던 중 뜬금없이 어제 있었던 사소한 일상사를 털어놓는다. 커피 자동판매기에 동전을 넣었건만 기계는 동전만 삼킬 뿐 커피는 나오지 않더란 푸념을 늘어놓는다. 이 얘기를 듣고 있는 정신분석가는 이 커피 자동판매기에 얽힌 내담자의 이야기가 어떤 식으로 그의 정신세계에 대한 은유나 환유로서 이해 가능한지 가늠해본다. 동전만 삼키고 커피를 만들어내지 못하는 커피 자판기는 내담자가 자신의 성적 '기호'를 채워줄 매춘행위를 꿈꾸면서도 뒤탈 없기를 바라는 내밀한 욕망에 대한 은유일 수도 있고, 아이를 갖길 원하는 내담자가 배우자의 불임에 대해 품는 원망의 은유일 수도 있다. 행여 자판기에 적힌 커피 품종이나 자판기 회사의 이름이 내담자에게 뭔가를 연상시킨다면, 이 얘기는 어느새(무의식적으로) 내담자가 과거에 겪은 일을 불러오는 환유로서 작용할 수도 있다.

끝 모를 언어의 심연 앞에서 어지럼증을 느끼는 것은 시인만이 아니다.

🌿 은유와 환유
은유란 시에서 핵심을 이루는 기제로서,
표현하고자 하는 대상을 다른 대상에 비겨서 표현하는 수사법이다.
즉 두 대상 사이에 '공통분모'가 존재한다고 상정할 때, 비교하는 대상 1이
비교당하는 대상 2를 그 연관관계를 지칭하지 않는 채 대체하는 수사법을 말한다.
환유란 '참여'나 '인접성'을 전제로 하여, 비교하는 대상 1이 비교당하는 대상 2를
그 연관관계를 지칭하지 않는 채 대체하는 수사법이다.

매슬로의 피라미드

___

   심리학의 개념 중에 '매슬로의 피라미드'란 개념이 있다. 미국의 인본주의 심리학자 매슬로가 만들어낸 개념으로 인간이 가진 다섯 종류의 욕구를 피라미드 형태를 빌어 설명하고자 한다. 다섯 종류의 인간 욕구는 제각기 등급을 가지고 있으며, 피라미드의 아래에 위치한 욕구는 위에 위치한 욕구를 향해 단계별로 상승한다고 간주된다.

   첫 번째 단계로, 피라미드의 가장 아랫부분에는 생리적 욕구가 위치한다. 먹고, 입고, 자고, 성욕을 해소하는 등 인간 욕구의 가장 원초적인 부분을 이루는 단계이다. 생존을 위해 반드시 충족되어야 할 부분으로, 이 단계의 욕구가 채워지지 않으면 상급 단계로 옮겨갈 수 없다.

   두 번째 단계는 안전에 대한 욕구이다. 첫 번째 단계인 생리적 욕구가 어느 정도 충족되고 나면 우리 인간은 안전에 대한 욕구를 갖게 마련이다. 돈을 산더미처럼 쌓아놓고 또 먹을 것을 한없이 재어놓고 있다 한들 조만간 내 머리 위로 핵폭탄이 떨어질 것이라고 생각한다면, 존재의 안정성이 위협받게 될 것이란 점은 자명하다. 또는 정서적 차원의 안정성이 문제될 수도 있다. 비록 생리적 차원의 욕구가 충족된다고 한들, 기댈 수 있는 가족이나 주변인, 믿을 만한 친구 한 명 없다면 고독이나 불안감에서 좀처럼 헤어나기 힘들 테니 말이다. 인간이 행복감을 갖기 위해서는 존재의 안전성 내지 안정감이 반드시 동반되어야 한다.

두 번째 단계도 어느 정도 충족이 되고 나면, 다음의 세 번째 단계인 소속감과 애정에 대한 욕구가 우리를 기다리고 있다. 생리적으로나 안전상의 욕구가 어느 정도 채워지고 나면, 우리 인간은 더 많은 애정과 더욱 강한 소속감을 추구하게 된다고 보는 셈이다.

다음의 네 번째 단계는 존경에 대한 욕구이다. 이는 주변인들로부터 또는 사회적으로 인정받기를 원하는 인간 욕구를 일컫는다. 돈을 많이 벌었거나 특정 분야에서 성공한 이들이 나중에 엄청난 돈을 써가며 국회의원에 도전하거나 감투를 찾아 헤매는 사례는 바로 이 단계의 인간 욕구의 발현이라고 볼 수 있다.

마지막 단계는 자아실현의 욕구이다. 인간 욕구 중에서 가장 높은 곳에 위치하는 단계로, 인간 욕구의 궁극적 종착점이 자아실현에 있다고 보는 셈이다. 이제껏 힘들게 이뤄놓은 모든 것을 버리고 진정한 '자기'를 찾아나서는 이들이 점차로 많아지는 오늘날의 사회현상은 일견 사치스럽고 여유로워 보이기도 하지만, 어쩌면 자연스런 현상이라고 볼 수도 있다. 자아실현이야말로 오늘날의 현대인이 자기 자신에게 부여할 수 있는 최고의 존재이유로 여겨질 수 있기 때문이다. 사실 많은 것을 이뤘지만 자기가 누구인지 또 자기가 왜 이 지상에 존재하는지 모른다면 모든 것이 헛되게 여겨질 수밖에 없을 테니 말이다. 실제로 매슬로는 가장 높은 단계인 자아실현 욕구가 피라미드의 아래 부분을 차지하는 네 욕구와는 성격이 다르다고 말한다.

매슬로는 아래 단계의 네 욕구를 '결핍욕구'라고 부르는데, 이는 일단 욕구가 채워지고 나면 더 이상 욕구로서 작용하지 않는다는 의미이다. 이에 반해, 그는 자아실현의 욕구를 '성장욕구'라고 부르는데, 다른 욕구들과는 달리 자아실현의 욕구는 충족되면 될수록 더욱더 증대하는 성향을 나타내는 까닭에서이다. 자아실현의 욕구는 일단 불이 당겨지면 한없이 지속되는 속성을 가진 셈이다. 학자에 따라서는 자아실현의 욕구 위 단계로 정신적 욕구, 종교적 욕구를 덧붙이기도 하는데, 이는 위를 향해 끊임없이 오르고자 하는 인간 욕구의 한 속성을 나타낸다는 점에서 볼 때 같은 맥락에서 이해할 수 있다.

본래 심리학의 개념이었던 매슬로의 피라미드는 오늘날 심리학 분야보다는 오히려 경영학 분야에서 더욱 활발하게 연구되고 있다. 경영학, 특히 마케팅의 관점에서 볼 때 인간의 욕구가 어떤 것이고 또 어떤 성질이나 특성을 가지고 있는지 알지 못한다면 진정한 의미의 경영학은 존립할 수도 없고 효율적 마케팅 전략 또한 세울 수 없는 까닭에서이다. 매슬로의 피라미드는 대단히 도식적이고 상식적이다. 그리고 이러한 사실은 장점과 단점을 동시에 가지고 있는 듯하다. 요컨대, 매슬로의 피라미드는 지나치게 단순하고 일목요연하며 돌이킬 수 없는 방향성을 가지고 있다. 나 자신을 포함하여 내 주변사람들을 이 모델에 견줘본다면 이 모델이 얼마나 단순하며 얼마나 많은 허점을 드러내고 있는지 대번에 알 수 있다. 하물며 우리 인간은 '욕구'뿐 아니라 주관적 '욕망'에 의해서도 움직이는 존재가 아닌가? 하지만 바로 여기에 이 모델의 장점이 있다. 역설적이지만 이 모델에 온갖 종류의 비판을 가할 수 있다는 점이야말로 훌륭한 모델만이 누릴 수 있는 특권이다.

인간 욕구를 설명하기 위해 고안된 이 모델은 개인뿐 아니라 국가에도 똑같이 적응해볼 수 있을 듯하다. 개인 차원에서 자아의 실현 정도, 성숙도를 가늠하는 척도로 파악할 수 있듯이, 한 국가의 정책방향이나 성숙도를 짐작케 해주는 지표로도 볼 수 있지 않을까 한다. 예컨대 국가는 최우선적으로 국민의 생존을 위한 욕구와 안전에 대한 욕구를 충족시켜줘야 하고, 국민의 행복을 증진시키려 노력해야 하지 않을까. 나아가 궁극적으로 국민 모두의 자아실현을 최대한 증진시킬 수 있는 방향으로 국가의 목표를 정해야 하지 않을까?

과연 현재의 나는 어느 단계의 욕구에 발을 디디고 있고, 또 우리나라는 어떤 단계의 욕구에 방향타를 설정하고 있는가?

🌱 매슬로의 피라미드
　미국의 인본주의 심리학자인 매슬로가 만들어낸 개념으로,
　인간이 가진 다섯 종류의 욕구(생리적 욕구, 안전에 대한 욕구,
　소속감과 애정에 대한 욕구, 존경에 대한 욕구, 자아실현의 욕구)를
　피라미드 형태를 빌어 설명한다.

경고문

주변을 둘러보다 보면 꽤나 많은 표어나 슬로건들에 둘러싸여 지내고 있다는 사실에 생각이 미친다. 물론 과거에 비하면 많이 줄어든 편이지만, 그래도 어딜 가나 쉽게 표어나 슬로건, 또는 경고문들과 마주친다. 요사이 경쟁적으로 늘어가는 지자체들의 홍보 슬로건만 해도 그렇다. "충절의 고향 ×××", "사랑海요 ××", "동북아의 허브 도시 ××" 등은 지자체 고유의 내세울만한 특징을 한마디 말에 담고자 한 그럴듯한 슬로건들이다. "자연치유도시 ××", "생명의 땅 ××" 등도 굳이 객관적으로 검증을 필요로 하지 않는 말인 만큼 그런대로 무난하다고 할 수 있다. 반면, "최고 선진 ××", "선진시민들은 침을 뱉지 않습니다" 따위는 억지에 가까운 주장이란 느낌을 지우기 힘들다.

내가 어릴 적, 그러니까 1970~1980년대만 하더라도 주변에는 온통 시민들을 계몽하기 위한 표어들로 넘쳐났다. "간첩 신고!", "도둑 신고!", "접근하면 발포한다!"에서부터 시작하여, 고개만 돌리면 "자나 깨나 불조심!", "꺼진 불도 다시 보자"란 경고문이 사방에 붙어 있었고, 동네 으숙한 곳에는 "소변보지 마시오!"란 위협적인 경고문과 함께 가위 그림이 그려져 있었다. 부정부패가 극에 달했던 자유당 시절에는 독재정권에 신물이 난 시민들이 "못 살겠다, 갈아보자!"를 외쳤고, 또 이에 질세라 기득권 세력은 "갈아봤자 소용없다, 구관이 명관이다"란 구호로 대응했다. 하지만 이 많은 구호나 경고문들이 얼마나 효력이 있었을까? 때론 기발한 것들도 없지 않지만, '전시행정'의 산물로 만들어진 것들이 태반이었다. 웃음을 자아낸다는 나름의 효용이 없진 않지만, 과연 이런 구호들이 실제로 얼마나 효과가 있는지에 대해서는 많은 이들이 고개를 갸우뚱거릴 것 같다. 언론을 통해 북한 관련 영상자료를 접할 때마다 빠지지 않고 등장하는, 시뻘건 바탕 위에 쓰인 잔혹하고 공허한 표어들을 보고 있노라면, 여전히 북한 주민들이 얼마나 가식적이고 포악한 학정에 시달리고 있는지 가엾은 생각이 절로 든다.

과연 표어나 경고문은 얼마나 효과가 있을까? 경고문이 강력한 효력을 발휘하려면 어떻게 해야 할까? 그럴 방도가 있기는 한 걸까? 사실상 경고문은 사회심리학, 혹은 참여심리학(engagement psychology), 또는 설득심리학에서 중요하게 다루는 연구대상이기도 하다. 경고문이란 경고하는 사람이 경고받는 사람들에게 자신의 의향을 가능한 한 강력하게 전달하고자 하는 것인 만큼 심리학적 요인들이 개입할 수밖에 없기 때문이다. 아무런 심리적 고려도 없이 그저 툭 내던져진 표어나 경고문이 효과를 발휘하기는커녕 때론 역효과까지 낼 수도 있다. 예를 들어 청소년 자녀를 둔 부모들이 아이들에게 일방적으로 훈계하려 드는 것과도 하등 다를 바 없다. 공부에 치인 아이들에게 부모들이 우격다짐으로 그저 공부나 열심히 하라고 한다면, 정말로 아이들이 더 열심히 공부를 하던가? '열공'은커녕 평소에 하지 않던 다른 짓까지 하며 어깃장을 놓을는지도 모를 일이다. 잔디밭에 들어가지 말라고 잔디밭에 들어가지 않는 것은 아니며, 쓰레기를 버리지 말라고 쓰레기를 버리지 않는 것도 아니다. 육교도 없고 지하보도도 없는 곳에 무단횡단하지 말라는 경고문이 내걸렸다 한들 무단횡단을 막지도 못할뿐더러, 어쩌면 횡단할 곳을 찾아 헤매던 이들이 바로 그곳에서 도로를 횡단할는지도 모른다.

심리학적 관점에서 볼 때 경고문의 성공 여부는 '인지(認知) 부조화'를 운용하는 방식에 달렸다고 말할 수 있다. 인지 부조화란 어느 한 사람의 태도와 행동이 일치하지 않는 경우를 일컫는다. 예를 들면 내가 오른쪽으로 가야 한다고 생각하는데(태도), 실제로는 왼쪽으로 가고 있는(행동) 경우이다. 또는 자주 언급되는 이솝의 유명한 우화 '신포도'를 보자. 누군가가 나무에 달린 포도를 보며 군침을 흘리는데, 실제로 따서 먹으려니 너무 높이 매달려 있어서 결국 포기하고 만다는 우화이다. 누구나 알고 있다시피, 이 우화의 백미는 포도를 따지 못한 사람이 그 포도가 높이 매달려 있어서 따지 못하는 것이 아니라, 그 포도가 '신포도'이기 때문에 따지 않는 것이라고 선언하는 데 있다. 포도를 따먹고는 싶지만(태도), 포도 따기를 포기함(행동)으로써 '인지 부조화'가 발생하는 셈이다. 그리고 이 문제의 인물이 그 포도가 높이 매달려 있어서 못 따는 것이 아니라 '신포도'라서 따지 않는 것이라고 둘러대는 것은 자기 합리화에 해당한다. 그런데 우리 인간은 인지 부조화에 직면할 때마다 심리적 불편감을 느끼고, 이를 바로 잡으려는 경향을 가졌다. 바로 '자기 합리화'의 필요성이 대두되는 지점이다. 우리 인간은 태도에 행동을 맞추려 하지 않고, 행동에 태도를 맞추려 하기 때문이다. 요컨대, 이 우화 안에 참여 심리학의 포부가 온전히 담겨 있는 셈이다. 효과적인 경고문이란 다름 아니라, 바로 이 인지 부조화를 고의적으로 유도하고 또 인간이 자기를 합리화하려는 경향을 최대한 활용하는 것일 테니 말이다.

관련 사례를 둘만 소개해보고자 한다. 첫 번째 사례는 심리학이 어떻게 '인지 부조화'에 눈을 뜨고 '자기 합리화'에 관심을 쏟게 되었는지 보여주는 사례이고, 두 번째는 이 같은 심리학적 이론의 배경하에 효율적인 경고문이 과연 어떤 것인지를 과학적으로 보여주는 사례이다. 두 사례 모두 심리학적 실험의 형태로 진행되었다.

첫 번째 사례는 이 방면에서 행해진 최초의 심리학적 실험인데, 사회심리학의 선구자인 커크 르윈이 제2차 세계대전이 한창이던 미국에서 주도했다. 이 실험은 르윈이 미국 정부로부터 자국민들 사이에 소고기 내장 소비를 진작시켜달라는 요청을 받고서 진행한 실험이었다. 처음 그는 주부들로 구성된 소그룹들을 강연장에 모아놓고 나서 소고기 내장이 지닌 장점들을 소개하고 다양한 요리법을 시연토록 하고 나아가 관련 요리책을 배포하기까지 했지만, 결과는 참담했다. 수많은 주부들이 강연이 유익했다고는 하지만, 실제로 소고기 내장을 요리해서 먹었다는 비율은 3퍼센트에 불과했기 때문이다. 그 후 르윈이 궁리해낸 두 번째 시도는 우선 처음처럼 소고기 내장의 장점들을 홍보하는 강연회를 개최하고 나서, 소그룹으로 나뉜 주부들이 토론을 하게 한 끝에 다음 주에 소고기 내장으로 요리할 생각이 있는 사람들은 손을 들어보게 한 것이다. 이 두 번째 시도는 대단한 성공을 거두었는데, 실제로 그다음 주 소고기 내장을 요리한 주부의 비율이 무려 32퍼센트에 달했기 때문이다! 과연 르윈이 행한 첫 번째 시도와 두 번째 시도의 차이는 무엇인가? 두 번째 시도에서 주부들에게 손을 들어보라고 한 것밖에는 없지 않은가? 이 작은 차이가 상황을 완전히 바꿔놓았다. 어째서일까? 손을 든 주부들은 이 사소한 행동 하나로 스스로를 옭아맸기 때문이다. 게다가 사실상 실험자가 유도해낸 셈이지만, 이러한 결정은 어디까지나 주부 자신의 자발적 결정이라 비치지 않는가? 이처럼 결정이 차후의 태도에 미치는 영향력을 사회심리학에서는 '동결 효과'라고 부른다.

두 번째로 소개할 실험은 우리나라 독자들에게도 『설득의 심리학』으로 널리 알려진 미국의 사회심리학자 로버트 치알디니가 주도한 실험 중 하나이다. 어느 날 치알디니는 애리조나 주에 소재하는 석화목 자연공원 관계자로부터 관람객들에 의한 석화목 도난을 막아달라는 요청을 받는다. 일 년에 평균 도난률이 무려 3퍼센트에 달한다고 했다. 이를 위해 치알디니는 공원 곳곳에 경고문을 게시하기로 하고, 각기 네 가지 서로 다른 문구를 만들어 어떤 경고문이 가장 효력을 발휘하는지 실험했다. 구체적으로, 치알디니는 공원의 세 곳에 각기 다른 네 종류의 문구를 2시간마다 바꿔가며 게시함으로써 실험의 물리적 여건에 의한 편차를 최소화하고자 했다. 경고문은 두 변수를 채택하여 모두 네 종류의 문구로 작성되었다. 즉 메시지의 강약(부정문과 긍정문)과 사회적 규범의 종류(순응적 규범과 강제적 규범)란 두 축에 따라 다음의 네 가지 경고문을 만들었다. 참고로 순응적 규범이란 대개의 사람들이 그렇게 행동하더라는 믿음이고, 강제적 규범이란 그렇게 행동하면 된다, 안 된다란 믿음이다.

1 · "공원을 찾았던 수많은 방문객들이 석화목을 가져가지 않아, 석
   화목 공원은 원상태를 그대로 유지하고 있습니다."
   (순응적 규범 + 긍정문/ 5%)

2 · "공원을 찾았던 수많은 방문객들이 석화목을 가져간 탓에, 석화
   목 공원의 원상태가 훼손되었습니다."
   (순응적 규범 + 부정문/ 7.92%)

3 · "공원 내의 석화목을 원상태대로 놔두시기 바랍니다."
   (강제적 규범 + 긍정문/ 5.33%)

4 · "공원 내의 석화목을 가져가지 마시기 바랍니다."
   (강제적 규범 + 부정문/ 1.63%)

   * 괄호 안의 퍼센트는 도난율

결과는 생각보다 복잡하고 놀라웠다. 가장 효력이 큰 경고문은 그렇게
하면 안 되니, 가져가지 말라고 단도직입적으로 촉구하는 경고문이었다
(4). 물론 강력한 메시지를 담은 부정문이라고 해서 똑같이 강력한 경고
를 발하는 것은 아니다. 마찬가지로 부정문 형태를 취하되 순응적 규범
에 입각한 경고문이 최악의 경고문임이 밝혀졌기 때문이다(2). 약한 메
시지 전달방식이 강한 메시지 전달방식보다 반드시 경고의 강도가 떨어
진다고 볼 수도 없고(1과 2, 3과 2), 강제적 규범의 경고문이라고 해서 순
응적 경고문보다 효과가 더 클 것이라 생각하는 것도 착각이다(3과 1).

요컨대, 이 실험은 효과적인 경고문이 어느 특정한 하나의 기준에 따라 결정되는 것이 아니라, 여러 변수들이 동시에 조합하여 이루어진다는 사실을 보여준다. 인간의 인지 부조화와 이에 따른 자기 합리화 경향이 문제의 핵심이긴 하지만, 함께 불거지는 다양한 요인들에 대한 연구가 필수적이라 할 수 있다.

이 밖에도 인지 부조화에 기반을 둔 심리학적 연구들이 꽤나 많이 행해지고 있다. 먼저 선심을 베풀고 나서 나중에 크게 후려친다거나, 은연중에 가벼운 신체접촉을 시도함으로써 상대방에게 점차로 영향력을 넓혀가는 수법 등등, 사기꾼이나 꽃뱀들도 즐겨 사용하는 온갖 심리적 메커니즘들이 광범위하게 연구되고 있다. 비유가 적절하지는 않지만, 사실 사기꾼이나 심리학이나 인간성 탐구라는 같은 우물에서 물을 길어내지 않던가?

🌿 인지 부조화
동일인에게서 태도와 행동이
일치하지 않는 경우를 일컫는다.
이럴 경우, 주체는 심리적으로 불편함을 느끼며
태도와 행동을 하나로 일치시키려
애를 쓴다('자기 합리화').

페티시즘

몇 해 전부터인가 인터넷이나 가벼운 읽을거리를 제공하는 잡지들에 '페티시'란 말이 등장하기 시작했다. 얼마 전까지만 하더라도 좀처럼 마주치기 힘든 서양말이었던 만큼 이 말이 과연 일반인들 사이에서 어떻게 받아들여질까 궁금하지 않을 수 없었다. 게다가 페티시(fetish)란 말이 정신분석학에서도 중요한 전문용어로 사용되는 만큼 일반적으로 통용되는 의미와 전문용어 사이에 차이는 있는지, 또 그렇다면 그 차이란 과연 어떤 것인지 자못 호기심이 발동하지 않을 수 없었다. 이리하여 인터넷을 검색해본 결과, 페티시란 말의 통상적 의미는 남성에게 특별한 성적 자극을 촉발하는 여성 복장 내지는 액세서리를 지칭하는 것으로 간주된다.

몇몇 사이트에서는 페티시란 말에만 그치지 않고 사진들을 함께 제시하기도 했다. 구체적으로 소개하자면, 깊이 파였거나 투명한 여성 속옷 상의와 하의, 스타킹, 털옷, 가죽옷에서부터, 나아가 붉게 칠한 여성 입술, 길게 뻗은 여성의 다리 등과 같은 여성의 신체 일부를 제시하는 경우도 있었다. 이른바 '야한' 여성, 아니면 여성의 야한 면모를 특징적으로 부각하는 옷가지며 액세서리 또는 여성의 신체 일부를 지칭하는 것으로 보인다.

본래 페티시란 말은 포르투갈어로 주술적 힘을 가지고 있다고 여겨지는 종교적 상징물을 가리키는 말이다. 예컨대 종교적 성상이나 조각물 등을 비롯하여, 접촉하거나 소지하면 무병장수를 누리게 한다거나 아들을 낳을 수 있게 해주는 신통력을 가졌다고 알려진 물체나 상징물, 혹은 우리의 산야 곳곳에 널려 있는 초자연적 힘을 가진 것으로 간주되는 괴석이나 자연의 산물 따위를 들 수 있다. 그런가 하면 달마도가 그런 신통력을 발휘한다고 하여 고가에 판매되기도 하는, 사기성이 농후한 사건들이 신문지상에 오르내리기도 한다. 페티시란 말은 이처럼 본래 종교적 의미를 가지고 있다가 언제부터인가 일반인 사이에 성적 함유를 가진 말로 세속화하기에 이르렀다고 볼 수 있다. 하긴, 그렇게 되기까지에는 정신분석학이 큰 역할을 한 것으로 보이긴 하지만…….

정신분석학에서 또한 페티시란 말은 특별한 성적 자극을 촉발하는 물체를 가리킨다. 그리고 그 물체는 (특히 남성이) 성적 자극을 얻기 위해 절대적으로 필요로 하거나, 아니면 빠뜨릴 수 없는 특권적 위치에 있는 물체를 가리킨다. 이를테면 페티시즘에 완전히 함몰된 남성은 성적 극치감을 얻기 위해 굳이 여성의 존재를 필요로 하지 않는다. 대신 남성은 자신에게 특별한 신통력을 발휘하는 물체만으로도 얼마든지 성적 극치감을 얻을 수 있다.

예컨대 훔친 여성 속옷을 보듬고 코를 킁킁거리며 행하는 자위가 번거로운 성관계를 대신하기도 한다. 이 경우 성적 흥분이나 사랑의 대상은 사람이 아닌 물체로 향해져 있으며, 이런 까닭에 정신분석학에서는 페티시즘을 변태적 행위로 간주한다. 욕망의 대상이 사람이 아니라 사물에 초점이 맞춰져 있고, 설사 사람을 대상으로 삼는 경우라 할지라도 그 사람의 전체가 아닌 신체 일부만을 문제 삼기 때문이다. 인간이 경험할 수 있는 가장 비루한 형태의 물신(物神)숭배가 아닐 수 없다.

임상적으로 가장 빈번하게 관찰되는 페티시로는 여성의 구두, 부츠, 옷 등이 꼽히며, 사람의 신체부위로는 단연 다리(그것도 미끈한 다리!)가 으뜸을 차지한다. 그 밖에도 페티시는 이 세상에 존재하는 개체의 수만큼이나 무척이나 다양한 까닭에, 개개인이 비밀스런 자신만의 내면공간에서 깊이 숭배하고 기리기도 하는 페티시가 어떤 것이고 또 어떻게 만들어지는지는 그 사람의 정신세계가 성장하고 형성되었던 개별성과 특수성에 긴밀하게 닿아 있다.

그런가 하면, 페티시즘은 앞에서 잠시 소개한 변태성의 범위를 훨씬 넘어선다. 이 세상의 남성들은 다소간에 모두 페티시스트이기 때문이다! 남성 치고 자신만의 사랑의 방식이며 나름의 성적 취향이나 '비등점'을 가지지 않은 남성이 존재한단 말인가? 사랑하는 연인과 나란히 거리를 거닐면서도 지나가는 늘씬한 여성의 다리에 저절로 눈길이 가는 남성이나, 잠시 '틈'을 보인 여성의 신체부위에 나비처럼 날아 벌처럼 쏘는 눈을 가진 남성을 페티시스트라고 부른다면, 이 세상의 거의 절반은 변태성을 가진 남성들로 채워져 있다고 보아야 한다!

페티시즘이 남성 전유의 현상인 데에는 그럴 만한 이유가 있다. 나아가 임상적으로 관찰되는 페티시가 무척이나 다양함에도 불구하고 몇몇 대상들이 거의 언제나 특권적인 위치를 차지하는 데에도 이유가 있다. 프로이트에 따르면 페티시는 아직 남녀의 성적 차이를 알지 못하던 어린 남자아이가 처음으로 여성 성기를 목격했을 때의 충격에 의해 탄생한다고 말한다. 여성도 남성과 똑같이 남근을 가지고 있다고 굳게 믿고 있던 남자아이에게 여성의 몸에 아무것도 달린 것이 없다는 사실을 시각적으로 목격함으로써, 말로만 듣던 거세가 실재하며 또 그럼으로써 나 자신에게도 얼마든지 거세가 행해질 수 있다는 공포를 최초로 안겨주는 청천벽력과도 같은 경험이라는 것이다.

아이가 훔쳐보는 순간은 주로 성인 여성이 웅크리고 앉아 소변을 보는 순간이며, 이로 인해 남자아이의 정신세계에는 극도로 흥분된 이 순간이 다리와 물줄기, 털 등의 이미지와 긴밀한 연상관계를 간직한 채 각인된다. 몸을 파는 직업여성들이 고객을 끌기 위해 다리를 비롯한 예민한 신체부위를 노출하고 레인코트나 털코트, 스타킹, 망사, 반짝이는 소재 등으로 치장하는 데에는 가히 남성의 치명적인 약점을 파고드는 정신분석학적 수준의 기막힌 노하우가 숨어 있다고 할 수 있다. 공포 영화에서 관객들의 긴장감을 고조시키는 방편으로 위를 향한 점진적 카메라 워크를 빈번하게 사용하는 것도 어린 남자아이가 여자 어른을 훔쳐보던 어린 시절의 바로 그 긴박하고 흥분된 순간을 되살리는 효과를 발휘한다.

요컨대, 정신분석학에서 말하는 페티시는 남성이 여성의 거세를 부인하고, 나아가 자기 자신의 거세의 개연성을 부인코자 하는 가림막이란 역설적 의미를 지닌다. 처음부터 거세된 것으로(?) 여겨지는 여성에 비해 언제고 잘리거나 상실할 수도 있는 남근을 가진 남성에게 거세공포는 그야말로 이 세상에 존재하는 가장 끔찍한 공포 중 하나다. 약한 자여, 그대 이름은 여성이 아니라…… 바로 남성이다.

정신분석학에서 페티시가 대단히 중요한 의미를 지니는 까닭은 이 문제가 단순한 성적 맥락을 넘어 본질적으로 인간 욕망의 현상학과 관련되어 있기 때문이다. 인간의 건강한 욕망은 언제나 살아서 꿈틀대는 생물(生物)이어야 하며, 본질적으로 다른 존재와의 관계 속에서 발현되기 마련이다. 반면, 욕망이 없는 인간, 욕망하지 못하는 인간이란 죽은 인간이다. 페티시는 바로 욕망이 멈추거나 화석화한 상태로서 타 존재와의 진정한 관계를 행해 뻗어나가지 못한다. 욕망이 화석화함으로써 존재와 존재 사이에서 참다운 매개 역할을 할 수 없기 때문이다. 이럴 경우 사람은 사람으로서가 아니라 사물의 차원으로 전락해버린다.

맥락은 다르지만, 오늘날의 자본주의 시대에서 가장 횡포한 위력을 발휘하는 페티시는 바로 돈이다. 본래 사람들 사이의 관계를 매개하고 촉진하도록 고안된 돈이 정작 사람은 밀어내고 그 자리를 대신 꿰참으로써 빚어지는 비극은 어느새 우리의 일상적인 모습이 되어버렸다. 저 높은 꼭대기에 돈이 군림하고, 상품과 재화가 인간적인 가치나 온기를 대신함으로써 초래된 폐해와 미몽상태는 자본주의라는 이름으로 치부하기에는 이미 도를 지나도 한참을 지났다.

예컨대, 진정한 사랑으로 맺어져야 할 남녀가 사랑 대신 혼수를 들먹이고 조건만을 앞세운다면 여느 페티시스트가 여성 속옷을 탐하는 태도와 속성상 크게 다를 바 없다. 맺어진다한들, 인간 욕망의 핵심이 빠진 이런 결합이 과연 지속 가능할까?

🌿 페티시즘
(주로 남성에게)
특별한 성적 자극을 촉발하는 물체를 가리킨다.
여성의 신체 일부가 문제되기도 하며,
여성의 몸에 닿는 장신구 따위가 주를 이룬다.
최근 우리 사회의 몹쓸 병폐 중 하나인 '몰카'도
남성의 성적 자극을 물질적으로 담당한다는 점에서 볼 때
페티시즘의 관점에서 바라봐야 한다고 여겨진다.
이는 물론 페티시즘뿐 아니라 관음증, 가학성,
여성 폄하, 거세 공포 등의 문제들도 함께
개입하는 복합적인 '변태' 행위이다.

연상의 여인

이 세상 인구의 절반을 차지하는 남성과 또 다른 절반을 차지하는 여성은 서로 어떤 식으로 만나 사랑을 하고 짝을 이루는 것일까? 이 여성이 아니라 저 여성이, 이 남성이 아니라 저 남성이 내 마음에 든다고 할 때, 과연 이러한 선택에 관여하는 법칙이나 원리 같은 것이 존재하기는 하는 것일까? '천생배필(天生配匹)'이란 말이 암시하듯 한 쌍이 맺어지는 인연은 하늘이 내려준다고는 하지만, 정말로 그러할까?

한 쌍의 남녀가 맺어지기까지는 인간의 의지가 작용하기도 하지만 인간의 힘을 뛰어넘는, 무언가 거역하기 힘든 운명과도 같은 힘이 작용하는 것 같기도 하다. 이 세상의 남녀가 맺어지는 그 무수한 사연들이 밤하늘을 총총히 수놓는 별들만큼이나 많거늘 그 누가 남녀 사이의 오묘한 기미와 조화를 꿰뚫어본다고 자신할 수 있을까? 남녀 사이의 결합방식이 세태로부터 자유롭지 못하다는 것 또한 부인하기 힘든 사실이다.

예컨대, 요즈음 우리 주변에서는 나이 차가 많이 나는 남녀 사이의 결합을 심심치 않게 목격할 수 있다. 남성이 자기보다 훨씬 더 나이가 많은 여성, 이른바 '연상의 여인'과 맺어지는 경우가 예전에 비해 훨씬 더 많아졌다. 어째서일까? 우리 사회가 과거에 비해 그만큼 더 자유롭고 다양해졌다는 증거일까?

육십 갑자 한 바퀴를 갓 돈 나에게도 물론 연상의 여인과 결혼한 친구들이 몇몇 있기는 하다. 하지만 기껏 한두 살이나, 많아봐야 네 살 많은 누님뻘 여성과 결혼한 경우가 고작이었다. 당시만 하더라도 남성이 자신보다 나이가 많은 여성과 맺어지는 경우는 흔치 않았으며, 하물며 자신보다 훨씬 더 나이가 많은 여성과의 결합은 매우 드문 경우에 속했다. 연상의 여인과 맺어진 친구들을 바라보는 주변의 시선에는 부러움 반, 우려 반의 복잡한 감정이 뒤섞여 있었다. 같은 현상의 다른 쪽 면이지만, 여성이 자신보다 훨씬 어린 남성에게 관심을 갖거나 결합하는 경우도 점점 더 많아지고 있는 듯하다. 이런 부류의 여성을 서양에서는 '쿠거(cougar)' 여성이라 부르는데, 예나 지금이나 쿠거 여성을 바라보는 주변의 시선 또한 결코 단순하지 않다…….

남성에게 연상의 여인은 무엇을 의미하는가? 한 쌍의 남녀가 결합하기까지에는 개인적, 사회적 여건뿐 아니라 '하늘의 뜻'도 개입한다지만, 정신분석학에서는 여기에 그치지 않고 무의식까지 개입한다고 본다. 프로이트의 유명한 글 중에 "애정적 삶의 심리학"이란 글이 있다. 우리가 애정을 갖게 되는 대상 선택('사랑의 대상')이 결코 우연히 이루어지는 법은 없으며, 여기에는 거의 언제나 무의식이 개입하게 마련이라는 점을 밝히는 글이다. 특히 프로이트는 이 글에서 남성이 여성을 선택하는 특이한 유형 몇몇을 소개한다. 남성의 여성에 대한 대상 선택을 이해하기 위해 시사하는 바가 큰 글이다.

첫 번째 유형은 남성이 애정의 대상으로 언제나 임자 있는 여성(애인이 있는 여성이나 유부녀)만을 선택하는 경우이다. 똑같은 여자라도 임자가 없는 여자라면 아무런 매력도 느끼지 못하다가, 어느 날 이 여성에게 임자가 있다는 사실을 뒤늦게 알게 된다거나 임자가 새로 등장하는 바로 그 순간부터 욕망에 불이 지펴지는 경우다. 사랑의 조건이 상대 여성의 인격이나 능력, 미모 또는 그 무엇도 아닌, 단지 문제의 여성이 제3자에게 묶여 있다는 단 하나의 조건만이 애정 여부를 결정하는 셈이다. 두 번째 유형은 유독 헤픈 여성, 행실이 나쁜 여성에게 끌리는 남성의 부류다. 세 번째 유형은 이와는 정반대로, 고귀하고 성스런 여성에게 무조건적으로 끌리는 남성의 부류다. 마지막 네 번째로는, 남성 스스로 자신만이 구원해줄 수 있는 여성이라 믿으며, 이 여성과 사랑에 빠지는 남성의 부류다.

프로이트는 이 같은 남성의 특이한 네 가지 사랑의 유형을 소개하면서, 제각기 달라 보이는 현상들의 이면에는 욕망의 대상으로서의 어머니에 대한 고착이 똑같이 문제가 된다고 말한다. 겉으로 드러나는 모습만 다를 뿐 실상은 모두 같은 뿌리에서 뻗어 나온 현상들이라는 것이다. 그리고 그 중심에는 항상 '오이디푸스 콤플렉스'가 자리 잡고 있다고 덧붙인다. 어린 시절 남자아이에게 있어 세상에서 가장 소중한 존재인 어머니는 바로 임자(아버지) 있는 여성으로 인식된다. 그 후 청소년기에 이르러서는, 이제껏 순결하기 그지없다고 여기던 자신의 어머니가 '더러운' 성생활을 한다는 사실을 발견함으로써, 어머니의 상(像)은 순결한 여성(성모 마리아)과 더럽혀진 여성(창녀)이란 모순된 두 이미지로 무의식에 함께 자리하게 된다.

한편으로는 더할 나위 없이 고결하고 순결한 여성을 숭배하면서도 다른 한편으로는 '야한 여자'에게 눈길을 주지 않을 수 없는 가련한 남성들이여! 나만이 구원해줄 수도 있다고 믿는 여성의 이미지 뒤에도 어머니와 커플을 이루고자 하는 남자아이의 무의식적 욕망이 숨어 있기는 마찬가지다. 요컨대 남성들에게서 목격되곤 하는 이 같은 기이한 애정관은 실상 오이디푸스 콤플렉스에 의해 형성된 무의식적(변형된) 욕망인 것이다.

그렇다면 연상의 여인은? 어린 남성, 젊은 남성이 본능적으로 중년여성이나 연상의 여인에게 끌리는 현상은 어찌 보면 오이디푸스 콤플렉스의 당연한 귀결이라고도 할 수 있다. 하물며 앞서 소개한 특이한 몇몇 애정방식에 비하면, 그 변형의 정도가 얕은 편이라고까지 할 수 있지 않은가. 김승옥이나 이청준의 소설에서는 무의식적인 어머니의 상이 누님이나 누이의 존재를 통해 거의 변형되지 않은 채 드러나기도 한다. 누나 같은 연상의 여인에게서 어린 시절 그토록 갈구하던 어머니의 사랑과 애정을 느낀다면 이는 극히 자연스런 현상이라고까지 말할 수 있다.

중년남성이 나이 들어가면서 자기 자신의 부인을 점차로 육체적으로 기피하는 이유 중의 하나도 바로 오이디푸스 콤플렉스가 작용하기 때문이다. 정작 본인도 나이를 먹긴 하지만 똑같이 나이를 먹어가는 부인에게서 어머니의 상이 점차로 짙어짐으로써 근친상간의 금기가 점점 더 강력하게 작용하기 때문이다. 때론 중년의 남성에게 '금기'를 이길 수 있는 용기가 절실하게 필요한 까닭이기도 하다. 남성들이 가슴 큰 여성에게 본능적으로 끌리는 경우가 적지 않다. 이 또한 어린 시절 형성된 어머니에 대한 애정이 고착된 결과다. 어머니에 대한 애정 고착은 다양한 모습을 띨 수 있지만, 지금의 경우는 어머니에 대한 무의식적 욕망이 페티시즘(196쪽 4부 〈페티시즘〉 참조)과 결합하여 나타난 셈이라고 할 수 있다.

페티시즘의 정도가 심한 남성이라면 큰 가슴을 가졌다는 이유 하나만으로 이 여성을 배우자로 맞이할 수도 있다. 맥락은 조금 다르지만, 어느 유명 여배우는 영화제 때마다 일부러 풍만한 가슴을 보란 듯이 드러내어 뭇 남성들의 시선을 끌기도 한다. 남성들이 응큼하다고도 할 수 있지만, 여성의 젖가슴은 남성들에게는 어린 시절 형성되고 뒤늦게는 청소년 시절에까지 지속하기도 하는 어머니에 대한 고착을 강력하게 일깨우는 신체 부위이기 때문이다. 어쩌면 헤어날 수 없는 남성들의 인간 조건이라고도 말할 수 있다.

❧ 오이디푸스 콤플렉스

정신분석학의 핵심 개념으로, 어린아이가 상이한 성의 부모 한쪽을 차지하고
동일한 성의 다른 쪽 부모를 제거하고자 하는 무의식적 욕망을 일컫는다.
아울러, 아이가 동일한 성의 부모 한쪽을 차지하고
상이한 성의 다른 쪽 부모를 제거하고자 욕망하는 경우를
'역(逆) 오이디푸스 콤플렉스'라고 부른다.
임상적으로 볼 때 상반된 이 두 형태의 무의식적 욕망이
공존하는 경우가 대부분이다. 오이디푸스 욕망은 여타의 무수히 많은
무의식적 욕망의 교차로 역할을 수행하는 까닭에 '콤플렉스(복합체)'라 불린다.
여아의 경우 '엘렉트라 콤플렉스'란 말을 별도로 사용하기도 하지만,
이처럼 성차에 따른 차이가 거의 존재하지 않는 까닭에
굳이 이 말을 사용하지 않는 편이 오히려 바람직하다.

바바리맨

여러 해 전 파리의 거리를 걷고 있을 때였다. 번화가는 아니었지만 먹자골목으로 널리 알려진 보행자 전용 거리로 사람들의 통행이 꽤 잦은 곳이었다. 내가 걷고 있던 반대 방향으로 행색이 걸인처럼 보이는 중년 여성이 걸어오고 있었다. 뭔가 예사롭지 않은 느낌이 들어 무의식중에 다시 한 번 그 여인을 바라보게 되었다. 남루하긴 하지만 전반적으로 윗옷은 제대로 갖춰 입은 반면 아랫도리가 허술해 보였다. 성기부분을 드러내놓고 있었다. 지나가는 행인들마다 눈살을 찌푸리며 손사래를 쳤다. 벌건 대낮이었다. 그러고 보니 오래전 내가 파리에서 유학하던 시절, 빈번하지는 않지만 지하철에서 노골적으로 국부를 드러내는 여성들을 몇 차례 마주친 기억이 있다. 그것도 대개는 사람들이 북적거리는 열차 안에서. 성적 호기심을 자극하기는커녕 혐오의 감정을 불러일으키는 시각적 테러의 장면들이라고 할 수 있다. 그 까닭은? 의식의 검열을 어느 정도 에두를 수 있는 최소한의 무대장치도 갖추지 못했음으로. 우악스런 노출은 결코 자극적이지 않다. 나아가 드러내기보다는 감추는 데서 우리는 더욱 커다란 성적 자극을 느끼기도 한다. 우리 인간은 생각이며 감정은 물론이고 성적 자극도 엄격한 의식의 통제를 받는다. 성적 자극이 외부여건만으로 발동된다고 여긴다면 큰 오산이다.

앞에서 언급한 장면들은 이른바 노출증의 사례들이다. 한 가지 덧붙이자면, 노출증은 이른바 '바바리맨'으로 대변되는, 남성 전유의 변태적 병리현상으로 흔히 알려져 있다. 하지만 여성 노출증이 존재하지 않는 것은 아니며, 다만 상대적으로 훨씬 적을 따름이다. 잘 알려져 있듯이 바바리맨이란 남성이 바바리코트로 알몸을 가리고 있다가 특정의 관객들(주로 여성들) 앞에서 가렸던 알몸, 특히 성기를 노출하는 남성을 지칭한다. 상당수의 우리나라 여성들이 중학교나 고등학교 시절, 주로 학교 부근에서 바바리맨을 목격했던 것으로 여겨진다. 그리고 보니, 얼마 전 텔레비전 방송에서 바바리맨에 관한 다큐멘터리 프로그램을 본 기억이 떠오른다.

시청자들의 성적 호기심을 끌기 위해 제작된 것이 아니라, 어째서 이같은 '해괴한' 장면이 우리의 주변에서 심심찮게 벌어지곤 하는지 추적하고 분석하는 프로그램이었다. 이 프로그램의 백미는 바바리맨 행각으로 물의를 일으켰고 또 그로 인해 고통 받는 한국 남성 여러 명을 심층 취재한 데 있다. 이들은 노출행위를 제외한다면 대개 정상적이고 평범한 사람들이며, 이들이 벌이는 '해프닝'이 충동적으로 이루어짐으로써 본인 스스로 통제할 수 없다는 점에서 행위자 자신들이 엄청난 고통을 받고 있다는 사실을 지적하는 부분은 매우 시사적이었다. 하지만 바바리맨으로 대변되는 노출증에 관한 심리학적 내지 정신분석학적 설명이 빠져 있었다는 점에서는 매우 아쉬운 프로그램이었다.

우선, 이들의 변태적 '깜짝쇼'가 본인 스스로의 통제를 완전히 벗어난 채 충동적으로 행해지는 까닭은, 이들이 통제 불능의 무의식적 충동에 사로잡히곤 하기 때문이다. 다음으로, 그 핵심은 바로 '거세 콤플렉스'에 있다. 정신분석학에서 '거세'란 생물학적 관점을 넘어 정신적, 상징적 가치를 지니는 개념이다. '거세'는 생물학적 여건에 그 뿌리를 두고 있지만, 궁극적으로는 우리의 정신세계 전반에 걸쳐 작용하는 판타지이다. 요컨대 '거세 콤플렉스'가 남녀노소를 불문하고 존재함으로써 '금지'(근친상간의 금지, 세대 간 혼동의 금지, 남녀의 구분 등……)가 작동하며, 우리 인간 욕망에 결핍이나 좌절을 만들어냄으로써 욕망구조를 지탱한다. 남성 노출증이 그렇다. 거세 콤플렉스로 인한 과도한 불안감 때문에 자신의 성기에 자신감을 상실한 주체가 불안감을 잠시 누그러뜨리고자 노출 해프닝을 연출하는 것이다. 물론 무대조명은 불안한 남성의 성기에 집중적으로 비춰지며(주로 발기한 성기), 이 광경을 바라보는 관객들은 여성들이라야 더욱 효과적이다. 여성 관객들이 나타내는 놀람과 경악의 반응이야말로 불안하기 짝이 없는 자신의 남성성에 대한 승리를 의미하며, 또 그렇기 때문에 이 순간 행위자는 좀처럼 포기하기 힘든 성적 쾌감을 느낀다.

눈치 빠른 독자라면 앞의 설명에서 연극에 관련한 은유가 넘쳐난다는 사실을 이미 간파했을 것이다. 남성 노출증은 그야말로 연극적 상황을 방불케 하기 때문이다. 노출 행위와 그 행위의 주체, 관객, 무대장치, 그리고 시나리오. 그 어느 것 하나도 해프닝 연출(그리고 그 후의 성적 극치감)에 빠져서는 안 되는 요소들이다. 더불어 남성 노출증에 있어서 주체가 성적 극치감을 이와 같은 노출 행위를 통해 얻으려 한다는 점에서 변태적 행위임을 모면키 힘들다. 주체의 욕망이 자신의 모자람을 채워줄 대상에 의해 실현되는 것이 아니라, '타인의 시선'에 의해 지탱되기 때문이다. 요컨대 거세 콤플렉스를 정면으로 접근하는 것이 아니라, 회피 내지는 우회하는 방식이라고 할 수 있다.

한 가지 중요한 사실을 빠뜨렸다. 이 잘 짜인 시나리오에서 중요한 결말을 빠뜨렸기 때문이다. 남성 노출증의 대단원은 행위자가 이 같은 반사회적 해프닝의 결과로 법의 제재를 받는 것으로 일단락된다. 바바리맨의 거세가 아직 제대로(정상적인 방식으로) 이루어지지 않은 만큼, 행위자의 무의식이 거세를 대행해줄 바깥의 권위를 간절히 바라고 있기 때문이다. 달리 말해, 남성 노출증에 대해 가해지는 법적 제재('경찰에 잡혀가다')는 행위자에게는 징벌이자 또한 거세를 갈구하는 무의식적 욕망이 실현되는 계기인 셈이다. 결국, 바바리맨은 경찰에 붙잡혀가기 위해 홀딱 쇼를 벌이는 셈이다! 무시무시한 무의식의 논리이다. 일찍이 프로이트가 말하길, 우리는 우리 자신의 주인이 아니라고 하지 않았던가?

🌱 거세 콤플렉스

오이디푸스 콤플렉스와 짝을 이루는 정신분석학의 또 다른 핵심 개념이다.
본래는 남근을 떼어낸다는 생물학적 이미지에서 출발했지만, 이런 일이 실제로 벌어지는 경우는 거의 존재하지 않으며, 주로 정신적, 상징적 의미로 사용된다.
즉 정신분석학에서의 거세란 부모·자녀 세대에 대한 욕망이 가로막혀 있다는 금지와 처벌(공포, 결핍 등)을 대변하는 부정적 의미의 정신적 가치일 뿐 아니라, 나아가 모든 무의식적 욕망을 생성하고 매개하는(관계, 성차 등) 긍정적 의미의 정신적 가치이기도 하다. 이 개념 또한 무수히 많은 무의식적 욕망의 교차로 역할을 수행하는 까닭에 '콤플렉스(복합체)'라 불린다.

자기애적 성격장애

우리는 다른 사람을 평할 때 흔히 그 사람의 '성격'을 들어 일컫고는 한다. 성격이 무던하다느니 법 없이도 살 만한 사람이라 하기도 하고, 성품이 착하다거나 사람이 진국이란 말을 하기도 한다. 또 이와는 반대로, 성격이 까다롭다거니 이기적이란 말을 하기도 하고, 물불 가리지 않는 사람이라던가, 고약하기가 놀부 심보 같다는 평을 하기도 한다. 성질머리 하난 더럽다거니 나쁘다거니, 최악의 경우 더럽게 나쁘다는 모진 말을 내뱉기도 한다. 혹은, 새로운 공직자 후보가 등장할 때마다 언론에서 그가 일 처리가 치밀하다던가, 후배들에게 신망이 높다거나, 두주불사하며 카리스마가 넘친다는 등의 품평과 마주치기도 한다. 친구들 사이에 의리가 있다거나, 퍼주기만 하고 언제나 손해만 보는 사람이라거나, 부처님 가운데토막 같다는 등 나름의 성격예찬론이 회자되기도 하고, 우리 아이는 머리는 좋은데 진득하니 노력하는 성격이 아니라서 성적이 늘 고 모양이란 부모의 우려 섞인 품평을 듣기도 한다…….

이를테면 '성격'이란 말은 우리의 일상에서 우리 자신의 정체성을 범주화하고 규정짓는 잣대이자 때론 앞날을 전망케 하기도 하는 만능어인 셈이다. 하지만 실상은 그렇게 간단하지 않다. 성격이 무던하다는 평가를 듣는 사람이 정작 자기 가족에게는 모질고 일방적 희생만을 강요하는 사람일 수도 있고, 강직한 성품을 가졌다고 알려진 인물이 힘 앞에서는 한없이 굴종하는 볼썽사나운 장면을 연출하는 위선자일 수도 있기 때문이다. 또는 "착하지!"를 연발하는 주변 어른들의 거듭된 세뇌공작에 반발하여, 아이가 '가짜 자아'를 내세우며 이면에서는 또 다른 기질을 구축해나가는 악동일 수도 있기 때문이다. 서양어에서 성격 내지 인성을 뜻하는 '페르소나(persona)'란 말이 본래 연극배우가 무대에서 역할을 위해 그때마다 쓰는 가면을 일컫는 말이었다는 사실은 의미심장하다. 우리가 흔히 일컫는 성격이란 말이 우리 자신의 아주 적은 일부분만을 가리키는 말일 수 있기 때문이다.

요컨대, 우리가 흔히 사용하는 '성격'이란 말은 상식적으로나 경험적으로 볼 때 얼마든지 유용한 말이긴 하지만, 매우 애매모호한 구석을 가지고 있는 것 또한 사실이다. 어쩌면 우리가 성격을 내세워 누가 어떻다더라 하는 말을 할 때, 실은 그 사람의 깊은 인성을 짚어내기보다는, 우리에게 보이거나 우리가 보고 싶어하는 일면만을 꼬집는 말일 가능성이 높다. 그만큼 우리의 정신세계는 복잡하고 그 지층은 넓고도 깊기 때문이다. 이처럼 우리가 일상적으로 사용하는 '성격'이란 말이 경험에 입각한 인문학적 맥락에 닿아 있다고 한다면, 심리학에서 말하는 '성격'은 보다 분석적이고 보다 구성적이다. 성격검사로 널리 시행되고 있는 로르샤흐 검사나 MMPI, 또는 에니어그램 등은 우리의 성격에 대해 한두 마디 말로 요약하는 대신, 복잡다단한 수많은 성격적 '특성들'을 추출해낸다. 특히 현대심리학에서 가장 널리 인정받고 있는 성격이론인 '빅 파이브(Big Five)'는 특정한 심리검사라기보다, 여러 심리검사들에 공통적으로 내재하는 다섯 가지 성격 특성요소들(신경성, 외향성, 친화성, 성실성, 경험에 대한 개방성)을 밝힐 따름이다. 그리하여 한 특정인의 성격이 '신경성'이라느니 '외향성'이라는 식으로 적시하는 대신, 이 다섯 요소들의 제각기 들고나는 조합에 따라 그 사람의 특징적인 내면지도를 입체적으로 추출해낸다.

정신병리학에서 '자기애적 성격장애'란 진단명이 있다. 정신병리에 초점이 맞춰져 있는 만큼 성격을 종합적으로 비추는 대신, 이상심리의 관점에서 국지적으로 접근하는 태도이다. 성격에 '장애'란 말이 덧붙여진 까닭은 성격적 특성이 본인은 물론이고 주변인들에게까지 폐해를 끼치는 경우를 가리키기 때문이다. '장애'란 말은 진료나 치료행위를 전제로 하는 말이다. 하지만, 앞질러 말하자면, 안타깝게도 이 같은 민폐형 성격은 거의 고쳐지지 않는다. "세 살 버릇이 여든까지 간다"는 속담이 결코 공연한 말이 아닐뿐더러 장애가 될 정도의 성격을 가진 이들이 자신의 성격에 문제가 있다는 사실을 좀처럼 인정하려 들지 않기 때문이다. 그 밖에도 (이상)성격과 관련하여 여타의 진단명들이 여럿 존재하기는 하지만('히스테리(연극성) 성격장애', '경계선 성격장애', ' 반사회적 성격장애'……), '자기애적 성격장애'가 특히 우리의 관심을 끄는 까닭은 자기애 과잉으로 인한 개개인의 성격적 결함뿐 아니라 현대사회 특유의 '이상성격'을 동시에 반영한다고 여겨지기 때문이다. 요사이 장안의 인기를 끌고 있는 의학드라마에서 여성 전문의와 남성 수련의가 서로를 가리키며 '자기애적 성격장애'니 '히스테리성 성격장애'니 하며 티격태격하는 장면을 놓고 볼 때, 이제 성격장애란 말은 이미 어느 정도 우리의 일상어가 되어 버린 느낌이 든다. 참고로 '자기애적 성격장애'는 남성에게 보다 빈번하고, '히스테리 성격장애'는 여성의 유병률이 상대적으로 높다.

자기애적 성격장애란 말 그대로 과도한 자기애가 성격으로 굳어짐으로써 문제를 일으키는 장애이다. 적당한 자기애는 우리 모두가 생존하기 위한 필요충분조건이다. 바로 자기애의 토대 위에 우리는 우리 자신의 정체성이며 자존감, 자긍심을 구축해나가기 때문이다. 나아가 강한 자신감과 내적 확신을 나타내는 인물은 그 얼마나 매력적인가. 다만, 자기애가 지나치거나 성격으로까지 굳어져 발현될 경우 주체 자신뿐 아니라 다른 사람들에게까지 심각한 피해를 끼칠 수밖에 없는 노릇이다.

정신병리학에서 금과옥조로 여기는 『정신질환 진단 및 통계편람 4차』(DSM-IV, 1994년, 미국정신의학협회 APA 간행)에 따르면, 자기애적 성격장애는 다음의 특징들로 정의된다. 즉 자신의 중요성에 대한 과도한 느낌, 자신이 이룬 성취나 재능에 대한 과장, 우월한 사람으로 인정받고 싶은 욕망, 끝없는 성공이나 권력, 명성에 대한 갈구, 과다한 존경과 특혜의 욕구, 공감 능력 부족, 그리고 이를 위해 타인을 지속적으로 이용하고 착취하는 행태, 지나친 질투와 선망 등이다. 이른바 '공주병', '왕자병'과도 무관치 않은 성격장애로, 우리 주변에서 심심치 않게 마주칠 수 있는 성격유형이다.

뭣이 중헌디? 물으면, 내가 제일로 중하다고 답변할 법한 성격장애이다. 내가 세상의 중심인 만큼 모든 칭송과 존경은 당연히 나의 몫이며, 내가 예외적으로 잘난 만큼 모든 대화며 관심의 중심에는 언제나 내가 자리 잡고 있어야만 한다. 내가 중요한 만큼 타인은 무시되거나 거의 존재하지 않으며, 타인에 대한 공감능력 또한 상당 부분 결여되어 있다. 타인은 그저 나의 특별한 자질이나 능력을 비추는 거울이거나 도구에 불과하기 때문이다. 자신의 능력을 과장하고 으스대며 부하직원은 철저히 깔아뭉개는 직장상사, 안하무인격으로 특별대접을 요구하는 진상손님, 그 누구의 충고도 듣지 않고 오만하게 구는 잘난 동료 등은 모두 자기애 과잉으로 인해 주변과 문제를 일으키고 또 앞으로도 일으킬 성격장애자들이다.

유명인으로는, 미국 대통령 도널드 트럼프가 흔히 꼽히곤 한다. 병적인 현시욕구, 특권의식, 과도한 자신감, 아집, 배타성뿐 아니라 무한한 권력욕은 결국 그를 미국의 대통령 후보로까지 내몰았다. '트로피 아내(trophy wife, 성공한 남성이 뒤늦게 얻는 젊고 예쁜 아내)'까지 갖췄다. 바깥으로 내보이기 위해 빠뜨릴 수 없는 소도구이다. 자기애적 성격장애 소지자에게는 내재적 가치보다는 남들에게 보이는 외형적 가치가 보다 중요하기 때문이다. 자신만만하고 거만하며 매력적이지만, 철저하게 이기적이고 자기중심적인 까닭에 걸려든 여성을 함부로 다루고 도구처럼 여기는 '나쁜 남자'도 자기애적 성격장애의 또 다른 이름이다(키스 캠벨, 『여자는 왜 나쁜 남자에게 끌리는가』, 박선웅 역, 갈매나무, 2016). 그럼, 나쁜 여자도 존재하는가? "클럽에 갈 때도 왕관을 쓰고 갈 것만 같은" 여성이라면 애교스럽지만, 그 여성이 "자기의 심기를 요만큼만 거슬리거나 나쁜 말을 하면 절대로 용서하지 않을" 정도라면 결코 상대하기가 만만치 않다.

자기애적 성격장애의 원인은 아직 확연히 밝혀진 바 없다. 다만, 주체가 과거에 좌절의 경험을 충분히 겪지 못했거나, 또는 이와는 반대로 좌절의 경험을 겪긴 했으되 미처 극복하지 못함으로써 오히려 자기애를 과대하게 발전시킨 결과라고 추정될 따름이다. 혹은 자녀에 대한 부모의 과도한 애정이나 과보호가 원인으로 꼽히기도 한다. 아들 선호사상이 유난히 뿌리 깊은 우리나라의 경우 남자아이가 장차 자기애적 성격장애를 발전시킬 가능성은 그만큼 높은 셈이다. 아이의 자기애는 부모의 자기애를 양분 삼아 자라나기 때문이다.

사회적 요인도 고려하지 않을 수 없다. 현대사회는 점점 더 파편화하고 개인주의를 조장하는 방향으로 나아가고 있다. 이에 병행하여, 급속하게 발달하는 문명의 이기들(인터넷, 휴대폰, 소셜 네트워크……) 또한 개체화를 부추기고 있다. 냉혹한 현실에 어깨를 부딪치며 헤쳐나가는 대신, '방콕'을 고집하고 '자뻑'에 탐닉하는 자기애 과잉의 청소년들이 늘어만 가는 현상은 결코 바람직하지 않다.

자기애적 성격장애는 개인적 정신장애일 뿐 아니라 현대사회가 조장하는 문명병이기도 하다.

🌿 자기애적 성격장애
과도한 자기애가 성격으로 굳어짐으로써 문제를 일으키는 장애를 말한다.
자신의 중요성에 대한 과도한 느낌, 자신이 이룬 성취나 재능에 대한 과장,
우월한 사람으로 인정받고 싶은 욕망, 끝없는 성공이나 권력,
명성에 대한 갈구, 과다한 존경과 특혜의 욕구, 공감능력 부족,
타인을 도구로 사용하는 성향 따위로 특징지어진다.

경로의존

이러저러한 사정으로 휴대폰을 바꿀 때마다 번거로운 일들이 생겨나게 마련이다. 아예 휴대폰 번호를 바꾸게 되어 지인들에게 새 전화번호를 고지해야 하는 경우가 아니더라도, 이전 휴대폰에 저장해놨던 주소록이며 사진, 메모 등을 새 휴대폰에 옮겨놔야 하니 말이다. 어디 그뿐이랴. 장기 해외체류를 마감하고 영구 귀국한 나는 바로 새 휴대폰을 장만했건만 몇 주 동안 걸려온 전화조차 제대로 받질 못했다. 전화가 왔을 때 전화기 모양 아이콘을 손가락으로 옆으로 밀어 전화를 받는 요령을 몰랐기 때문이다. 어떤 지인은 나로부터 무수히 많은 영상통화 요청을 받았다고 하는데, 나는 한 번도 영상통화를 신청한 적이 없었던 탓에 난감하기만 했던 적도 있다. 하지만 가장 난감하기는 휴대폰 자판을 사용할 때였다. 내가 새로 장만한 휴대폰에는 '천지인' 자판이 기본으로 깔려 있었는데, 문자 하나를 보내려면 십 분은 족히 걸리고는 했다. 이럴 수가! 사소한 듯 보이지만, 한 번 몸에 익힌 습관을 바꾸기가 이렇게 힘들 줄이야!

사회심리학 개념 중에 '경로의존(path dependency)'이라 불리는 개념이 있다. 처음 뚫어놓은 특정 경로에 의존하기 시작하면 나중에 그 경로가 비효율적이라는 사실을 알고서도 그 경로를 벗어나지 못하는 경향을 일 컫는다.

예를 들어 자판 얘기가 나온 김에 자판에 얽힌 이야기부터 해보고자 한다. 이번에는 영문 자판에 관한 이야기이다. 현 시점에서 볼 때 전 세 계적으로 가장 널리 사용되고 있는 영문 자판은 '쿼티(QWERTY) 자판' 이라 불리는 자판이다. 1868년 컴퓨터가 아직 발명되기 한참 전인 타자 기만을 사용하던 시절 어느 미국인이 최초로 만들어놓은 자판 구성이다. 이 미국인은 당시만 하더라도 ABC순으로 배열된 초기 형태의 타자기를 치다 보니 계속 손가락이 엉켜 이 같은 새로운 자판을 고안하게 되었다 고 한다.

그 후 20세기 중엽, 영문 알파벳의 사용빈도수를 통계적으로 고려하여 새로이 구축된 '드보르작 자판'이 탄생했다. 예를 들어 영문 알파벳에서 가장 사용빈도수가 많은 e자가 쿼티 자판에서는 위 열 왼쪽에서 세 번째 자리에 배열되어 있지만, 드보르작 자판에서는 중앙열 왼쪽에서 세 번째 에 자리 잡고 있다. 사용빈도가 높은 철자인 만큼 손가락이 가장 닿기 쉬 운 위치에 배열함으로써, 노력과 시간을 절약토록 한 인체공학적 자판이 라고 할 수 있다.

드보르작 자판은 이처럼 과학적이고 합리적으로 설계되었건만, 이미 오랜 동안 쿼티 자판에 손이 익은 일반대중은 보다 효율적인 드보르작 자판을 새로 익히느니 차라리 비효율적인 예전의 자판을 고집한다. 우리 인간에게 습관이나 관성의 힘이 이성적 판단이나 효율보다 앞설 수 있다는 점을 보여주는 대표적인 사례 중 하나이다.

영국 런던을 처음 여행하는 관광객들마다 새롭게 경험하는 일이 있다. 웬만한 횡단보도 초입에는 노란색 페인트로 "오른쪽을 보시오(Look right)!"라고 쓴 경고문이 바닥에 그려져 있다는 사실이다. 전 세계적으로 자동차가 영국에서처럼 우측통행하는 경우보다는 좌측통행하는 경우가 많다는 점을 배려한 조치이다. 그럼에도 불구하고 횡단보도에 접어들면 본능적으로 고개를 왼쪽으로 돌리는 관광객들이 많은 걸 보면, 참으로 습관의 힘이 끈질기구나 하는 생각을 하지 않을 수 없다.

얼마 전 경복궁 외곽에 자리한 고궁박물관에 갔다가 조선의 마지막 왕인 순종황제와 순종황후비가 탔다는 '어차(御車)' 두 대를 구경한 일이 있다. 두 대 모두 자동차의 핸들이 요즘처럼 왼쪽이 아니라 오른쪽에 붙어 있었다. 일본의 식민지 경영이 시작되는 무렵 도입한 자동차들이었기 때문이다. 일제 식민지 치하의 경성을 배경으로 하는 영화를 볼 때면 자동차가 어느 쪽으로 다니는지 눈여겨볼 필요가 있다. 당시만 하더라도 우리나라는 일본식을 따랐고, 그래서 자동차가 좌측통행을 했기 때문이다. 영국의 식민 지배를 한 번도 받은 적이 없는 일본이 요즘도 자동차의 우측통행을 준수하고 있는 까닭은 개화기 시절 철도를 처음 영국으로부터 들여왔기 때문이라고 한다. 철도의 우측통행이 자동차의 우측통행을 초래했고, 그 같은 '관행'이 당시의 식민지였던 우리나라에까지 도입된 것이다……

심리학에서 '경로의존'을 언급할 때마다 빠지지 않고 등장하는 놀라운 사례를 소개하면 다음과 같다(이하, 황새오린 외 저, 『세상은 2대 8로 돌아가고 돈은 긴 꼬리를 만든다』, 더숲, 2012, 참조). 현대 철로의 궤도 간 표준 거리는 143.5센티미터라고 한다. 마차 바퀴 사이의 너비도 143.5센티미터이고, 전차(電車) 바퀴 사이의 표준거리도 143.5센티미터이다. 이 수치는 어디서 비롯한 것일까? 놀랍게도 이 수치는 지금으로부터 2천 년 전 고대 로마의 전차(戰車)를 끄는 말 두 필의 엉덩이 너비였다고 한다. 그 후 이 같은 선례는 마차와 전차를 비롯하여 모든 탈것에 적용되었고, 이에 따라 도로 너비며 터널의 폭 등이 결정되었다. 심지어 오늘날에도 미국 항공기 연료탱크 양쪽에 달린 로켓 추진체의 너비도 143.5센티미터라고 한다. 바로 터널을 통과하기 위한 너비로 설계되어야 했기 때문이다. 그럼에도 불구하고 스페인이나 러시아 등 유럽 여러 나라에서 이 표준 궤도를 준수하는 대신 광궤며 협궤 열차를 따로 제작, 설치한 까닭은 표준 궤도를 통해 침입해올 외세에 대한 두려움 때문이었다.

어째서 남성 의복의 단추와 여성 의복의 단추를 끼는 방향이 서로 다른지도 바로 이 경로의존이 설명해준다. 13세기에 서양에서 단추가 발명되던 당시, 남성은 오른손에 무기를 들어야 했던 만큼 왼손으로 단추 끼기가 쉬워야 했고, 또 여성은 주로 오른손잡이 하인이 입혀주기 쉽게 단추가 반대 방향으로 달리게 되었다고 한다. 물론 오늘날이야 제 아무리 부유한 여성이라 하더라도 하인이 자신의 옷을 대신 입혀주는 경우는 좀체 없을 것임에도 불구하고 여전히 성별에 따라 단추 끼는 방향이 반대인 채로 남아 있는 까닭은 경로의존성 때문이 아니라면 설명하기 힘들다.

경로의존의 '경직성'에 대해 기업들만큼 예민하게 반응하는 분야도 달리 없을 것이다. 자사가 만들어낸 제품을 누구보다 먼저 시장에 내놓음으로써 선점효과를 거두려 하기 때문이다. 이른바 산업계에서 말하는 '표준화' 전쟁이다. 일단 자사의 신제품이 시장에 깔리면 그 이후에 도입될 제품들은 원하건 원하지 않건 간에 첫 제품의 규격을 따르지 않을 수 없기 때문이다.

1982년 일본의 소니사는 세계 최초로 CD란 새로운 매체를 선보였다. 한편, 1970년대 말 공동으로 CD를 개발 중이던 필립스사와 소니사는 CD 한 장에 담을 수 있는 녹음 재생 시간을 결정하기 위해 당대 최고의 지휘자 카라얀을 찾아 자문을 구했다고 한다. 카라얀은 CD 한 장에 베토벤의 교향곡 9번, 즉 합창 교향곡 정도는 담을 수 있으면 좋겠다고 답했다. 이리하여 세상에 없던 새로운 매체인 CD는 74분간의 재생시간을 갖는 크기로 만들어짐으로써 음반 시장의 판도를 송두리째 흔들어놓았다. 합창 교향곡을 들으려면 앞뒤로 판을 뒤집어가며 들어야 했던 LP 레코드는 치명적인 타격을 입을 수밖에 없었고, 이후의 음반 제작이며 편집 방식도 새로운 '표준'에 맞출 수밖에 없게 되었다.

트럼프가 미국 대통령이 된 이래 세계는 여전히 충격과 혼란을 벗어나지 못하고 있다. 이는 트럼프의 강한 개성 탓이기도 하지만, 보다 근본적으로는 트럼프 대통령이 특별한 경로의존의 면모를 나타낸다고 여겨지기 때문이다. 평생을 사업가로 살았던 트럼프에게 더 이상 사업가가 아니라 정치인으로 살라고 요구하는 것은 불가능에 가깝다. 과연 그러한 전환이 쉽게 이루어질 수 있을까? 배짱과 허장성세, 자기 현시욕, 협박과 위협, 예측 불허, 때론 거짓말도 서슴지 않는 트럼프 미국 대통령을 대할 때면 기성 정치인이라기보다 차라리 노회한 사업가로 봐야 하지 않을까?

북핵 위기가 불거진 이래 우리에게는 그 어느 때보다도 미국 대통령의 의사결정이 더욱 중요해진 만큼, 사업가 트럼프의 복심이 무엇인지 주의 깊게 살펴야 하는 이유이다. '경로의존'의 위력을 인정하지 않을 수 없기에.

🌿 경로의존
　처음 뚫어놓은 특정 경로에
　의존하기 시작하면 나중에 그 경로가
　비효율적이라는 사실을 알고서도
　그 경로를 벗어나지 못하는
　경향을 일컫는다.

가족 소설

동서고금을 막론하고 '가족'은 변치 않고 이어지는 소중한 가치이다. '내'가 태어나 자라고 형성되는 보호된 공간이고, 내가 언제고 비빌 수 있는 든든한 언덕이고, 세상을 향해 뻗어나가기 위한 확실한 발판이고, 확장된 '나'의 모습이라고도 할 수 있기 때문이다. 이처럼 가족의 고유한 가치는 변함이 없지만, 가족의 개념이나 범위는 시대나 사회에 따라 변화한다는 것 또한 부정할 수 없는 사실이다. 내 경우만 놓고 보더라도, 어릴 적엔 할머니를 모시고 사는 3세대로 구성된 대가족 내에서 자랐지만, 지금은 하나뿐인 딸아이가 장성하여 부모 품을 떠난 이래 달랑 두 부부만 사는 축소된 형태의 핵가족을 이루며 살고 있다.

요즘 점차로 늘어나고 있는 '1인 가구'는 또 어떤가? 가족의 형태로 보아야 할까, 아닐까? 한부모가정, 조손가정, 재결합가정, 해체가정, 또는 서구에서 심심치 않게 마주칠 수 있는 동성(同性)가족, 혹은 혈연관계가 아닌 필요에 따라 형성된 '셰어 하우스' 형태의 공동생활 등등은 전통적 개념으로는 접근하기 힘든 새로운 '가족' 형태들이다.

요즘 아이들에게 가족이 누구냐는 질문을 던졌더니, 할아버지를 밀쳐내고 반려견을 드는 사례들이 있다는 웃지 못할 이야기가 전해지기도 한다. 또 이모는 가족으로 치지만, 고모는 가족으로 치지 않는다("엄마가 싫어하니까요……")는 아이들의 천진난만한 고백은 무엇을 뜻할까? 예전에 비해 두드러진 개인주의적 성향을 말하는가? 아니면, 상대적으로 높아진 엄마의 발언권을 뜻하는가? 아무튼, 전통적 의미의 가족 개념이 변화중이란 사실만큼은 확실해 보인다.

정신분석학 이론 중에 '가족 소설'이란 개념이 있다. 문학 냄새가 물씬 풍기는 이 용어는 실제로 소설의 탄생과도 매우 밀접한 개념으로, 우리의 상상력이 정신세계 내에 깊이 뿌리박힌 욕망의 인과율에 크게 영향을 받는다는 사실을 보여준다. 프로이트가 처음 창안해낸 이 개념은 주체가 자신의 실제 부모가 생물학적 부모와 다르다고 상상하는 무의식적 판타지를 일컫는다. 더불어 가족 소설은 어린 시절에는 의식 상태로 남아 있을 수도 있지만, 철든 이후로는 '현실원칙'에 위배되는 까닭에 어쩔 수 없이 무의식으로 밀려난다고 말한다.

그렇다면, 우리는 어째서 어린 시절 가슴 깊은 곳에서 가족 소설을 쓰게 되는 것일까? 프로이트는 우선 그 이유가 아이가 분별력이 생기면 자신의 실제 부모가 자신의 기대에 미치지 못한다고 여김으로써 보다 나은 조건의 부모를 꿈꾸는 데서 기인한다고 말한다. 하지만 여전히 프로이트의 지적에 따르면, 아이가 가족 소설을 상상하는 보다 근본적인 이유는 바로 오이디프스 콤플렉스 때문이라고 말한다. 요컨대 우리는 이성의 부모 한쪽에 이끌려 동성의 다른 부모 한쪽을 제거하고자 하는 욕망을 품게 마련인데, 그 결과 가족 소설이 탄생한다는 것이다…….

좀 더 구체적으로 프로이트는 가족 소설에도 두 가지 유형이 있다고 지적한다. 하나는 아예 부모 양쪽 모두가 자신의 실제 부모가 아니라고 상상하는 '사생아' 유형이고, 또 다른 하나는 부모의 한쪽만이 실제 부모가 아니라고 상상하는 '업둥이(주어온 아이)' 유형이다. 남자아이가 자신이 업둥이라고 상상하는 경우 엄마는 나의 생모임이 분명하지만, 아버지는 현실의 아버지가 아니라, 신분이 보다 높은 집안이나 부잣집 사람이거나 탁월한 신체적 여건이나 능력을 가진 아버지라 상상하고는 한다. 어째서일까? 엄마는 아이를 가지면 배가 불러와 속일 수 없지만, 아버지는 누구라도 될 수 있기 때문이다……. 이뿐 아니다. 보다 근본적으로는, 남자아이가 이 같은 가족 소설을 통해 생뚱맞은 낯선 아버지의 자리에 자신을 대치시킴으로써 오이디푸스 욕망을 은밀하게 꿈꿔볼 수 있기 때문이다.

프로이트가 발표한 「가족 소설」이란 논문은 불과 네 쪽에 불과한 짧막한 논문이다. 그런데 놀랍게도 이토록 짧은 과학적 논문을 출발점 삼아 소설 생성에 관한 독보적인 이론이 탄생한다! 다름 아니라, 프랑스의 독문학자 마르트 로베르가 『기원의 소설, 소설의 기원』이란 책을 통해 소설의 기원을 밝히고 또 분류법까지 제시한 것이다. 로베르는 프로이트가 창안한 정신분석학의 항목인 '가족 소설'에 근거하여, 이 세상에 존재하는 모든 소설을 '사생아 소설'과 '업둥이 소설'로 분류할 수 있다고 말한다. 우리 모두는 오이디푸스 콤플렉스를 피할 수 없는 까닭에 삶의 어느 시기에 무의식적으로나마 나름의 가족 소설을 쓰게 마련이며, 이런 사정은 직업적인 소설가들도 예외일 수 없음을 지적한다.

구체적으로 '사생아 소설'을 쓰는 소설가는 자신의 가족 소설을 통해 양쪽 부모 모두를 '상상'하는 유형을 추구하는데, 소설을 통해서도 아직 형태가 불분명한 전(前)오이디푸스 단계에 머무르는 낭만주의적 성향을 띤다고 말한다. 반면, '업둥이 소설'을 만들어내는 작가들은 부모의 한쪽 만이 실제 자신의 어버이가 아니라고 상상함으로써 오이디푸스 콤플렉 스의 문제점을 온전히 안은 채 치열하게 현실세계를 탐색하는 사실주의 적 성향을 나타낸다고 말한다.

로베르는 사생아 소설의 대표작으로 세르반테스의 『돈키호테』와 다니엘 디포의 『로빈슨 크루소』를 꼽고, 업둥이 소설의 대표작으로는 도스토 예프스키의 소설과 발자크의 소설 들을 꼽는다. 이 같은 마르트 로베르 의 소설 구분법을 한국문학에 적용해보자면, 사생아 소설로는 이청준의 『이어도』나 이문열의 『금시조』를, 업둥이 소설로는 박경리의 『토지』 또 는 조정래의 『태백산맥』을 꼽을 수 있을 듯이 보인다…….

물론 마르트 로베르의 소설이론이 매우 단순한 이분법에 기대고 있다 는 점은 얼마든지 비판받을 소지가 있지만, 짤막한 과학적 진술에서 출 발하여 세상에 없던 새로운 소설이론을 만들어냈다는 점만큼은 칭찬받 아 마땅하다. 요컨대, 소설은 소설만으로 쓰일 수 없다는 점을 지적하는 셈이기 때문이다. 어디 소설뿐이랴? 우리 모두는 평생토록 마음속에서 또 얼마나 많은 영화를 찍는 셈일까?

여러분 자신도 어린 시절 가족 소설을 써본 기억이 있지 않은가? 어린 시절 "넌, 다리 밑에서 주워왔어"라고 놀림을 받을 때마다 일곤 하던 수치심은 어쩌면 내가 무의식에서 썼던 가족 소설을 건드리는 말이었기 때문인지도 모른다. 그것도, 다리 밑에서? 어떤 다리?

🌿 가족 소설

주체가 자신의 실제 부모가 생물학적 부모와
다르다고 상상하는 무의식적 판타지를 일컫는다.
부모 양쪽 모두가 자신의 실제 부모가 아니라고 상상하는
'사생아' 유형이 있고, 또는 부모의 한쪽만이 실제 부모가
아니라고 상상하는 '업둥이(주어온 아이)' 유형이 있다.

5부

세상의 변경에서 나를 마주치다

"농담이라면, 우리는 모든 걸 털어놓는다.

심지어 진실까지도."

- 프로이트, 「전쟁과 죽음에 관한 작금의 논고」에서

더블 바인드

매번 선거철만 되면 나는 다른 어느 때보다도 곤혹스러운 상황에 처하고는 한다. 사람들이 하는 말을 곧이곧대로 믿는 경향이 농후한 내가, 선거전에 돌입한 입후보자들이 서로 내세우는 모순된 정견 때문에 적잖은 혼란을 겪기 때문이다. 이를테면 이런 식이다. 한 후보가 빨간색이 좋다고 주장하면 상대편 후보는 이에 질세라 파란색이 좋다고 말한다. 그래서 첫 번째 후보는 만일 파란색이 채택되는 상황이 벌어지기라도 한다면 이보다 더 큰 재앙은 없을 것이라고 주장한다. 이에 질세라, 수세에 몰린 두 번째 후보자 또한 상대편 후보자의 빨간색이 잘못된 것이라며, 만일 그 후보가 선거에서 이기기라도 할라치면 우리 사회는 돌이키기 힘든 타격을 입을 것이라고 주장한다.

누구의 말을 들어야 할까? 사실 논리적으로 보자면, 두 후보자 중 그 누구의 말을 믿고 따라도 결국 재앙은 피할 수 없지 않은가? 이러지도 저러지도 못하는 이 같은 상황에서 우리는 과연 어떤 선택을 내려야 하는가? 두 정견이 똑같을 수는 없을지언정 두 후보자 모두 적어도 빨강과 파랑이 함께 어우러진 초록을 어느 정도는 제시해야 하지 않을까?

심리학 용어 중에 '더블 바인드(double bind)'란 개념이 있다. 우리말로 '이중속박' 정도로 옮길 수 있을 법한 개념이다. 바로 이 같은 상황, 즉 주체가 이러지도 저러지도 못할 모순된 상황을 묘사하는 개념이다. 이 개념은 1950년대에 미국에서 이른바 팔로 알토(Palo Alto) 학파가 창안한 이래, 오늘날 가족치료 내지는 체계치료로 발전하는 데 이론적으로 크게 공헌했다. 그 출발은 정신분열증 연구에서였다. 팔로 알토 학파는 한 가정의 아동이 부모의 서로 상반된 요구에 맞닥뜨릴 경우 매우 심각한 정신적 혼란과 이상을 나타낸다는 사실을 밝혀냄으로써, 심리치료가 개인적 차원뿐 아니라 가족 혹은 집단 내에서 이루어지는 의사소통 방식에도 관심을 기울여야 한다는 사실을 역설한다.

엄마는 아이에게 빨간 옷을 입으라 하고 아빠는 빨간 옷을 입지 말라고 한다면, 과연 이 아이는 어떻게 처신해야만 할까? 아이가 엄마 말대로 빨간 옷을 입자니 아빠의 말을 거스르는 셈이고, 그렇다고 빨간 옷을 마다하자니 엄마의 뜻을 거역하는 셈이 아닌가? 이럴 경우 아이가 취할 수 있는 유일한 해결책은? 바로 자기 자신의 정신을 둘로 쪼개어(분열) 엄마의 말에도 거역하지 않고 아빠의 말에도 순응하는 방법뿐이다. 물론 그로 인한 피해는 아이가 고스란히 떠안을 수밖에 없지만…….

정신병은 병이기에 앞서, 주체가 처한 환경 속에서 살아남기 위해 만들어낸 타협의 결과라고 생각해볼 필요가 있다. 살아남기 위해 아이의 정신은 이리 뒤틀리고 저리 뒤틀릴 수밖에 없다. 물론 이 같은 비극적인 상황을 벗어나려면 아이 혼자만의 힘으로는 불가능하고, 무엇보다도 먼저 부모 양쪽의 의견을 한곳으로 모아야 하지 않을까? 똑같은 관점을 사회에도 그대로 적용해볼 수 있다. 가치관의 혼란과 온갖 종류의 모순으로 가득한 사회는 병든 사회이다. 이런 사회의 구성원들은 이 아이가 처한 상황과 크게 다르지 않은 환경에서 사는 셈이다. 따라서 그 사회의 구성원들은 생존을 위해 정신의 분열까지는 아니더라도, 이중의 잣대로 무장하고 위선의 가면을 쓰고 살아야만 한다.

이러지도 저러지도 못할 상황, 출구 없는 모순된 상황을 가리키는 '더블 바인드'가 이처럼 애초에는 심리치료의 영역에서 출발했지만, 사실 이 말이 일컫는 현상은 대단히 광범위하게 관찰된다. 행태학, 인류학, 논리학, 커뮤니케이션 이론, 문학 및 수사학 등에도 널리 적용되기 때문이다. 예컨대 조세희의 명작 『난장이가 쏘아올린 작은 공』에 소개되어 더욱 유명해진 '뫼비우스의 띠'가 바로 더블 바인드의 대표적인 사례 중 하나이다. 굴뚝을 청소하고 나서 더러워진 얼굴을 한 아이와 깨끗한 얼굴의 아이. 소설의 서두에 등장하는 수학교사의 질문, 즉 이 두 아이 중 과연 누가 얼굴을 씻으려 할 것인가 하는 문제를 필두로 작가는 감동적 반전을 선사한다. 물론 정답은 굴뚝 소제로 얼굴이 더러워진 아이가 아니라, 바로 그 더러워진 얼굴을 바라보는 깨끗한 얼굴의 아이가 얼굴을 씻으려 한다. 이후 소설이 점차 진행함에 따라 뫼비우스의 띠는 개발독재의 와중에서 가해자가 피해자가 되고, 피해자가 가해자로 돌변하는 (지난) 우리 사회의 비극을 통렬하게 고발하는 상징이 된다. 작가는 안과 밖이 서로 맞물려 어디가 안이고 어디가 바깥인지, 어디가 시작이고 어디가 끝인지 알 수 없는 뫼비우스의 띠 마냥, 개발이란 이름으로 자행되는 폭력의 피해자와 가해자가 실상 한 몸이라는 공동운명체적 시각을 제시한다.

그런가 하면 논리학에서 모순 명제의 사례로 널리 알려진 문장이 있다. "나는 거짓말을 한다"란 명제다. 이 명제는 참인가, 거짓인가? 이 명제를 참이라 간주하려면 "내가 거짓말을 한다"는 말을 온전히 인정해야 하는데, 그러자니 거짓말을 하고 있다고 하지 않는가? 반대로, 이 명제가 거짓이라 간주되는 경우 "거짓말을 하고 있다"고 말함으로써 부정의 부정, 즉 이중부정이 작용한다고 봐야 한다. 이중부정은 긍정을 뜻하는 셈이니, 명백한 자가당착이다. 요컨대, 참이라고 말할 수도 없고 거짓이라 말할 수도 없는 명제이다. 논리학에서 이 문장은 진위를 가릴 수 없는 문장이라고 말한다. 그 자체로 (핵)분열의 씨앗을 안고 있는 문장이다.

이 밖에도 더블 바인드의 사례는 무수히 많다. 독자의 지적 유희를 위해 더블 바인드의 사례를 몇 가지만 더 소개하자고 한다. 시간을 두고 천천히 음미하기 바란다. 우선, 유명한 장자의 호접몽(나비 꿈)이 있다. 어느 날 장자가 잠이 들었는데, 장자 스스로 나비가 되는 꿈을 꾼다. 나비가 된 장자가 잠이 든 자기 자신을 바라보며 묻는다. 내가 잠이 들었던 세상이 진짜인가, 아니면 내가 나비가 된 몽중의 세상이 진짜인가? 장자가 '인생일장춘몽(人生一場春夢)'을 설파하는 바로 그 대목이다.

좀 더 세속적 사례로는, 엘리베이터 안 양편으로 서로 마주 보게 설치한 두 개의 거울을 들 수 있다. 한쪽 거울에 비친 상이 다른 쪽 거울에 비쳐지고, 그 상은 또다시 다른 쪽 거울에 비쳐지며, 이러한 과정은 끝없이 이어진다. 또 다른 사례로, 포갠 양말 두 짝을 반으로 접은 후 바깥쪽을 뒤집어 말아놓은 모양을 들 수 있다(발터 벤야민). 양말의 안쪽이 바깥쪽으로, 바깥쪽이 안쪽으로 순식간에 뒤바뀌는 형국이다. 그런가 하면, 사람 모양을 한 인형의 배를 가르면 그 안에 똑같은 모양의 작은 인형이 들었고, 또 이러한 형태가 수차례 이어지는 러시아 인형도 더블 바인드의 훌륭한 사례라고 할 수 있다. 어디 이뿐일까? 이야기 속에 삽입된 또 다른 닮은꼴 이야기, 영화 속 영화, 연극 속 연극…… 바로 문학에서 '심연으로 밀어 넣기(mise en abyme)' 라 부르는 항목(앙드레 지드)이 더블 바인드의 메커니즘이다.

더블 바인드가 여러 분야에 걸쳐 폭넓게 관찰되는 까닭은 이러한 현상이 바로 우리의 정신활동에 깊이 관여하기 때문이다. 안과 밖, 내용과 형식이 언제라도 뒤바뀔 수 있는 곳이라면 어디든 간에 더블 바인드 현상이 관찰된다. 프랑스의 정신분석가인 자크 라캉이 '이마지네르(Imaginaire)'란 이름으로 이론화를 시도했던 바로 그 측면이다. 현혹과 미몽으로 가득한 세계. 시작도 없고 끝도 없는, 밑 빠진 독에 물 붓기 식의 상대적인 세계. 그렇다면, 이로 인한 고통과 혼란을 피할 수 있는 해결책은? 최소한의 일관성만이 유일한 해결책이다. 변함없는 지표, 확고부동한 기준, 즉 원칙만이 해결책이다. 원칙 대신 변칙이나 반칙이 난무하는 세상에서 우리가 온전할 수 있을까?

🌱 더블 바인드(double bind)
　우리말로 흔히 '이중속박'으로 옮겨지는 개념으로,
　아동이 이러지도 저러지도 못하는 모순된 상황을 묘사하는 개념이다.
　예를 들어 엄마는 아이에게 빨간색 옷을 입으라 하고,
　아빠는 빨간색 옷을 입지 말라고 하는 경우이다.
　아이는 어떻게 해야 하나?

단추 검사

1.

　우리 인간이 자기 자신에 대해 알고 싶어 하는 욕구는 거의 본능적이라 할 수 있다. 처음 만난 젊은 남녀가 서로 마주 앉아 상대방의 손금이나 혈액형을 놓고 이러쿵저러쿵 사설을 늘어놓는다거나 친구들끼리 인터넷에 떠도는 심리테스트의 결과를 놓고 설왕설래하는 광경을 보고 있자면, 그 신뢰성이나 과학적 근거 따위와는 상관없이 우리 모두의 마음속에는 자기 자신에 대해 알고 싶어 하는 강한 욕구가 자리 잡고 있음을 짐작할 수 있다. 구체적 맥락이야 어떻든 간에 온갖 종류의 '심리검사'에 우리의 호기심이 이끌리는 까닭이기도 하다.

　그러고 보면, 웬만한 사람이라면 살아오면서 알게 모르게 적어도 한두 가지 심리검사를 받게끔 되어 있다. 학창시절 통과의례처럼 시행되는 지능검사며, 상급학교 진학을 앞두고 행해지는 적성검사 따위는 굳이 본인이 원치 않더라도 받을 수밖에 없었을 테니 말이다. 부유한 집안의 청소년들이 부모의 강권에 못 이겨 고가임에도 불구하고 여러 종류의 심리검사를 받는 경우가 드물지 않다는 풍문이 떠돌기도 한다. 또는 굳이 부유한 집이 아니더라도, 행여 우리 아이가 요사이 학급마다 유행병처럼 번지고 있는 '주의력 결핍 과다행동장애'를 가진 것은 아닐까 하여 HTP(집 · 나무 · 사람) 검사를 받게 하는 학부모들도 적지 않으리라 여겨진다.

성인이 된 다음에도 온갖 종류의 심리검사들이 우리를 따라다닌다. 군입대를 앞둔 남성들이 병무청의 주관 아래 의무적으로 치르는 다면인성검사, 입사를 앞둔 예비 직장인들을 대상으로 하는 적성 · 직능 검사, 심리적(정신적) 문제로 인해 전문의를 찾았을 때 행해지는 진단 목적의 검사, 해외이주민이나 탈북민 등을 대상으로 한 사회 적응 정도에 관한 검사, 심지어 국가가 관장하는 치매안심센터의 혜택을 누리려 해도 특정 검사를 거쳐야만 하다. 어디, 이뿐일까? 19세기 말 서양에서 처음으로 현대적 의미의 심리검사가 탄생한 이래, 점차로 복잡해지는 사회적 요구에 부응하여 온갖 종류의 심리검사가 하루가 멀다 하고 새롭게 세상에 선을 보이고 있다. 삶의 만족도 척도 검사, 인종 차별 성향에 관한 검사, 알코올 · 게임 · 도박 중독 검사, 심리정서 상대척도 검사, 우울한 기분 검사, 불안증상 검사, 흥미검사, 성격유형검사 등등.

한편, 심리학이나 정신의학에서 인정하는 심리검사는 실상 일반인들이 생각하는 것 이상으로 명확한 과학적, 이론적 토대를 갖췄고, 또한 검증을 위해 엄청난 시간과 돈을 투자한 끝에 완성된다는 사실에 유의할 필요가 있다. 모름지기 제대로 된 심리검사라면 적어도 '표준화', '신뢰도', '타당도'를 갖추고 있어야 하기 때문이다(166쪽 3부 〈레의 복합도형〉 참조). 나아가 심리검사 자체뿐 아니라 심리검사를 수행해야 할 검사자

양성에도 엄청난 공력이 요구된다는 점 또한 간과되기 쉬운 점이다. 심리검사가 전문성을 갖추지 못한 검사자에 의해 시행된다면, 애초에 설계된 심리검사의 목적과 효력이 크게 훼손될 뿐만 아니라 위험천만한 일이기도 하기 때문이다. 예를 들어 심리검사가 무자격 종교인이나 무속인에 의해 시행되기도 하고, 앞에서 언급한 치매안심센터에서 행해지는 치매검사가 6시간의 교육만을 받은 간호사들에 의해 시행되고 있다고 하니, 크나큰 걱정거리가 아닐 수 없다. 병원에서 일한다고 해서, 으레 외과의사가 집도해야 할 수술을 내과의사, 또는 사무장에게 맡기는 격이니 말이다……. 그야말로 안이한 발상일 뿐 아니라 우리 사회에 만연한 안전불감증의 한 사례라고 말하지 않을 수 없다.

안전불감증이 당장 눈에 보이는 곳에서만 문제될까? 이처럼 눈에 보이지 않는 곳들에도 버젓이 도사리고 있지 않은가? 예를 들어 인격검사 중 하나인 로르샤흐 검사는 제대로 시행하려면 십수 년의 수련과정이 필요하다고 알려져 있지 않은가? 즉 심리학이나 정신의학에서 공인된 심리검사는 결코 심심풀이나 민간신앙 차원의 범위를 훨씬 넘어서서, 고도로 훈련받은 전문가에 의해서만 시행되어야 할 의료수단 중 하나로 인식되어야 한다.

2.

이상의 내용이 충분히 숙지됐다는 가정하에 흥미로운 심리검사를 하나 소개해보고자 한다. 이제까지 우리나라에는 거의 소개되지 않았던 심리검사로 심리전문가들이 관심을 가지기에 충분한 검사란 판단에서 이

온갖 종류의 단추들. '나'의 단추는 어디에?
단추 상자의 뚜껑 위에 A4 용지를 깔고
단추들을 배열토록 한다.

다. 우리 모두에게 친숙한 생활용품인 단추를 활용하는 검사이다. 편의상 '단추 검사'라 부르고자 한다. 검사는 피검사자가 여러 종류의 단추들이 담긴 보관함에서 임의로 단추들을 선택하여 정해진 공간 위에 배열하는 것으로 이뤄진다. 예를 들어 검사자는 피검사자에게 현재 자신이 처한 가족 상황을 정해진 공간 위에 단추들을 배열함으로써 설명해보란 지침을 내릴 수 있다. 자기 자신이나 가족 구성원을 지정하기 위해 어떤 단추를 선택할지는 전적으로 피검사자에게 맡겨지며, 단추들을 정해진 공간 위에 배열하는 방식 또한 전적으로 피검사자에게 달렸다.

이처럼 피검사자를 중심으로 이뤄지는 이 검사는 피검사자 자신과 그의 주변인들 간의 관계에 초점이 맞춰진다. 관계는 단추들 간의 거리에 의해 표현되며, 이 같은 '놀이'에 열중하는 피검사자는 공간 위에 펼쳐진 자신의 심리세계를 구두로써 뒷받침한다. 단추들 간의 거리뿐 아니라, 피검사자가 각각의 인물들을 표현할 단추들을 어떤 근거로(재질, 모양, 크기, 두께, 투명도 등) 선택하게 되었는지, 또 정해진 공간(단추 보관함의 편평한 면을 활용해도 좋고, 흰 A4 용지를 사용해도 무방하다) 위에 단추들이 배열된 형태도 유의미한 단서를 제공할 수 있다.

이상의 간략한 설명을 통해서도 쉽게 짐작할 수 있듯이, 단추검사는 이를테면 투사(投射)적 검사로서 피검사자의 정신세계가 은유적 방식으로 공간화하여 표현되는 검사라고 할 수 있다. '투사적 검사'란 피검사자의 정신세계가 특정한 대상을 매개로 하여 바깥으로 표출될 때의 검사를 일컫는다.

이제 단추검사의 장단점을 간략하게 기술해보고자 한다. 우선, 단추검사가 가진 가장 커다란 장점은 시행이 무척이나 용이하다는 점을 들 수 있다. 단추라는 친숙한 물체를 매개로 할 뿐만 아니라, 언어적 표현에 어려움을 느끼는 피검사자조차 '놀이'처럼 임할 수 있다는 장점을 가지고 있기 때문이다. 단추검사를 받았던 피검사자 중에 거부감을 나타내는 경우가 거의 전무했다는 사실이야말로 이 검사가 비단 유의미한 심리검사로서뿐 아니라, 심리치료의 핵심을 이루는 '치료적 동맹'을 이끌어내기 위한 탁월한 방편일 수 있음을 말해준다.

다음으로, 이 검사가 특히 가족치료를 비롯한 '체계치료'에서 상당한 성과를 거둘 수 있다는 점을 꼽을 수 있다. 다시 말해, 한 주체가 안고 있는 심리적 문제가 주체 자신뿐 아니라 주체를 둘러싼 특정 시스템(가족, 교우 관계, 직장 내 환경 등) 내의 개체들 간의 상호관계에 의해서도 비롯한다고 볼 때 단추검사는 이런 양상을 일목요연하게 보여준다. 단추들의 배열에 의한 거리두기, 분산, 집중의 양태는 피검사자의 정신세계 내에 자리 잡은 여러 개체들 간의 갈등과 화합의 양상을 드러내기 때문이다. 더불어, 동일한 심리치료의 상황에서 단추검사를 여러 차례 시행함으로써 체계 내에서 개체들이 변화하는 과정을 추적할 수 있다는 점 또한 여타의 심리검사가 누리기 힘든 장점 중 하나이다.

반면, 단추검사가 표준화를 이루기 힘들다는 점 때문에 모든 과학적 심리검사가 지향하는 신뢰도, 타당도를 이뤄내기가 용이하지 못하다는 단점을 가지고 있다. 검사의 용의성은 그대로 검사의 객관성을 저해하는 장애물이 될 수도 있는 셈이다. 검사에 활용되는 단추들은 획일화된 규격이나 형태를 가진 단추들이 아니고 그저 우리의 일상생활에서 수집한 것들이며(사실, 단추 말고도 동전이나 조개껍질, 조약돌 따위로 대신할 수도 있다), 단추들을 배열할 공간 또한 정해져 있지 못하다. 사실상 피검사자가 선택할 단추들이 담긴 보관함에 어떤 단추들이 또 몇 개의 단추들이 들어 있어야 하며, 단추들을 배열할 공간이 어떤 공간이어야 하는지는 크게 문제되지 않는다. 핵심은 피검사자가 자신이 관계를 맺고 있는 여러 개체들을 표현하기 위해 '기꺼이' 어떤 단추를 선택하고 또 이를 공간 위에 펼쳐 보인다는 점이 중요하기 때문이다. 다시 말해, 단추검사는 통상의 심리검사가 지향하는 객관적 기준을 벗어나 있는 만큼 피검사자에게 친숙하게 다가오는 셈인 듯 보인다.

어쩌면 단추검사가 여느 심리검사가 지향하는 객관성을 갖추지 못했고, 다시 말해 상업화하기 힘든 면면들을 가졌다는 점이야말로 이 검사에 관한 문헌이 거의 전무하며 실제로 진지한 심리검사로서 시행되지 못하게 만드는 요인은 아닌지 모르겠다. 정녕 진흙 속에 묻힌 진주는 값진 진주일 수 없단 말인가? 아직은 검사자의 '직관'에 크게 의존할 수밖에 없는 이 검사는 앞으로 갈 길이 먼 듯하다.

🌿 심리검사
제대로 된 심리검사는 '표준화', '신뢰도', '타당도'의 관문을
모두 통과해야만 한다. 심리학이나 정신의학에서 인정하는
심리검사는 실상 일반인이 생각하는 것 이상으로
명확한 과학적, 이론적 토대를 갖췄고, 또한 검증을 위해 엄청난
시간과 돈을 투자한 끝에 완성된다는 사실에 유의할 필요가 있다.

구강기

"얼마 후 종 순화가 배에서 와서 어머니의 부고를 전했다. 달려나가 가슴을 치고 뛰며 슬퍼하니 하늘의 해조차 캄캄해 보였다. 길에서 바라보며 가슴이 찢어지는 슬픔을 이루 다 적을 수가 없다. (……) / 영구를 상여에 올려 싣고 집으로 돌아왔다. 마을을 바라보니 찢어지는 아픔을 어찌 말로 다할 수 있으랴. 집에 도착하여 빈소를 차렸다. 비가 크게 쏟아졌다. 나는 기력이 다 빠진데다가 남쪽으로 갈 일이 또한 급박하니, 부르짖으며 울었다. 다만 어서 죽기를 기다릴 뿐이다." (노승석 역, 『난중일기』, 민음사, 2010, 356~357쪽)

이 구절은 이순신의 『난중일기』에서 인용한 부분이다. 1597년 음력 4월 13일과 16일자 일기에서 발췌한 것으로, 어머니를 잃은 아들의 처절한 슬픔을 서술하는 대목이다. 백의종군하는 아들을 만나보려 길을 떠난 어머니가 배위에서 운명했다는 소식을 접한 이순신은 그간 어머니를 돌봐드리지 못했을뿐더러 어머니의 임종조차 지키지 못한 불효자로서의 심정을 토해낸다. "다만 어서 죽기를 기다릴 뿐이다"란 마지막 인용구절은 애도의 과정 중에 흔히 목격되는 주체의 극심한 죄책감의 발현이라 볼 수도 있겠지만, 특히 이 시점의 이순신을 돌이켜볼 때 그 비통함은 더욱더 큰 울림으로 다가온다. 어머니를 여읜 아들은 지금 현재 '죄인'의 몸으로, 서둘러 차려놓은 빈소도 제대로 지키기 힘든 처지에 있으니 말이다. "하늘의 해조차 캄캄해 보[이고]", "비가 크게 쏟아졌다"란 대목이 그 당시의 기상여건을 있는 그대로 그리는 대목인지 어쩐지는 확실치 않다. 설사 그렇다 하더라도, 이 대목이 감당하기 힘든 충격과 슬픔에 휩싸인 주체의 내면 풍경을 보여주는 대목임에는 틀림없다. 특히 주체가 느끼는 극심한 비통함이 두 차례에 걸쳐 "가슴" 부위와 연관되어 그려지고 있다는 점에 주목하자.

1597년 정유년은 이순신에게 국가적으로나 개인적으로 대단히 중요한 한 해였다. 우선 왜군이 5년 전인 임진년에 뒤이어 재차 대규모로 조선정벌에 나선 해로서, 조선이 또다시 누란의 위기에 처하게 된 해이기 때문이다. 엎친 데 덮친 격으로, 이 해 초 이순신은 왕명을 거역했다는 죄목으로 백의종군을 해야 했고, 4월에는 어머니의 죽음을, 같은 해 10월에는 막내아들 면의 죽음을 맞아야 했다. 전사한 셋째아들 면의 죽음을 서술하는 『난중일기』의 관련대목을 읽어보자.

"저녁에 어떤 사람이 천안에서 와서 집안 편지를 전하는데, 봉함을 뜯기도 전에 뼈와 살이 먼저 떨리고 마음이 조급하고 어지러웠다. 대충 겉봉을 펴서 열[둘째아들]이 쓴 글씨를 보니, 겉면에 '통곡(痛哭)' 두 글자가 씌어 있어서 면이 전사했음을 알고 나도 모르게 간담이 떨어져 목 놓아 통곡하였다.

하늘이 어찌 이다지도 인자하지 못하신고, 간담이 타고 찢어지는 듯하다. 내가 죽고 네가 사는 것이 이치에 마땅하거늘, 네가 죽고 내가 살았으니, 이런 어긋한 이치가 어디 있겠는가. 천지가 캄캄하고 해조차도 빛이 변했구나. 슬프다, 내 아들아! 나를 버리고 어디로 갔느냐. 영특한 기질이 남달라서 하늘이 이 세상에 머물러 두지 않는 것이냐.

내가 지은 죄 때문에 화가 네 몸에 미친 것이냐. 이제 내가 살아 있은들 누구에게 의지할 것인가. 너를 따라 죽어 지하에서 함께 지내고 함께 울고 싶건만, 네 형, 네 누이, 네 어미가 의지할 곳이 없어 아직은 참고 연명한다마는 내 마음은 죽고 형상만 남은 채 부르짖어 통곡할 따름이다. 하룻밤 지내기가 한 해를 지내는 것 같구나. 이날 밤 이경에 비가 내렸다." (같은 책, 424~425쪽. 1597년 정유년, 음력 10월 14일)

어미를 잃은 아들의 슬픔과 자식을 잃은 아비의 슬픔 중 어떤 슬픔이 더 클까? 아무튼 이순신이 셋째아들 면의 전사 소식을 전해들은 이 날도 "천지가 캄캄하고 해조차도 빛이 변[한 듯]" 보이고, 밖에는 어김없이 "비가 내렸다." 공교롭게도 내면 풍경과 바깥 풍경이 정확히 조응하는 경우이거나, 아니면 내면 풍경이 바깥 풍경의 지각에까지 영향을 미치는 경우라고 볼 수 있다. 어머니의 부음을 들었을 때처럼, 아들의 전사 소식을 접한 이순신은 아들의 죽음이 아비의 탓이며, 아들 대신 아비가 죽지 않고 살아 있음을 몹시 자책한다. 한편, 어머니의 죽음으로 인해 느끼는 극심한 고통이 두 차례에 걸쳐 "가슴" 부위의 통증으로 표현되었던 데 반해, 아들의 죽음으로 인해 아비가 느끼는 고통이 이번에는 두 차례에 걸쳐 "간담"을 매개로 표현되고 있다. "간담이 떨어[진다]"거나 "간담이 타고 찢어지는 듯하다" 등의 표현은 주체가 이 순간 실제로 몸으로 겪는 경험일 수도 있고, 아니면 극심한 슬픔과 고통을 비유적으로 나타낸 것일 수도 있다. 어쨌든 어머니나 아들처럼 소중한 존재의 죽음에 직면한 주체가 느낄 법한 극심한 고통이 오장육부에 가해지는 통증으로 표현되고 있다는 점은 당연해 보이기까지 한다. 사실상 어머니나 아들의 존재는 주체에게 자기 자신의 일부라고 말할 수 있지 않을까?

프로이트는 『멜랑콜리와 애도』란 글에서, 우리가 가까운 존재의 죽음에 맞닥뜨릴 때 무의식적으로 태초에 우리 자신이 형성되던 시기로 되돌아간다고 말한다. 바로 엄마 배 속에서 나와, 아직 우리라고 부를 수 있는 '자아'가 형성되기 이전의 시기를 일컫는다. 이 시기에 우리는 아직 자아를 가지지 못한 까닭에 엄마와 한몸을 이루며, 엄마에게 절대적으로 의존하는 공생관계 속에서 살아간다. 예를 들어 엄마의 젖을 빨 때 우리는 우리가 젖을 빠는 젖먹이인지 젖을 물리는 엄마인지조차 분간하지 못한다. 아직 자아를 갖지 못한 까닭에, 주체와 객체를 구분하지 못하기 때문이다. 그렇게 우리는 세상과 접촉하면서 서서히 우리의 '자아'를 구축해나가는데, 다시 말해 우리의 '자아'란 접촉했다가는 결국 잃어버리고 마는 바깥의 대상들을 끊임없이 우리 안에 받아들임으로써 만들어진다. 요컨대, 우리의 '자아'란 바로 우리가 경험한 상실의 집합체인 셈이다.

이런 까닭에, 우리가 성인이 되어서도 우리에게 소중한 존재를 잃어버릴 때마다 우리는 우리가 최초로 겪은 상실의 경험으로 되돌아가 잃어버린 대상을 우리 안에 받아들이고자 한다. 죽음으로 우리 곁을 떠난 소중한 존재가 우리 내면에 남겨놓은 공백을 어떤 식으로든 메워야만 하기 때문이다. 이 과정을 정신분석학에서는 '애도의 작업'이라 부른다. 상실을 메우려는 노력이 무의식적 애도의 작업으로 이루어진다면, 그 양태는 정신분석학에서 말하는 '구강기'의 성격을 띤다. 구강기란 무엇인가? 구강기란 프로이트가 정립한 '정신 · 성(性)발달 단계의 첫 번째 단계를 말한다.

정신 · 성발달 단계란 프로이트가 처음 제창한 이래 거듭된 수정 · 보완을 거쳐 확립된 정신분석학 이론 중 하나이다. 그 핵심은 갓 태어난 아기가 성인으로서의 인격체로 성장하기까지 정신 · 성적 관점에서 볼 때 중요한 몇 단계를 거치도록 되어 있다고 보는 이론이다. 정신 · 성발달 단계는 모두 다섯 단계로, 이를 순차적으로 나열하면 구강기, 항문기, 남근기, 잠복기, 생식기기 등이다. 통상적으로 볼 때, 우리 모두는 이 다섯 단계를 차례로 거침으로써 '정상인'으로 성장을 하며, 행여 이 다섯 단계 중 어느 특정 단계에서 문제가 발생할 경우 앞으로 나아가는 대신 그 이전 단계에 '고착'되거나 '퇴행'한다고 일컬어진다. 정신 · 성발달의 다섯 단계는 리비도(정신 · 성 에너지)가 주로 우리 신체의 점막 부위를 구심점으로 형성된다고 간주한다. 점막 부위(입, 항문, 질 등)는 그 어떤 신체 부위보다도 안과 바깥이 교통하기 용이한 장소로서, 각 단계마다 그곳에 집중하는 리비도는 특징적인 방식으로 우리의 정신을 구조화한다.

정신 · 성발달의 첫 번째 단계는 '구강기'로, 세상과의 거의 모든 접촉이 입을 통해 행해지는 단계이다. 아직 자아를 갖추지 못한 아이는 주체와 객체를 구분하지 못하는 채, 좋아하는 것은 입 안에 넣고 싫은 것은 뱉어내는 방식이 거의 유일한 세상과의 접촉방식이다. 이를테면, 먹고 먹히는 방식이 주를 이루는 단계이다. 두 번째 단계인 항문기는 남녀에게 공통된 신체기관인 항문과 또 이곳을 드나드는 변을 중심으로 우리의 정신이 구조화하는 단계이다('항문기' 참조). 세 번째 단계로, 만 5세경에 찾아드는 남근기는 남녀 아동 모두 아직 여성성기의 중요성을 알지 못하는 채, 겉으로 두드러져 보이는 남근에 모든 중요성이 부여되는 단계이다. 더불어 인간의 욕망구조(오이디프스적 욕망)를 지탱하는 거세 콤플렉스가 형태를 갖추는 시기이기도 하다. 그 다음으로 이어지는 잠복기는 앞선 단계들에서 형성된 여러 정신적 가치들이 왕성한 사회화를 거치는 동안 무의식의 '저편'으로 밀려나는 단계이다. 마지막 단계인 생식기기에 이르면, 이제까지 파편화되어 있던 리비도가 남성의 경우엔 남근에, 여성의 경우에는 여성 성기에 통합됨으로써 비로소 우리가 알고 있는 '정상적' 성인으로서 욕망하는 주체로 행세하는 것이다.

구강기는 정신·성발달 단계의 첫 번째 단계인 만큼 이후의 그 어떤 발달단계보다도 조악하고 원시적이다. 유아에게 입이란 기관은 생명을 유지하기 위해 음식물을 섭취하는 통로이자 세상과 접촉하는 창구이기도 하다. 갓 태어난 갓난아이가 무엇이든 입으로 가져가려는 행동을 주의 깊게 지켜보고 있노라면, 아기에게 입이란 먹기 위한 통로일 뿐 아니라 세상과 만나고 탐지하는 레이더 역할을 하는 셈이란 점에 쉽게 수긍할 수 있다. 구강기는 무엇보다도 입이 부각되는 단계이니만큼 무엇보다도 먹는 행위가 문제되지 않을 수 없다. 아기에게 음식물 섭취는 생명줄이나 다름없으니 말이다. 한편, 아기에게 따뜻한 엄마의 젖은 생명 연장을 위해 섭취해야 할 영양분일 뿐만 아니라 심리적 포만감을 안겨준다는 점에서 앞으로 음식물이 우리의 정신세계 내에서 띠게 될 상징적 가치를 깊이 각인하는 단계이기도 하다. 울적해서 베어 무는 초콜릿 한 조각, 스트레스 해소차 걸치는 한 잔 술이 음식물 섭취 이상의 의미를 가질 수 있다는 것은 누구나 쉽게 인정하는 사실이다. 나아가 이때의 경험은 성인이 되어서도 맛난 음식을 탐하게 하고, 담배며 술, 또는 그 대체물에 탐닉하게 만들기도 한다…….

한편, 앞서 강조했듯 갓 태어난 아기가 세상과 최초로 접촉하는 거의 유일한 창구는 바로 입으로, 좋은 것은 입안에 넣고 싫은 것은 뱉어내는 표현양식을 취한다. 좋아하는 것을 입을 통해 우리 안에 넣는다는 것은 바로 우리 자신의 일부로 만드는 행위로 간주된다. 이런 까닭에 합일화(incorporation)와 동일화(identification)의 기제가 바로 이 단계에서 처음 만들어진다. 이 같은 기제는 카니발리즘(cannibalism)이라 불리는 원시풍속이나, 여러 종교의식에서 신을 우리 몸 안에 영접하는 의식 등을 통해서도 똑같이 발휘된다. 한편, 이 단계에서 좋아하는 바깥의 대상은 우리의 몸 안으로 들어오자마자 파괴된다. 이를테면 사랑의 행위가 증오의 행위와 한 몸을 이루는 셈으로, 흔히 일컫는 '애증이 교차하는' 양가성(兩價性)의 경험을 일컫는다. 극도의 증오심은 극도의 애정을 전제로 한다는 말은 기막힌 통찰력이 담긴 속설이다.

더불어, 좋아하는 대상이 내 몸 안에 들어오자마자 파괴됨으로써 주체가 느끼는 죄의식 또한 상당하다. 상을 당한 사람이 쉽게 식욕을 잃는다거나, 음식물 섭취를 거부하는 거식증 환자의 경우도 이 같은 구강기의 죄의식과 긴밀한 연관을 맺고 있다. 조금 과장해서 말하면, 애도기간 중에 주체가 고인에 대해 느끼는 죄의식은 무의식적으로 내가 고인을 '잡아먹었다'는 데서 기인한다.

정신분석학에서 공격성은 주로 항문기와 연관된 채 언급되지만, 구강기 단계에서도 못지않은 공격성이 형성된다. 갓난아이에게 이가 나기 시작하면서, 구강기적 특성에 공격적 성향이 새로이 덧붙여짐으로써 생겨나는 현상이다. 이가 나고부터는 음식물은 비단 삼켜지는 것에 그치지 않고 이빨로 자작자작 씹을 수도 있는 대상이 되기 때문이다. 한편, 우리의 무의식에서는 바깥으로 향한 공격성이 언제라도 뒤바뀌어 자기 자신에게로 향해질 수도 있다는 점을 이미 여러 차례 언급한 바 있다.

행여 구강기적 공격성이 주체 자신에게로 향해지는 경우, 그 폐해는 구강기의 원시성에 걸맞게 유달리 가혹할 수 있다. 피해자의 목덜미에 뾰족한 이빨을 박고 피를 빠는 드라큘라가 역사상 실재했던 인물인지 알 수는 없으나, 우리의 정신세계에서 여차하면 언제든 부활할 수도 있는 무시무시한 구강기적 공격성의 이미지임에는 틀림없다. 그 가증스런 입은 가벼운 '수다'가 되어 다른 사람들을 성가시게 만들기도 하고, 때론 남을 '씹고', '헐뜯고', '물어뜯기'도 하는 험구(險口)가 되기도 하고, 때론 이 달린 여성 성기(vagina dentata)의 이미지로 뭇 남성들의 거세 공포를 자아내기도 한다.

항문기적 공격성이 지배와 피지배, 또는 조임과 이완을 번갈아가며 희생자를 괴롭힌다면, 구강기적 공격성은 희생자를 돌돌 휘감고 나서 위협적인 이빨을 들이대는 독사의 이미지에 가깝다. 흔히 '섭식장애'라 불리는 거식증, 포식증(거식증과 함께 동전의 양면을 이루는 질환이다) 등이 그어떤 심리적 질환보다 완치가 쉽지 않은 까닭 또한 바로 이 같은 잔혹하고 원시적인 공격성이 복잡하게 꽈리를 틀고 있는 탓이 크다.

백의종군하는 이순신 장군이 어머니의 부음을 접하며 가슴이 "찢어지는 듯한" 슬픔을 느끼고 막내아들의 죽음을 접하며 "간담이 타고 찢어지는" 아픔을 느끼는 까닭은 그 가슴과 그 간담이 나의 가슴이자 나의 간담인 동시에, 어머니의 가슴이자 아들의 간담이기 때문이다. 이제는 세상에서 사라지고 없는 어머니의 빈자리, 막내아들의 빈자리를 내 몸으로 어떻게 메울 수 있단 말인가? 그 어머니는 바로 내게 젖을 물린 어머니이고, 그 아들은 바로 나의 간담을 녹여 만든 아들이 아니던가?

🌿 구강기적 공격성
가증스런 입은 가벼운 '수다'가 되어
다른 사람들을 성가시게 만들기도 하고,
때론 남을 '씹고', '헐뜯고', '물어뜯기'도 하는
험구(險口)가 되기도 하고, 때론 이 달린
여성 성기의 이미지로 뭇 남성의
거세 공포를 자아내기도 한다.

항문기적 성격

우리는 매번 환상이 깨질 때마다 실망감 내지는 환멸감을 느낀다. 이때 우리는 마음에 상처를 입을 때처럼 후벼 파는 송곳과도 같은 아픔은 아닐지언정, 우리가 이제까지 믿어왔던 우리 자신의 순진성이나 세상의 순수성이 손상되고 '오염된' 듯한 착잡하면서도 껄끄러운 감정을 느끼곤 한다. 예를 들어 존경하던 어른의 어른답지 못한 행동을 대했을 때, 수치스러운 가족의 비밀을 알게 됐을 때, 그토록 믿었던 친구나 동료에 대한 신뢰가 허물어졌을 때, 나 자신이 이토록 너절하고 형편없는 인간이었나 하는 자괴감이 들 때 등등…….

초등학교 시절 좋아하던 여자 선생님이 화장실에 가는 장면을 목격하고는 크나큰 환멸감을 느꼈다는 말은 우리가 주변에서 흔히 접하는 증언 중 하나다. 선생님, 나아가 여자 선생님이라고 해서 화장실에 가서는 안될 이유야 없겠지만, 아이의 머릿속에서는 어여쁜 여자 선생님과 화장실은 도저히 공존할 수 없는 두 가지 사실로 남아 있기 때문이다.

그러고 보면 내가 비교적 최근에 겪은 환멸의 경험이 하나 있다. 어떤 까닭에서인지는 잘 모르겠지만, 나는 오랫동안 여자가 남자보다 더 깨끗하고, 더 깔끔하리란 '환상'을 품어왔다. 이제까지 내가 무심한 탓도 있었지만, 최근 들어 가까이서 지켜볼 기회가 있었던 몇몇 여성의 경우를 보면 전혀 그렇지 못했음에도 불구하고…… 그러고 보면, 내 주변에 깔끔하기로 둘째가라면 서러워할 남성들이 여성들 못지않은 터인데, 어째서 내가 이제껏 이런 엉뚱한 생각을 품고 있었을까?

어쩌면 어른이 되어간다는 것은 세상이 반드시 아름답지만은 않다는 진실을 하나씩 둘씩 접해가는 일일는지도 모른다. 일찍이 성(聖) 아우구스티누스가 말하길 "인간은 오줌과 똥 사이에서 태어난다"고 하지 않았던가? 적나라하기 짝이 없는 성인의 이 말씀은 이 세상에 존재하는 모든 인간의 탄생에 연루된 해부학적 진실을 뛰어넘어 인간의 원초적인 비루함을 꼬집고자 했음이리라. 오만방자한 우리 인간이 겸허해지길 촉구하면서…… 어쩌면 인간의 위대함은 인간 조건의 비루함을 감추거나 회피하려는 데 있지 않고, 비루하지만 비루해지지 않으려고 노력하는 데 있지 않을까?

환멸감을 안겨준다는 점에서 볼 때 정신분석학만큼 고약한 학문은 따로 존재하지 않을 성싶다. 정신분석학이 다루는 대상은 바로 무의식으로, 무의식은 정의상 의식이 도저히 감당할 수 없는 재현 및 감정들을 가두고 있는 장소이기 때문이다. 직접 대면하기에는 너무나도 충격적이거나 수치스러운 경험과 기억들…… 우리의 의식이 의심조차 하기 힘들 정도로 생경하면서도 엉뚱해 보이는 인과관계…… 무의식의 세계에서는 의식세계에서와는 전혀 다른 메커니즘과 논리가 펼쳐진다. 정신분석학 이론이 일반인 사이에서 저항감을 불러일으키는 것은 어찌할 수 없는 사실이다. 역으로, 정신분석학에 대한 저항이야말로 무의식이 존재한다는 가장 확실한 증거이기도 하다.

정신분석학 이론 중에서도 특히나 일반인들의 강력한 반발을 불러일으키는 항목들이 있다. 그중에서도 항문을 둘러싼 정신분석학 이론은 단연 그 으뜸이라고 할 수 있다. 비루하기 짝이 없고 구린내를 풀풀 풍기는 만큼 놀람이나 경악의 감정은 물론 환멸을 불러오기 십상이다.

일례로 '항문기적 성격'이란 항목이 있다. '항문기'란 말과 '성격'이란 말이 어떤 연유로 이렇듯 괴이하게 짝을 이루고 있는지, 그리고 또 이 야릇한 조합이 대체 무엇을 뜻하는지 의아해 하는 이들이 적지 않으리라 여겨진다. 빨리 고백하자면, 항문기적 성격은 위에서 언급한 거의 모든 내용을 포괄한다. 앞서 언급했듯, 정신분석학의 창시자인 프로이트는 우리의 정신·성 발달이 다섯 단계(구강기, 항문기, 남근기, 잠복기, 생식기)를 거치면서 이루어진다고 말한다. 아이가 태어나 성장하여 어른이 되기까지, 우리의 정신세계에서 활동하는 에너지인 리비도가 우리 육체의 여러 기관들(주로 점막)을 구심점으로 다섯 단계를 순차적으로 거치면서 우리의 인성이 형성되고 구조화한다는 것이다.

순차적이라고는 하지만 이는 어디까지나 이상적인 경우이고, 다음 단계로의 이행이 순조롭지 못할 때는 이전 단계로의 퇴행이나 고착이 이루어지기도 한다. 도식적으로 볼 때 구강기, 항문기는 아이가 아직 오이디푸스 콤플렉스를 맞이하기 이전 단계들로, 그만큼 뿌리가 깊고 원초적인 성격을 간직한다. 문제의 항문기로 말할 것 같으면, 프로이트가 제시한 정신·성 발달단계의 다섯 단계 중 두 번째로, 아이가 항문에 커다란 관심을 나타내는 2~4세 즈음에 위치한다. 한 가지 흥미로운 것은 이 같은 다섯 발달단계가 모두 우리의 인성과 성격 형성에 지대한 영향을 끼침에도 불구하고 정신분석학 이론에서는 유독 '항문기적 성격'이란 용어만이 통용된다는 사실이다.

항문기적 성격이란 이 같은 정신·성 발달 단계 중 하나인 항문기에 특징적으로 나타나는 여러 성향들이 성격으로 굳어진 경우를 지칭한다. 그 성격이란 바로 '청결', '인색', '고집'이란 세 단어로 요약되고는 한다. 어째서일까? 우선, 청결의식은 어린 시절의 배변 훈련과 밀접한 관계를 가지고 있다. 구체적으로, 어른이 되어 지나치게 청결을 강조하는 데에는 어린 시절 항문기를 순탄치 못하게 보냈다는(?) 사실과 깊은 연관을 가지고 있다. 이 시기에는 모든 아이들이 항문과 또 이 신체기관을 통과하는 대상인 대변에 지대한 관심을 나타낸다. 대변을 볼 때마다 짜릿한 쾌감이 느껴질 뿐 아니라, 대변이 자신의 몸이 만들어낸 최초의 생산물로 인식되는 만큼, 정신적으로 커다란 의미가 부여되기 마련이다.

이 시기의 아이가 엄마를 비롯하여 자신이 믿고 따르는 사람이 아니라면 좀처럼 '응가'를 하려 들지 않는다는 것은 누구나 잘 알고 있는 사실이다. 이 시기에 아이가 자신의 항문을 꼼지락거리며 변을 가지고 충분히 '지분거릴' 기회를 너무 일찍 빼앗기거나 반대로 너무 늦게까지 방치될 경우, 아이는 과도한 청결의식을 갖게 되거나 아니면 그럴 수 있는 기회를 갖지 못하는 셈이다. 하지만 흥미로운 점은 배변훈련이 지나치게 늦어져서 청결의식을 갖지 못했던 아이가 차후에 극적으로 정반대 성격으로 변화할 수도 있다는 사실이다. 이런 경우를 반동적 성격형성이라 부른다. 일종의 방어적 메커니즘이다. 즉 어른의 과도한 청결의식은 어린 시절의 과도한 청결뿐 아니라 과도한 지분거림에도 뿌리를 둘 수 있다.

더불어, 항문기의 중추기관인 괄약근의 억류와 배출의 메커니즘 또한 정신의 구조화에 크게 작용한다. 다시 말해, 아이가 변을 몸 바깥으로 배출하는 대신 가능한 오랫동안 괄약근 안쪽, 다시 말해 몸 안에 간직하고자 하는 욕구가 강할 경우, 이는 인색함이나 고집스런 성격으로 발전할 수 있다. 우리말에 유난스레 고집이 센 경우를 '똥고집'이라 지칭하기도 하는데, 이 말에는 기막힌 통찰력이 담겨 있는 셈이다. 나아가 괄약근을 중심으로 발현되는 이 억류의 메커니즘은 비단 여기에 그치지 않는다. 마땅히 해야 할 일을 최후의 순간까지 미루며 스릴을 즐기는 성격은 바로 항문기의 경험을 떼어놓고 생각하기 힘든 성격상의 특징 중 하나이다. 수집벽, 다시 말해 우표나 화폐, 신문, 잡지, 서적 등, 컬렉션에 유난스레 탐닉하는 성향 또한 어린 시절 경험한 항문기와 밀접한 관계를 가지고 있다. 좀 더 긍정적으로는, 항문기로 다져질 경우 놀라운 끈기와 뒷심을 발휘하기도 한다……

이외에도 항문기적 성격의 또 다른 표본으로 과도한 질서의식이나 치밀함, 세심성, 시간 엄수 등, 어느 자잘한 디테일 하나도 결코 소홀히 하지 않는 완벽주의를 들 수 있다. 이와는 반대로, 완벽주의와는 거리가 먼, 지나치게 너그럽거나 느슨한 태도, 지나치게 헤프거나 과도한 낭비벽 또한 항문기적 성격의 또 다른 형태이다. 예를 들어 일주일이 멀다하고 온 집안을 헤집으며 청소와 정리정돈을 하지 않고선 직성이 풀리지 않는 주부 9단이나, 발 디딜 틈 없이 방을 어지럽히는 데 천부적인 소질을 가진 청소년이나, 믿기 힘들지만 그 행위의 뿌리는 동일하다고 할 수 있다. 타인에 대한 지나친 불신감, 조그만 실수도 용서치 않는 가차 없는 성격, 권위적이고 위압적인 태도 또한 항문기적 성격에 속한다. 지배와 피지배의 역학관계, 일사불란한 명령과 복종, 경직된 위계질서 등 조직사회의 생리 또한 항문기의 여러 특성을 그대로 옮겨놓은 사례들이다.

사실상 정신분석학 이론에서 항문기는 흔히 '가학적 항문기'라 불린다. 이 시기에 괄약근에 의한 억류와 방출의 메커니즘이 상당부분 구조화하는 만큼, 대변을 억류하기도 하고 일시에 방출하기도 하는 행위는 바로 가학성(새디즘)의 원조를 이루기 때문이다. 항문기에 연루된 거의 모든 행위가 어떤 식으로든 가학성 내지는 공격성을 띠는 까닭이기도 하다. 사람을 '닦달하고', '갈구는' 가학적 성향의 상관이나 직장상사는 괄약근에 의한 통제와 지배의 메커니즘에 본능적으로 통달한 이들이다. 먹잇감을 풀었다간 조이고 조였다간 풀어가며 재미를 보기도 하고, 때론 일순간에 폭발하여 묵사발을 만들어놓지 않던가…….

더불어, 이 같은 공격성은 타인을 겨냥할 수 있듯, 때론 주체 자신을 향하기도 한다. 강박증 환자의 경우가 그러하다. 하루에도 수십 차례 손을 씻어보지만, 아무리 씻고 씻어도 손에는 여전히 해로운 병균이 남아 언제라도 내 몸 안으로 침투할 것만 같은 공포를 떨치기 힘들다. 방문 자물쇠를 오른쪽으로 세 번, 왼쪽으로 네 번 돌리고, 그러고 나서 현관 계단을 왼발부터 시작하여 거꾸로 걸어 내려오는 의식을 하루도 빠짐없이 취해보기도 하지만, 마치 내가 죽음과도 같은 컴컴한 어둠 속에 갇힌 듯 숨이 막히고 옥죄기는 마찬가지다. 바로 주체가 괄약근 안쪽으로 펼쳐지는 지옥과도 같은 배 속에 갇혀 있기 때문이다. 실제로 '새디즘(sadism)'이란 말을 탄생시킨 장본인인 사드(Sade) 백작의 소설 속에는 배 속 풍경으로 읽힐 수 있는 묘사들이 자주 등장한다.

이처럼 항문기에는 여러 성격상의 특성이 형성될 뿐만 아니라, 성정체성 형성에 개입하기도 한다. 예를 들어 항문은 남성과 여성 모두에게 공통된 신체기관인 만큼, 특히 오이디푸스 콤플렉스를 거치는 남자아이에게 성차를 무시하고 또 거세 공포를 비껴가기 위한 빌미를 제공할 수도 있기 때문이다. 바로 미래의 남성 동성애자들의 경우가 그러하다. 그런가 하면, 독일에서 민간요법의 일환으로 아동에게 흔히 행해지는 관장이 남성 동성애를 조장할 수 있다는 말이 전해지기도 한다. 변비를 호소하는 사내아이에게 식용유를 아이의 항문에 주입하는 엄마의 손길이 장차 아이의 성 정체성에 혼란을 야기할 수도 있다는 것이다. 남자아이의 몸 안으로 침투하는 무언가(남근)를 가진 쪽은 엄마이고, 남자아이는 이른바 여성적 위치에 놓이는 셈이기 때문이다. 한쪽 귀로 듣고 다른 쪽 귀로 흘릴 법한 이야기이지만, 흘리지 않을 수도 있는 이야기다.

항문기는 우리의 정신세계가 나름의 특유한 방식으로 구조화할 뿐만 아니라, 바로 이 신체기관을 들락거리는 대변에도 다양한 상징적 의미가 부여되는 시기이기도 하다. 앞에서 잠시 보았듯이, 이 시기의 아이에게 대변은 짜릿한 쾌감을 동반한 채 자기 몸이 만들어내는 최초의 생산물로 인식되는 만큼 중요한 상징적 의미를 띠게 된다. 엄마에게 주는 첫 선물이란 상징성을 띠기도 하고, 아이가 어렴풋이 발견하기 시작한 돈의 가치와도 매우 밀접한 관계를 가지고 있다.

이 외에도 대변은 우리의 무의식에서 아기, 남근 등의 상징적 의미를 가지기도 한다. 우리의 무의식 속에서는 똥=돈=아기=남근의 등식이 엄연히 존재한다. 일반인의 입장에서는 수긍하기 힘든 부분이지만, 정신분석 치료에서는 가공할 만한 효력을 발휘하는 등식이다. 한 가지 덧붙일 것은 우리의 정신세계 내에서 똥은 모순된 양가적 가치를 함께 지닌다는 사실이다. 우리의 몸 안에 체류하는 동안에는 그 무엇에도 비길 바 없는 고귀한 자산이지만, 몸 바깥으로 방출되는 그 순간부터 아무짝에도 쓸모없는 무정형의 대상으로 전락하기 때문이다. 유대인 학살로 악명 높은 아우슈비츠 수용소가 '세상의 항문'이란 별명으로 불렸다는 것은 널리 알려진 사실이다. 비근한 예로, 말에 의해 행해지는 욕설은 항문의 가학적 메커니즘을 말의 영역에 그대로 옮겨놓은 또 다른 공격성의 사례다. 욕설을 '뱉고' 나서 느껴지는 후련함은 배변 후의 쾌감과 성격상 조금도 다를 바 없다. 입은 '더러워졌을'지언정 말하는 사람의 원초적인 욕구가 잠시 충족되기 때문이다.

나아가, 동서고금을 막론하고 도둑이 물건을 훔치고 나서 대변을 누고 가는 풍습이 존재한다. 여기에는 경멸의 표현이 담겼을 뿐 아니라, 그 집의 귀중품을 가져가는 대신 나 자신의 귀중품을 놓고 가니 공평한 거래가 이루어진 셈이란 상징적 의미가 담겨 있다. 사실 이 같은 기브앤테이크의 사고방식은 우리 생활주변에서도 얼마든지 찾아볼 수 있다. 번뜩이는 아이디어나 '생산성 높은' 독서는 바로 화장실에서 얻어진다고 고백하는 이들이 적지 않다. 이 같은 믿음은 나의 소중한 것을 방출하는 대신 다른 소중한 무언가를 얻는다는 무의식적인 기제가 발동하기 때문이다.

앞에서 잠시 언급했지만, 현대인이 가장 애지중지하는 대상 중 하나인 돈 또한 항문기적 특성과 매우 긴밀한 관계를 가지고 있다. '황금색' 변을 비롯하여, 똥을 밟으면 재수가 좋다는 속설이나, '구린 돈', 혹은 돈에는 냄새가 나지 않는다는 격언 등은 돈과 똥 사이에 여러 내밀한 관계가 존재한다는 사실을 이미 충분히 암시하고도 남는다. 사실상 오늘날의 현대 사회는 돈뿐만 아니라 여러 가지 면에서 항문기적 성향을 짙게 띠고 있다. 청결과 격식, 질서정연을 강조하고 무질서와 시행착오를 좀처럼 인정하려 들지 않는 오늘날의 사회는 극대화한 효율과 능력을 지향한다. 이로 인해 자칫 인간관계는 사랑이나 나눔에 기반을 두기보다는 과도한 명분이나 획일주의, 또는 지배와 피지배의 역학관계로 전락할 소지가 다분하다. 지나친 것은 미치지 못함과 같다는 과유불급(過猶不及)의 교훈은 인간관계뿐 아니라 오늘날의 사회에도 적용해야 할 덕목이라 여겨진다.

🌾 항문기적 공격성
　이 같은 공격성은 타인을 겨냥할 수 있듯
　때로는 주체 자신을 향하기도 한다.
　강박증 환자의 경우 하루에도 수십 차례씩 손을 씻어보지만,
　아무리 씻고 씻어도 손에는 여전히 해로운 병균이 남아
　언제라도 내 몸 안으로 침투할 것만 같은
　공포를 떨치기 힘들다.

동성애

1.

폴린(가명)과 아멜리(가명)는 둘 다 이십 대의 프랑스 여학생들이다. 몇 해 전 가을, 그러니까 내가 늦깎이 학생 자격으로 재차 프랑스로 건너와 첫 강의를 듣기 위해 찾아간 대형 강의실에서 그녀들을 처음 보았다. 이제는 친구가 되어 이런저런 이야기들을 숨김없이 나누는 사이가 되었지만, 그때만 하더라도 나에게는 모든 것이 생소하기만 했다. 아직 수업이 시작하기 전이었다. 대형 강의실 한쪽 구석에서 두 여학생이 서로 부둥케 안은 채 입맞춤을 하고 있는 것이 아닌가! 아니, 강의실에서 이런 일이, 그것도 여학생끼리…… 나로서는 생소할 뿐만 아니라 그 자리에 있기조차 불편한 광경이었다. 이 나라가 애정 표현이 자유롭고, 게다가 동성애가 사회적으로 용인되고 있다는 사실은 잘 알고 있었지만, 그 정도로 노골적일 줄이야…….

머리로 아는 것과 몸으로 아는 것은 별개일 수 있다. 주변의 반응을 조심스레 살펴보았다. 아무도 그 두 여학생에게 관심을 두는 것 같지 않았다. 나중에 내가 이때 목격했던 장면을 친한 사이가 된 또 다른 동급생들에게 재차 상기시켜보니 여전히 그저그런, 미적지근한 반응뿐이었다. 동급생 하나는 나에게 뭣 때문에 그런 질문을 던지느냐면서 신경질적인 반응을 보이기까지 했다. 개개인의 성적(性的) 성향에 대해 이러쿵저러쿵 비판하는 '몰상식한' 사람이 아직도 존재한다는 식으로 말을 잇는 바람에 속으로 움찔했던 기억이 아직도 생생하다.

당시 대형 강의실에서 목격했던 쇼킹한 장면은 몇 달 후 강의실 복도에서 또 한 차례 반복되었다. 동급생 사이인 폴린이 아멜리에게 장미꽃 다발을 안기며 진한 애정표현을 했다. 이번에는 '문화적 충격'이 훨씬 덜했다. 다른 동급생들에게 물으니, 그날이 바로 폴린이 아멜리와 커플을 이룬 지 1년이 되는 날이라는 얘기를 들을 수 있었다. 그로부터 얼마 후 그토록 다정해 보이던 커플이 깨져버렸다. 폴린은 그사이에 애인을 갈아치웠고, 아멜리는 다른 도시로 떠나갔다. 얼마 후 시내에서 우연히 마주친 아멜리에게서 저간의 사정을 들을 수 있었다. 두 사람이 서로의 성격 차이로 다툼이 있었고 헤어지기로 했단다. 두 연인 사이의 만남과 결별이 어디 '남녀' 사이에서만 벌어지겠는가?

그 후로도 폴린을 만나면 가끔씩 묻기 껄끄러운 질문을 던지고는 했다. 상냥하고 활달한 폴린은 그때마다 솔직하게 대답해주었다. 언제부터 자신이 동성애자인 것을 알았는지, 남자하고도 잠자리를 가져봤는지, 또 그렇다면 남자와 여자와는 어떤 차이가 있는지, 여성끼리의 성관계는 어떻게 이루어지는지…… 지금 생각해봐도 꽤 낯 뜨거운 질문들이었다. 폴린의 솔직담백한 대답도 대답이지만 나의 질문을 척척 받아넘기는 폴린의 태도를 통해서 이곳 사람들이 동성애를 대하는 '온도'를 어느 정도 짐작해볼 수 있었다. 폴린은 이따금씩 다른 사람들로부터도 자신의 동성애에 관한 질문을 받곤 한다고 말하기도 했다. 가장 많이 받는 질문은 남자와도 잠자리를 가져봤는지에 대한 질문이라고 하면서, 멋쩍은 미소를 지으며……

하지만 프랑스의 동성애자들이 모두 폴린과 같다고 여긴다면 큰 오산이다. 폴린의 애인이었던 아멜리만 하더라도 어머니와 대모님의 반대로 자칫 부모자식 간의 인연을 끊고 살아야 할는지도 모른다며 무척이나 괴로워하던 모습을 생생히 기억한다. 그런가 하면, 자신의 동성애 사실을 어떻게든 감추려드는 다른 젊은 여성을 보기도 했다.

동성애자들이 보통사람들과 크게 다르리라 여긴다면 이 또한 크나큰 오산이다. 성적 취향만이 다를 뿐 외모며 행동이나 사고방식 등에서 여느 사람들과 조금도 다를 바 없기 때문이다. 내가 처음 이곳에 도착하여 학교 사정에 아직 어두울 당시 기꺼이 나를 도와주겠다고 제일 먼저 발 벗고 나선 사람이 바로 폴린이었고, 아멜리만 하더라도 더할 나위 없이 섬세하고 여린 여성적 면모를 가졌다.

게다가 남자의 입장에서 볼 때, 동성애 여성은 더할 나위 없는 이상적인 친구가 될 수 있다. 이성의 친구 간에 있을 수도 있는 복잡한 감정의 개입 없이 그야말로 순수한 우정을 나눌 수 있기 때문이다. 마르셀 프루스트의 유명한 소설 『잃어버린 시간을 찾아서』에는 스완이란 중년남성이 등장한다. 스완은 집을 비울 때마다 끼가 다분한 자기 아내를 친구인 샤를뤼스 남작에게 맡기곤 한다. 그 까닭은? 샤를뤼스야말로 스완이 평생을 함께하는 가장 절친한 친구이기도 하지만, 그가 바로 동성애자이기 때문이다……. 이보다 더욱 안전한 후견인이 있을 수 있겠는가?

몇 해 전 프랑스에서는 동성애 커플의 결혼뿐 아니라, 입양 및 인공수정 등을 인정코자 하는 입법화 움직임을 놓고 연일 격론이 벌어지고는 했다. 동성애자들에 대한 전폭적 권리보장은 당시 대선에서 좌파 대통령 후보가 제시했던 중요 공약사항 중 하나였다. 그 후 진행된 정부 주도하의 입법화 움직임은 당선 후 대통령이 국민에게 이미 행한 약속을 실천하기 위한 것이다. 한편 이 같은 정부의 입법화 노력에 대항하여, 우파 정치인들과 교회를 중심으로 한 보수단체들이 거세게 저항을 했다. 동성애는 그렇다 치더라도, 동성애자 간의 합법적인 결혼, 입양 및 인공 수정 등에 대해서는 결사반대를 외쳤기 때문이다. 특히나, 아이에게 아빠 없는 두 엄마, 혹은 엄마 없는 두 아빠가 웬 말이냐는 논리였다. 사실상 인류의 역사 이래 처음 제기되는 문제인 만큼 신중에 신중을 기해야 할 사안임에는 틀림없다. 동성애자들에 대한 권리신장과, 그리고 이들이 입양이나 인공수정을 통해 갖게 될 아동들이 건강하고 정상적으로 자라날 수 있을 것인가는 별개의 두 문제이기 때문이다.

프랑스에서는 동성애가 사회적으로뿐 아니라 법적으로 인정받은 지도 벌써 30~40년의 시간이 흘렀다. 나아가, 전 세계 심리치료, 정신치료 전문가들에게 금과옥조처럼 여겨지는 미국 정신의학협회 간행 'DSM-IV(정신이상에 관한 진단 및 통계 매뉴얼-4번째 버전)'에서는 이미 1973년부터 동성애 항목이 자취를 감춘다. 동성애가 더 이상 질병으로 간주되지 않기 때문이다. 국제보건기구(WHO)는 이보다 늦은 1992년에서야 비로소 동성애를 질병 리스트에서 삭제한다.

그렇다면 동성애에 관한 우리나라의 현주소는? 물론 과거와는 달리 우리나라에서도 성적 소수자들이 자신들의 권리를 주장하는 목소리가 점차로 높아지고는 있다지만, 동성애자들에 대한 사회의 인식이나 분위기가 우호적으로 바뀌기까지는 상당한 시간이 지나야 할 것 같다. 하물며 서구에서처럼 동성애자 간의 결혼이나 입양, 인공수정 등의 문제가 공론화하기까지에는 더 많은 시간이 흘러야 하지 않을까. 그때가 올 때까지 우리 땅에서 살고 있는 동성애자들은 앞으로도 그 얼마나 많은 질곡과 죄책감, 번뇌의 시간을 보내야 할까? 굳이 우리 헌법에 보장된 개인의 행복추구권을 내세우지 않는다 하더라도, 한 번뿐인 이생에서의 삶이 사회적 편견 때문에 장벽에 부딪칠 수 있다고 생각해보면 참으로 가슴 아픈 노릇이다.

성적 소수자가 사회적으로 해를 끼치지 이상, 그 누가 이들로부터 이들 자신의 성적 선택권을 박탈할 수 있단 말인가? 그 누가 이들의 내밀한 사생활에 끼어들 권리를 가지고 있단 말인가? 입장을 바꾸어, 이성애 남성에게 여성이 아니라, 다른 남성을 사랑해야 한다고 강요한다면? 비유컨대, 가난에 허덕이는 사람에게 가난은 너의 운명이니 앞으로도 계속 그렇게 가난하게 살아야 한다고 한다면, 어디 될 법이나 한 말인가? 동성애자에게 있어서 동성애는 결코 선택이 아니다. 동성애자는 본인이 원해서 동성애자로 되는 것이 결코 아니다.

2.

이제 다른 관점의 문제를 살펴보자. 동성애자는 그렇게 태어나는가, 아니면 그렇게 만들어지는가? 무수히 많은 관련 전문가와 학자들이 그간 제기했고 또 지금도 여전히 제기하고 있는 문제이다. 나는 단연코 동성애자는 그렇게 태어나는 것이 아니라, 그렇게 만들어진다고 내답하고자 한다. 동성애는 무엇보다 먼저 심리적, 정신적 현상으로 이해된다고 여기기 때문이다. 물론 최근 눈부시게 발전한 유전생물학의 성과를 결코 무시할 수는 없지만, 아직까지는 지나치게 초보적이고 단선적인 수준에 그친다는 인상을 지우기 힘들다. 동성애를 결정하거나 조장하는 유전자가 있다고 주장하는 유전학자들이 존재하는 반면, 예컨대 한 주체의 정신세계 내에서 동성애가 이성애와 맺고 있는 연관성이나, 동성애적 성향이 인성 구조 내에서 차지하는 자리와 역할 등의 문제들에 대해서는 깜깜 무소식이다.

정신분석학의 창시자인 프로이트는 자신의 임상경험에 비추어 남성 동성애가 형성되는 세 가지 유형을 제시한 바 있다. 첫 번째는 나르시시즘에 기초를 둔 대상 선택이다. 즉 어린 시절 엄마에 대한 애착이 유난히 강했던 남자아이가 청소년기에 이르러 '전환'을 나타내는 경우이다. 달리 말하면, 청소년기에 이른 남자아이가 다른 남자아이를 사랑의 대상으로 선택하게 될 때, 여기에는 마치 어린 시절 자신이 그토록 애착을 보였던 엄마가 자기를 사랑해주었듯이, 그렇게 지금도 여전히 사랑받고 싶다는 무의식적 욕망이 숨어 있다. 사랑의 대상은 바로 어린 시절의 자기 자신이며, 지금의 나는 (무의식적으로) 어린 시절 엄마의 자리를 차지한다. 요컨대 주체에게 있어서 동성애의 대상은 바로 자기 자신인 셈이다. 바로 나르시시즘이란 말을 사용하는 까닭이다. 부수적으로, 이 같은 유형의 동성애에는 흔히 남근에 대한 과도한 관심이 뒤따르곤 한다.

프로이트가 제시하는 두 번째 유형은 아버지에 대한 과도한 숭배와 거세 불안이 주도하는 유형이다. 이른바 오이디푸스 콤플렉스(남자아이가 엄마를 욕망의 대상으로 삼는 반면, 경쟁자인 아버지를 제거하고자 하는 욕망을 일컫는다. 여자아이의 경우도 부모의 성이 다를 뿐, 마찬가지이다)에 이른 남자아이가 경쟁자인 아버지를 제거하고자 하는 욕망을 일찌감치 포기함으로써, 두드러진 '여성화'의 길을 걷는 경우이다. 이 남자아이에게 (무의식적인) 욕망의 대상은 바로 아버지이거나, 또는 아버지의 존재를 불러일으킬 수 있는 남성이다.

세 번째 유형은 부모의 애정을 놓고 형제(자매) 사이에 격심한 경쟁과 증오로 얼룩진 어린 시절을 보낸 후, 주체가 자기보다 나이 많은 형제(자매)에게 품었던 질투심이 무의식에 억압되면서 동성애적 감정으로 바뀌는 경우이다. 물론 이 밖에도 동성애로 이끄는 심리적, 정신적 요인들은 무수히 많다. 좀 과장하면, 남성을 동성애로 이끄는 요인은 천한 가지에 이른다고 할 수 있다. 우리의 정신세계를 관장하는 변화무쌍한 욕동(欲動)의 유희변전 때문이다. 나아가 거의 모든 정신분석가는 우리의 정신세계가 남녀의 구분을 뛰어넘어 근본적으로 양성적(兩性的)인 성격을 지닌다고 말하지 않는가? 이를테면, 모든 남성의 정신세계에는 여성적인 면('아니마')이 존재하고, 모든 여성의 정신세계에는 남성적인 면('아니무스')이 존재한다.

동성애를 둘러싼 문제는 여전히 상당 부분 미지의 영역으로 남아 있다. 남성에 있어서의 동성애와 여성에 있어서의 동성애가 동일한 방식, 동일한 메커니즘에 의해 형성되는지에 대해서는 전문가들 사이에서조차 의견이 분분하다. 게다가, 무의식에 잠재한 동성애적 성향이 반드시 실제적인 동성애 행위로 이어지리라는 법도 없다. 어디 그뿐인가? 청소년기에 특징적으로 나타나는 동성애적 성향은 지극히 정상적이다. 아직 어른으로서의 몸과 마음을 형성하지 못한 청소년이 자신의 성적 정체성을 확립하기 위에 벌이는 모색과정의 일부일 따름이기 때문이다. 동성애에 관심을 나타내는 청소년을 행여 동성애자로 몰아세운다면 크나큰 잘못이다.

모든 정상적인 성인에게 있어서 동성애는 이성애를 떠받치는 버팀대 역할을 한다. 만일 동성애가 뒷받침되지 못한다면, 우리는 이성애가 무엇인지조차도 제대로 모를 것이기에. 요컨대, 동성애의 문제는 동성애자들만의 문제로 국한하기에는 너무도 광범위하고 복잡한 문제이다. 우리는 동성애자들을 흘긴 눈으로 쳐다보기에 앞서, 우리 자신의 내면에 깃들어 있는 동성애적 성향에 대해 자문해봐야 할는지도 모른다.

🌿 동성애
모든 정상적인 성인에게 있어서
동성애는 이성애를 떠받치는 버팀대 역할을 한다.
만일 동성애가 뒷받침되지 않는다면,
우리는 이성애가 무엇인지도 모를 것이다.

꿈 이야기

1.

얼마 전 어느 서구의 유력지에 게재된 기사 중에 눈이 휘둥그레질 만큼 나의 호기심을 강하게 잡아끄는 기사가 하나 있었다. 바로 세계적인 상품 디자이너인 필립 스탁(Philippe Starck)이란 인물을 소개하는 긴 인터뷰 기사였는데, 디자이너 자신뿐 아니라 그의 디자인 '명품'들이 어떻게 탄생하는지 소개하는 내용이었다.

물론 나야 디자인에 관해서는 전혀 아는 바가 없는 문외한이지만, 기사 중에 유독 나의 관심을 끄는 대목이 있었다. 바로 1년에 무려 200~300종에 달하는 새로운 디자인 상품을 끊임없이 쏟아내는 그가 대단히 특이한 작업방식을 가지고 있다는 사실이었다. 그는 영감을 얻기 위해 거의 매일, 이른 오후에 2시간씩 낮잠을 잔단다. 이처럼 '일감'을 가지고 잠속에 빠져들었다가 어렴풋한 해답을 안고서 잠에서 깨기도 하고, 때론 찜찜한 느낌이나 악몽을 떨치며 깨어나는 경우도 있다고 한다. 그야말로 그가 만들어낸 디자인 상품들만큼이나 기발할 뿐 아니라 기이하기까지 한 작업방식이 아닐 수 없다.

더 많은 일을 하기 위해 잠을 줄인다는 말은 주변에서 항시 듣는 이야기지만, 일을 하기 위해 의도적으로 잠에 빠져든다는 말은 듣도 보도 못했으니 말이다. 잠은 훌륭한 조언자란 서양격언이 존재하기도 하지만, 스탁처럼 잠을 작업을 위한 적극적인 수단으로 삼는 경우는 그 어디에서노 찾아보기 힘든 기행이 아닐 수 없다. 그가 선보이는 독창적인 디자인 명품들(예를 들어 우주선 모양의 오렌지 즙 짜는 장치, 군더더기 하나 없는 인터넷 셋업 박스, 애플의 창시자 스티브 잡스를 위해 디자인한 미래형 요트 등)은 바로 그의 기이한 작업방식에 뿌리를 두고 있는 듯하다.

그를 만나기 위해 매일 수많은 사람들이 줄을 선다지만 워낙 수줍어하는지라 사람을 피하는 성격을 가졌다고 한다. 게다가 디자인이란 작업이 형태(혹은 형체)를 가지고 행하는 작업일 뿐 아니라, 잠, 특히 꿈의 세계를 영감의 원천으로 삼는다는 점에서 미루어볼 때 강렬한 유년기적 체험을 가졌고, 나아가 무의식적으로 엄마의 몸과 자신과의 관계를 조망하는 비상한 사유능력을 가진 듯하다. 우리가 하루에 한 차례씩 빠져드는 잠의 세계는 엄마 배 속으로 또다시 들어가고자 하는 무의식적 욕망을 동반한다.

이와는 양식이 다르긴 하지만, 초현실주의자들에게 있어서도 꿈의 세계가 특권적인 창작의 원천으로 작용했다는 것은 누구나 잘 알고 있는 사실이다. 그런가 하면, 반짝이는 이성의 힘을 시 창작의 원동력으로 삼았던 프랑스의 대시인 폴 발레리가 평생토록 자신이 꾼 꿈 이야기를 2만 편이나 남겼다는 사실은 널리 알려져 있지 않다. 깨어 있는 의식이 지향

하는 이성과 꿈의 세계가 제시하는 넘치는 감성이 그에게서 공존했다는
이 놀라운 사실을 알고 난 이상, 그의 시는 이제까지와 달리 읽혀야만 하
지 않을까?

　현실세계를 닮았지만 현실세계와는 또 다른 세계인 꿈의 세계, 메마
르고 딱딱한 현실세계와는 달리 엉뚱하고, 촉촉하기도 하고, 때론 감내
하기 힘든 감정의 광풍이 불기도 하는 꿈의 세계는 사실상 인류가 지구
상에 존재한 이래 언제나 사람들을 매료시키곤 했다. 구약성서만 보더
라도 요셉이 하느님의 권능을 빌어 파라오의 꿈을 해석하는 대목은 종
교적 맥락을 뛰어넘어 꿈이란 현상이 우리를 얼마나 매혹시키는지를 말
해주는 좋은 예라고 할 수 있다. 우리의 선조들에 관한 이야기인 건국신
화나 위인들의 전기에서 언제나 빠지지 않고 등장하는 태몽이나 꿈 이
야기는 꿈이란 현상이 좀처럼 범접하기 힘든 초자연의 영역에 속한다는
민중의 오랜 믿음을 반증하기도 한다. 그런가 하면,『삼국유사』에 등장
하는 유명한 꿈 이야기인 '조신의 꿈'은 도를 닦는 수도승이라면 마땅히
색을 멀리해야 한다는 교훈을 전하는 멋들어진 문학적 각색의 사례이기
도 하다.

　과연 꿈이란 현상은 평범한 우리 인간으로서는 결코 도달할 수 없는
영원한 신비로 남아 있을 것인가? 내 소견으로는 꿈의 신비가 낱낱이 밝
혀질 날은 영원히 찾아올 것 같지 않지만, 그럼에도 불구하고 현대의학
의 발달에 힘입어 수면이나 꿈의 현상에 관한 여러 과학적 '설명'들이 하
나씩 둘씩 제시되고 있는 것은 사실이다.

　예를 들어 오늘날의 수면과학은 우리가 꾸는 꿈이 수면 중 두 번째

단계인 '역설수면' 중에 행해지는 현상이라고 말한다. 즉 우리는 일단 잠이 들면 우선 얕은 잠에 빠져들면서 온몸이 정지 상태를 맞이하다가 점차로 역설수면기에 접어들어서면서부터 의식이 다시 활발해지면서 꿈을 꾸게 된다는 것이다. 이후로는 또다시 식물과도 같은 수면의 시기가 찾아오고, 이 같은 동일한 과정은 하룻밤의 수면 중에도 몇 차례씩 반복된다. 잠이 깨어 기억하는 꿈은 마지막 역설수면기에 꾼 꿈이 주를 이룬다.

역설수면이란 말은 몸은 잠이 들었으되, 의식은 각성 시처럼 활발하게 활동한다는 데서 붙은 이름이다. 요컨대 꿈을 꾸는 시기인 역설수면 시에는 의식의 화면 위로 그간 뇌에 저장되어 있던 영상들이 비치고 우리가 깨어 있을 때처럼 눈동자가 활발하게 움직인다. 수면현상이 몸의 휴식만을 위한 시간이 아니라 의식과 정신의 활동에 어떤 식으로든 중요한 역할을 수행한다는 사실을 보여주는 시기가 바로 이때이다. 오늘날의 수면과학에 의하면, 우리가 수면 중에 꾸는 꿈은 우리의 정신세계 내에 저장되어 있는 기억들을 재처리하는 과정으로 여겨진다.

요컨대, 우리는 잠자는 동안 정신에 저장되어 있는 무수히 많은 기억들을 지우고 변경하거나 조정하는 재처리 과정을 밟는 셈이다. 이 과정에는 역설수면 시에 특징적으로 목격되는 활발한 안구운동도 한몫을 하는 것으로 간주된다. 오늘날 존재하는 수많은 심리치료법 중에 '안구운동 민감소실 및 재처리(EMDR: Eye movement desensitization and reprocessing)'라 불리는 치료법이 있다. 끔찍한 사고를 당했거나 견디기 힘든 외상을 겪은 이들을 비교적 단시일 내에 치료하는 데 탁월한 효과를 발휘하는 것으로 알려진 치료법이다. 치료의 근간은 경험 많은 심리치료사가 내담자의 과거력을 살피는 한편, 다른 한편으론 안구운동을 유도함으로써 고통스런 기억을 지우는 데 있다. 인성(人性)의 깊은 부분을 건드리지는 않지만 안구운동이란 생리학적 통로를 통해 마음의 고통을 누그러뜨리는 치료법이다.

오늘날의 수면과학에 힘입어 꿈의 세계가 하나씩 둘씩 그 정체를 드러내고 있다고는 하지만, 그렇다고 해서 꿈을 둘러싼 신비감이 덜해졌다고 말하기는 힘들다. 눈부신 과학의 발달에 힘입어 수면 내지 꿈의 현상에 대한 과학적인 '설명' 방식이 보태졌을 뿐, 현상 그 자체에 대한 총제적인 접근이나 인간적인 이해에는 크게 달라진 바가 없는 듯이 보이니 말이다. 꿈속에서 돌아가신 어머님을 뵈었을 때 잠이 깨고 나서도 하염없이 흐르는 눈물을 그 무엇으로 설명할 것인가? 아니면, 꿈속에서 이따금씩 맛보기도 하는 그 지고의 쾌감을 과연 이승에서 또 어떤 식으로 맛볼 수 있단 말인가?

2.

꿈이란 현상을 바라보는 정신분석학적 시각에도 주의를 기울일 필요가 있다. 오늘날의 수면과학이 뇌 활동에 초점을 맞춘 기계론적 성격을 띠고 있는 반면, 정신분석학에서는 꿈의 현상을 우리의 정신이 어떻게 활동하는지를 가장 표본적으로 보여주는 영역으로 이해하기 때문이다. 일찍이 프로이트는 "꿈은 무의식으로 이끄는 왕도(王道)이다"라고 말한 바 있다. 이는 곧 꿈이란 현상을 관찰하고 해석하려는 노력이 우리 정신의 핵심적 메커니즘을 이해하기 위한 첩경임을 강조하기 위함이었다. 수면과학이 뇌의 활동과 뇌파의 움직임을 가장 중요한 관찰의 지표로 삼는 반면, 정신분석학에서는 인간의 욕망을 모든 것의 중심에 놓는다. 물론 꿈이란 현상도 동일한 맥락에서 파악된다. 프로이트는 꿈을 정의하기를 "욕망의 환각적 실현"이라고 말하지 않는가? 이때의 욕망이란 무의식직 욕망을 가리키며, 환각적이란 말은 현실의 장이 아닌 잠자는 사람의 의식 위로 펼쳐지는 영상의 만화경을 일컫는다. 그렇다면 그 목적은? 우리가 일단 잠이 들고 나면, 잠에서 깨어나지 않도록 하기 위함이다.

어떤 의미에서 보면, 꿈은 정신분석학을 탄생시킨 장본인이기도 하다. 이제는 너무나 유명해진 정신분석학의 핵심 개념인 오이디푸스 콤플렉스는 프로이트가 자신의 꿈을 분석하면서 다다른 놀라운 발견이었다. 그런가 하면, 프로이트가 자신의 무덤에 새겨질 묘비명으로 수천 년에 걸친 "꿈의 신비를 밝혀낸 사람"이란 문구를 일찌감치 정해놓았었다는 사실은 널리 알려져 있다. 일반적으로, 1900년에 발표된 프로이트의 저서 『꿈의 해석(Die Traumdeutung)』을 정신분석학의 탄생을 알리는 신호탄으로 간주한다.

그렇다면 정신분석학에서 그토록 중요하게 여기는 꿈의 현상은 과연 어떤 메커니즘에 의해 움직이는가? 프로이트는 우리가 꾸는 꿈이 크게 네 가지 메커니즘의 지배를 받는다고 말한다. 첫째는 '압축'이란 메커니즘인데, 이는 우리가 꿈속에서 마주치는 하나의 이미지나 디테일이 실은 수많은 다른 이미지나 디테일을 '압축하여' 보여주는 셈이라고 말한다. 예를 들어 꿈속에서 외삼촌을 보았다면, 이 외삼촌이란 이미지는 며칠 전 현실세계에서 만났던 실제의 외삼촌일 수도 있고, 몇 해 전 마주쳤던 외가의 다른 웃어른일 수도 있고, 아니면 외삼촌의 외모나 이름 또는 경력 등과 연관을 맺고 있는 또 다른 인물을 동시적으로 가리킬 수도 있다.

두 번째는 '전치'라는 이름의 메커니즘인데, 이는 꿈속에서 정말로 중요한 무의식적 욕망은 본래의 자리가 아닌 엉뚱한 곳에 숨어 있곤 한다는 사실을 일컫는다. 우리가 꿈속에서 어떤 책을 읽는 장면을 보았다고 할 때, 그 책의 내용이나 제목이 아니라, 그 책 표지 한 귀퉁이의 얼룩진 부분이 진짜 문제가 되는 식이다. 이를테면, 얼룩진 표지는 얼룩말을 연상시키고, 그 얼룩말은 아프리카를 연상시키는 식이다. 최근 아프리카로 여행을 다녀온 내 친구가 누구였더라? 그것도 사파리 여행을 했던…… 내 꿈은 그 친구 얘기를 하고 싶었던 것일 수 있다.

세 번째는 '형상화'의 메커니즘으로, 꿈이 무의식적인 욕망을 표현하기 위해 그 무엇보다 형상화란 수단을 빌어 표현한다는 사실을 일컫는다. 꿈속에서 어느 임산부가 땅바닥에 처참한 모습으로 엎어져 있는 광경을 보게 된다면, 이는 우리말의 '산통깨지다'란 말을 형상화한 표현이라고 볼 수 있다. 어쩌면 이 같은 형상화는 부인 몰래 바람피운 사실을 들킬까봐 두려움에 떨고 있는 주체의 죄의식을 반영하는 셈일 수도 있고, 아니면 정반대로 본부인으로부터 얻지 못한 아이를 다른 상간녀로부터 얻고 싶다는 욕망을 의미할 수도 있다. 아니면, 최근에 벌인 사업에서 '대박'이 터지길 기대하는 표현으로 볼 수도 있다. 대개의 경우, 꿈은 이 모든 경우를 동시에 표현하곤 한다. 꿈의 진정한 해석은 결코 이미 만들어진 해몽서가 아니라, 꿈꾸는 사람 자신의 자유연상이 가장 중요하게 작용한다.

형상화의 예를 하나만 더 들어보자. 꿈꾸는 사람에게 목이 마른 상황은 어떻게 형상화될 수 있을까? 이럴 경우, 꿈속에서 주체는 강물에 빠져 허우적거리는 모습을 하고 있거나, 아니면, 반대로, 사막 한가운데 서 있는 모습으로 형상화될 개연성이 높다. 그런가 하면 '슈테켈 현상'이란 항목도 있다. 우리가 꿈속에서 어느새 강 저편에 가 있다거나 산악지역을 넘어 벌판에 도달하는 등의 장면과 마주친다면, 이는 곧 먼 과거를 형상화한 표현이라고 볼 수 있다. 시간의 개념이 존재하지 않는 우리의 무의식에서 시간의 표현은 공간적으로밖에 표현될 수 없기 때문이다.

마지막으로는 '2차적 공정'이란 메커니즘이 있는데, 이는 꿈이란 현상이 잠이 깬 후에 언제나 이야기로서만 존재한다는 사실과 밀접한 관계를 가지고 있다. 우리가 꾸는 꿈은 완전한 무의식 상태에서 만들어지는 경우는 드물고, 이미 어느 정도 모양이 갖춰진 시나리오에 의거하여 만들어지곤 한다. 우리의 의식이 반쯤 잠이 든 상태에서 펼쳐지는 몽상은 꿈과 각성의 중간에 위치하는 의식상태로서, 각성 시의 이야기와 꿈의 형상화 사이의 중간 형태를 취하는 셈이다. 우리가 잠든 사이 바깥으로부터 가해지는 사소한 자극에도 꿈속에서 엄청난 서사시를 만들어내곤 하는 까닭은 바로 이 2차적 공정이 개입하기 때문이다.

이 밖에도, 꿈의 '문법'을 관장하는 법칙들이 꽤 여럿 존재한다. 꿈의 메커니즘은 부정을 모르고 언제나 긍정으로만 표현을 한다거나, 모순되거나 상반된 모습으로 보이는 두 사실이 모순되거나 반대되기는커녕 동일한 의미를 가질 수 있다거나, 꿈속에서 행해지는 대화나 말이 의식이 깨어 있을 때와는 달리 언어로서가 아니라 마치 물체인양 취급된다는 점 등을 들 수 있다.

사실상 꿈의 메커니즘은 우리 모두의 무의식에 공통적으로 작용하는 메커니즘이다. 다만 우리가 잠이 들어 꿈을 꿀 때에는 의식이 행하는 감시와 검열의 수위가 상대적으로 낮아지는 까닭에 무의식의 활동을 다른 그 어느 때보다도 관찰이 용이하다는 점만이 다를 뿐이다. 우리의 의식이 깨어 있을 때에도 관찰 가능한 말이나 행동의 실수, 신경증의 증상 등을 통해 불쑥 고개를 내미는 무의식적 욕망은 꿈을 통해 '굴절된 모습'으로 펼쳐지는 무의식의 세계와 같은 뿌리를 가지고 있다. 바로 정신분석 치료에서 내담자가 나타내는 여러 증상이나 과거력의 분석만큼이나 꿈 분석이 중요하게 여겨지는 까닭이다.

정신분석학에서는 꿈의 현상을 이해하기 위한 열쇠는 오직 꿈꾼 사람만이 가지고 있다고 간주한다. 세간에서 흔히 통용되는 해몽서는 그저 일반인의 흥미를 끌기 위한 것일 뿐, 꿈을 해석하기 위한 정해진 해답은 존재하지 않는다고 보기 때문이다. 동일한 이미지라도 꿈꾸는 사람에 따라, 또는 같은 주체에게서도 그 의미는 얼마든지 달라질 수 있다. 예를 들어 볼록한 형태의 모자가 남성 성기를 상징한다고 볼 수도 있지만, 모자를 뒤집으면 움푹한 형태를 나타냄으로써 오히려 여성 성기를 상징한다고도 볼 수 있으니 말이다.

그럼에도 불구하고, 프로이트는 인류 공통의 꿈들이 존재한다고 말한다. 이른바 '전형적인 꿈'들이다. 끝없는 나락으로 떨어지는 꿈을 예로 들 수 있다. 정신분석학의 관점에서 보자면, 징벌의 의미가 담긴, 거세 공포와 떼어놓고 이해하기 힘든 꿈이다. 하지만 이런 꿈을 여성이 꾼다면, 그 것도 어느 남성의 품 안으로 '떨어지는' 꿈이라면, 이 꿈은 거세의 꿈이라 기보다 에로틱한 꿈이라고 볼 수 있다.

또 우리가 공통적으로 꾸는 꿈 중에 이가 빠지는 꿈이 있다. 신체가 손상되는 꿈인 만큼 거세 공포를 동반하는 꿈임에는 틀림없지만, 경우에 따라서는 자위행위를 암시하는 꿈일 수도 있다. 또 다른 전형적인 꿈으로 하늘을 나는 꿈도 있다. 이는 성적 자극을 상징하는 꿈이다. 몸이 허공에 붕 뜬 느낌이나 하늘을 나는 듯한 쾌감이야말로 성적 극치감이 동반하는 감각이기 때문이다. 하늘을 나는 꿈은 어린 시절 그네 타던 기억과도 밀접한 관계를 가지고 있다. 그때 내 등을 밀어줬던 사람이 누구였더라?

어린 시절의 기억과 밀접한 관계를 맺고 있는 또 다른 전형적인 꿈으로 주체가 군중 속에서 벌거벗은 채로인 꿈이 있다. 아무렇지도 않게 벌거벗은 채 활보하던 어린 시절에 연관된 꿈일 수도 있고, 뭔가 감추고 싶은 비밀이 탄로날까봐 두려워하는 마음을 상징하는 꿈일 수도 있다. 대개 이런 꿈에서는 주체가 벌거벗었음에도 불구하고 주위사람들이 이런 사실을 전혀 눈치 채지 못한다. 꿈꾸는 주체가 (들통이 나서) 잠이 깨는 상황이 벌어지지 않도록 의식이 검열을 행하기 때문이다.

마지막으로, 꿈속에서 부모나 가까운 친지가 죽는 꿈을 들 수 있다. 어린아이가 가장 빈번하게 꾸는 전형적인 꿈 중 하나이다. 이 같은 꿈은 아이가 무의식에서 자신의 경쟁자로 간주되는 부모나 친지가 죽었으면 하고 바라는 꿈이다. 바로 오이디푸스 콤플렉스가 꿈이란 표현을 빌어 발현되는 셈이다. 이 꿈은 아이가 버림받을까봐 두려워하는 심정을 상징하는 꿈일 수도 있다. 그런가 하면 전형적인 꿈이라 보기는 힘들지만, 적지 않은 이들이 이미 지난 시절 치렀던 시험을 또다시 치르는 꿈을 꾸기도 한다. 많은 사람들에게 시험은 불안과 근심, 걱정의 전형으로 깊이 각인되어 있기 때문이다. 한 가지 흥미로운 점은 이 같은 시험 보는 꿈은 특히 학창시절 공부를 잘했던 사람들이 주로 꾼다.

정신분석학에서 꿈을 '(무의식적) 욕망의 환각적 실현'이라 정의한다고 이미 언급했다. 다만 여기서 한 가지 주의해야 할 점은 무의식적 욕망이 반드시 의식적 차원의 욕망과 일치하지 않을 수도 있다는 사실이다. 일례로, 정신분석학에서 '실패 신경증'이라 부르는 항목이 존재한다. 직업적으로나 사회적인 성공을 위해 수 년 동안 물불을 가리지 않고 매진하던 이가 드디어 소원 성취를 바로 눈앞에 둔 시점에서 갑자기 포기하는 경우가 그러하다. 사실 우리는 이 같은 행태를 우리 주변에서도 종종 마주치고는 한다. 어째서일까? 어째서 주체는 이처럼 어처구니없는 행동을 하는 것일까?

의식의 차원에서 보자면, 정말 어이없고 안타까운 행동이 아닐 수 없다. 하지만 무의식의 관점에서 바라보면, 이 같은 행동의 이면에는 금기가 작용하거나 죄의식이 숨어 있을 수 있다. 사회적으로 아버지를 능가하는 지위에 오른다는 사실이 어린 시절의 오이디푸스 콤플렉스를 일깨움으로써 아버지를 향해 품었던 악감정이 되살아날 수도 있기 때문이다. 아니면, 여러 가지 동기로 인해 주체가 직업적으로나 사회적으로 성공할 경우 무의식적으로 견디기 힘든 죄의식에 직면해야 한다는 점 때문에 포기하는 쪽을 선택했을 수도 있다. 이럴 경우 주체는 의식적 욕망을 충족하기보다는 무의식적 욕망에 따랐다고 할 수 있다. 보다 뿌리 깊은 욕망이 실현된 것이다. 혹은 주체가 즐기기보다는 고통을 통해 쾌감을 느끼는 경우일 수도 있다. 정신의학에서는 이 같은 성향을 '피가학성'이라 부른다.

요컨대, 우리의 무의식이 지향하는 욕망은 의식적 차원의 욕망을 훨씬 뛰어넘어, 실패나 자기 징벌의 필요성, 고통, 죄의식의 충족 등을 얼마든지 포괄할 수 있다. 바로 우리의 꿈이 기발하고 엉뚱한 장면들을 빌어 '말하고자' 하는 바가 결코 단순하지 않은 까닭이다.

나아가, 한 가지 더 주목할 점으로는 프로이트가 제1차 세계대전이 끝난 직후 위에서 이미 소개한 꿈의 정의를 한 차례 보완했다는 점이다. 그는 전쟁을 치렀던 수많은 군인들의 꿈을 접하면서, 이들이 꾸는 꿈이 (의식적, 무의식적) 욕망을 담고 있기는커녕 끔찍한 장면만을 끝없이 반복한다는 사실에 직면하여, 우리의 무의식이 삶의 욕동(慾動)뿐 아니라 죽음의 욕동에 의해서도 지배를 받는다는 사실을 인정하지 않을 수 없었기 때문이다. 다시 말해, 우리의 꿈은 의식적 욕망, 무의식적 욕망을 동반하기도 하지만, 더욱 광범위하게는 이승의 삶을 관장하는 삶과 죽음의 법칙을 결코 피하지 못하는 셈이다.

이 세상에 태어나 언젠가는 죽을 수밖에 없는 우리로서는 죽음의 원리가 삶의 원리보다 더욱 크게 작용한다고 말할 수밖에 없다. 메마르고 각박한 세상살이에서 꿈 한 조각 가슴에 품지 않을 수 없겠지만, 꿈의 세계가 삶과 죽음을 한데 아우르는 이상 죽음에 대해 알지 못하는 우리로서는 꿈은 영원히 풀 수 없는 신비로 남을 수밖에 없다. 꿈을 둘러싼 신비는 그대로 인간 존재의 신비를 의미하기 때문이다.

영감의 원천, 꿈

필립 스탁은 영감을 얻기 위해 거의 매일,
이른 오후에 두 시간씩 낮잠을 잔다.
이처럼 '일감'을 가지고 잠속에 빠져들었다가
어렴풋한 해답을 안고서 잠에서 깨어나기도 하고,
때로는 찜찜한 느낌이나 악몽을 떨치며
깨어나는 경우도 있다고 한다.
그야말로 그가 만들어낸 디자인 상품들만큼이나
기발할 뿐 아니라 기이하기까지 한
작업방식이 아닐 수 없다.

이름을 찾아서

1.

최근 구입한 스마트폰에 지문인식 장치가 달려 있어 아주 흥미롭게 사용 중이다. 비밀번호를 일일이 쳐야 하는 대신, 미리 등록해놓은 손가락을 휴대폰 단추에 가져다 대기만 하면 잠금이 저절로 풀리면서 휴대폰을 사용할 수 있도록 되어 있기 때문이다. 이를테면, 비밀번호를 토닥거리며 '나야 나, 나라니까, 문 열어……'를 외치는 대신, 그저 얌전히 손가락만 가져다 대면 내가 나임을 충분히 입증하는 셈이다. 십수 년 전까지만 해도 지문 채취가 문제될 때마다 내가 범죄자냐 하는 반응을 불러일으키며 거센 반발을 야기하고는 했는데, 이제는 지나간 시절의 이야기가 되어버린 듯하다.

하기야 19세기 말 영국 런던에서 처음 개발된 지문인식술은 당시 영국의 식민지였던 인도 벵갈에서 연금을 줘야 할 현지인들을 분간하는 데 처음 사용되었다고 한다. 그 후 이 기술은 미국으로 건너가, 서양사람들 눈에 모두 똑같게 생긴 듯이 보이는 중국인 철도 노동자들을 구별하는

데 사용되었다. 전 세계적으로 지문이 범죄자 탐색에 사용되기 시작한 것은 그 후의 일이다. 지문이 사람마다 다르고 평생 변치 않기 때문이다. 이처럼 지문이 본래 범죄세계를 연상시킬 까닭은 딱히 없지만, 애초에 지문 인식이 인종적 차별화에 사용되었다는 원죄를 안고 탄생한 것 또한 사실이긴 하다.

오늘날 과학은 불과 몇 년 앞을 예견하기도 쉽지 않을 정도로 급속도로 발달하고 있다. 더불어 생체인식 기술도 예전에는 상상하기조차 힘든 기발함을 보여준다. 어디 지문뿐일까? 동공이며, 성문(聲紋), 걸음걸이, 심지어 DNA 검사까지 동원되고 있다. 앞으로 또 어떤 기발한 생체인식 방법이 개발될까?

우리 인간이 행하는 그 어떤 행동에도 우리 자신만의 '흔적'이 남게 마련이란 사실은 어쩌면 너무나 당연해 보이기까지 한다. 하지만 그 인과관계, 그 전후관계를 밝히는 일이 어디 말처럼 그리 쉬운 일일까? 과연 우리 자신과 우리가 남긴 흔적 내지 자취는 어떤 연관관계를 가지고 있을까?

범죄심리학에는 '범행수법(modus operandi)'이란 용어가 있다. 일반인이 생각하는 것과는 달리, 범죄자들이 범죄를 저지르거나 꾸밀 때도 그 범죄자 특유의 수법이나 방식이 존재한다고 보는 관점이다. 예를 들어 절도범이라면 그 대상 선택이나 수법 등에 일관성이 있어서 그 패턴이 좀처럼 변하지 않으며, 금고털이범이라면 금고를 뜯는 방식이나 장물 처리방식 등등에 있어서 범죄자마다의 고유한 특성을 나타낸다고 보는 견해이다. 바로 이런 까닭에, 특정 범죄가 발생하면, 해당 수사관들이 가장 먼저 하는 일은 유사범죄 전과자들을 탐문하는 일이 아니던가.

이 또한 적절한 예인지는 모르지만, 영화 〈공공의 적〉의 한 장면이 생각이 난다. 주인공인 강력계 형사 설경구는 살인 용의자로 잡혀온 칼잡이 용만(유해진 분)에게 다양한 칼들을 내보이며, '시연'해보라고 요청한다. 그러면서 형사는 그 칼잡이가 다양하게 칼을 쓰는 방식을 관찰하고 나서, 바로 용의자를 풀어준다. 그 근거는 살해된 사람의 몸에 남은 상처가 칼잡이 용만이가 칼 쓰는 방식과는 전혀 다른 방식으로 생겨난 것이란 점이었다. 칼잡이에게도 나름의 '개성'이 있고 '노하우'가 있는 것이다. 설득력 있는 영화의 한 장면이다.

2.

직업적으로 글을 쓰는 작가에게 글이란 그 작가의 신분증명서 내지 '지문'이라고도 할 수 있다. 물론 전문적으로 글을 다루고 생산하는 작가뿐 아니라 일반인이 쓰는 모든 글도 사정은 마찬가지겠지만, 일단 논의를 작가의 글에 한정시켜보자. 아무래도 작가가 쓰는 글은 일반인의 글에 비해 미학적으로 보다 치밀하고 완성도가 높으며, 보다 조직적이고 구조화되어 있고, 주제의식의 치열함이나 구도(求道)의 노력 정도에서 훨씬 강도가 높기 때문이다. 그렇다면 과연 우리는 작가의 글에서 그 작가만의 특성 내지 '지문'을 어떻게 분간해낼 수 있을까?

흥미로운 예를 하나 들어보자. 발표 당시도 그랬지만, 아직까지도 여전히 많은 독자들의 사랑을 받고 있는 프랑스 소설 『자기 앞의 생(La Vie devant soi)』을 보자. 이 소설은 에밀 아자르(Emile Ajar)란 이름의 작가가 발표한 소설로, 작품이 발표된 같은 해인 1975년 세계적인 권위를 누리는 공쿠르상을 수상한 작품이다. 소설은 파리의 홍등가를 배경으로, 창녀에게서 태어나 버려진 열네 살 천덕꾸러기 소년 모모와 이 소년을 거두어 보살피는 은퇴한 늙은 창부 로자 아줌마 사이에서 벌어지는 다양한 삶의 모습을 그린다. 아랍 피가 섞인 고아 소년 모모는 난생처음 로자 아줌마의 품에서 안정과 사랑을 맛보며 순진무구한 눈으로 세상을 알아가기 시작하고, 로자 아줌마는 꽃다운 나이에 유대인이란 이유로 아우슈비츠 수용소에 끌려갔다가 살아서 돌아온 후 "엉덩이로 근근이 연명해오다가"(모모의 표현) 이제는 병들고 나이 들어 죽음을 목전에 두고 있다.

이처럼 소설은 두 '변경인'의 눈을 통해 삶과 사랑의 의미를 조명한다. 사랑하는 로자 아줌마가 숨을 거두는 모습을 보며 모모는 깨닫는다. "로자 아줌마를 죽인 것은 생이지만, 그녀를 이 세상에 태어나게 한 것도 바로 그 신비롭고 경이로운 생"이란 사실을. 지금 내 손에 쥔 이 "달걀 하나, 그것이 바로 인생이란 사실"을. 이처럼 소설은 전적으로 희지도 않고 전적으로 검지도 않은 잿빛세상에서 길어낸, 너무나도 평범하여 너무나도 간과하기 쉬운 우리 삶의 한 국면을 감동적으로 보여준다.

우리가 문학작품을 문학 자체로서가 아니라, 문학의 테두리를 넘어, 그 문학작품을 만들어낸 자연인에 초점을 맞출 경우, 이 소설의 작가는 젊은 사람이라기보다 웬만큼 세상을 경험한 연륜 있는 사람이라 추정해볼 수 있을 법하다. 이 소설은 강렬한 흑백논리의 선명성보다는 흑과 백이 뒤섞인 '잿빛논리'를 보여주는 셈이니 말이다. 그리고 이 소설의 주축을 이루는 두 등장인물 모두 주류사회(프랑스 사회)에 끼지 못하는 '변경인'(아랍 출신 고아, 유대인 창녀)이란 점에 비추어볼 때, 어쩌면 작가 또한 어떤 식으로든 정체성의 문제를 주요 탐구대상으로 삼는 작가일 수 있다고 추정해볼 수 있다. 과연 실상은 어떠할까?

『자기 앞의 생』은 소설만큼이나 이 소설의 작가를 둘러싼 우여곡절로도 세상을 떠들썩하게 했던 작품이다. 『자기 앞의 생』은 소설이 발표된 같은 해인 1975년에 프랑스의 권위 있는 문학상인 공쿠르 상 수상작으로 선정된다. 문제는 수상작이 발표되면서, 『자기 앞의 생』의 작가로 자처했던 에밀 아자르란 인물의 행방이 묘연했다는 점이다. 알려진 바라야 기껏 소설의 원고가 출판사에 우편으로 보내졌고, 작가와의 일 처리 또한 우편으로만 이루어졌으며, 혜성처럼 등장한 이 무명작가가 명망 있는 기성작가 로맹 가리(Romain Gary)의 5촌 조카라는 사실뿐이었다.

에밀 아자르는 그 후로도 몇몇 작품을 발표하긴 하지만, 그의 정체나 행적은 여전히 오리무중에 휩싸이게 된다. 그러는 동안, 세인의 관심은 에밀 아자르란 작가의 정체 규명에 쏠리고, 로맹 가리에게는 조카의 글이나 흉내 내는 한 물 간 작가란 비아냥이 이어질 뿐이었다. 도대체 에밀 아자르는 누구인가? 그리고, 이 신예작가가 대체 로맹 가리와는 어떤 관계란 말인가?

세인의 궁금증은 로맹 가리가 1980년 자살로 생을 마감한 후에야 비로소 풀린다. 로맹 가리가 남긴 유언장이 공개됨으로써, 비로소 에밀 아자르가 로맹 가리 자신이었다는 사실이 밝혀지기 때문이다. 이리하여, 공쿠르상은 결코 한 작가에게 거듭 수여될 수 없다는 원칙에도 불구하고, 로맹 가리는 '본의 아니게' 이 상을 두 번이나 수상한 유일한 작가가 되었다. 그는 이미 1959년에 『하늘의 뿌리』란 소설로 공쿠르상을 수상했기 때문이다.

재미있는 점은 에밀 아자르가 로맹 가리의 또 다른 필명(사실, 그는 에밀 아자르란 필명 말고도 무수히 많은 가명을 사용했다. '로맹 가리'란 이름 또한 창작된 이름이다)이란 사실이 공표되기도 전에, 에밀 아자르와 로맹 가리가 동일인일 것이란 개연성을 추정한 문학연구자가 있었다는 사실이다. 바로 엘렌이란 문학도였다. 그녀는 로맹 가리가 죽기 두 해 전 프랑스 니스 대학에서 발표한 논문을 통해, 에밀 아자르란 이름으로 발표된 여러 글이 로맹 가리의 글과 놀라운 유사성을 드러낸다는 점을 입증했다.

당시의 정황이 자세히 알려져 있지는 않지만, 이 연구자는 문체론에 입각하여, '두' 작가의 글에 나타나는 어휘군의 빈도와 상관 및 대립 관계, 통사구조상의 특이성에 주목했던 것으로 보인다. 문체론이란 문학연구 방법론의 하나로, 특정작가의 글에 내재하는 의식적, 무의식적 표현방식을 탐구하는 분야이다. 물론 문체론에도 서로 다른 여러 종류의 시각과 접근방식이 존재하지만 공통분모가 있다. 바로 어느 글에서나 어휘며 문장 차원에서 평균치를 뛰어넘는 '뛰는' 부분들(écarts)이 존재하며, 이같은 통제하기 힘든 요소들이 작가 특유의 '지문'이나 '결'을 형성한다고 보는 것이다. 문학작품을 문자로 그리는 캔버스라고 할 때, 작가는 때론 의식적으로 때론 무의식적으로 자신만의 물감과 붓놀림으로 의미와 감동을 새겨넣는 셈이다.

로맹 가리(Romain Gary)는 중요한 프랑스 현대 소설가 중 하나이다. 그가 죽은 지 어언 25년 남짓한 시간이 흐르긴 했지만, 아직도 그를 기억하고 그의 소설작품에 감동하는 이들이 적지 않다. 그는 본래 러시아에서 태어난 유태계 코자크-타르타르인으로, 그 후 폴란드에서 편모슬하에서 성장하고 뒤늦게 프랑스로 귀화한 이래, 외교관, 전투비행사, 영화감독, 소설가 등으로 활동했던 파란만장한 이력의 작가이다. 어쩌면 그가 사용했던 무수히 많은 필명-가명은 혼란스러운 그 자신의 정체성을 확립하기 위한 징검다리가 아니었을까.

🌿 범행수법

범죄심리학에는 범행수법(modus operandi)이란 용어가 있다.
일반인이 생각하는 것과는 달리 범죄자들이 범죄를 꾸미고 저지를 때에도
그 범죄자 특유의 수법이나 방식이 존재한다고 보는 관점이다. 이를테면,
칼잡이에게도 나름의 '개성'이 있고 '노하우'가 있는 법이다.

나를 엿보다

1판 1쇄 펴냄 2020년 3월 17일
1판 2쇄 펴냄 2021년 7월 28일

지은이 정재곤

주간 김현숙 | 편집 김주희, 이나연
디자인 이현정, 전미혜
영업 백국현, 정강석 | 관리 오유나

펴낸곳 궁리출판 | 펴낸이 이갑수

등록 1999년 3월 29일 제300-2004-162호
주소 10881 경기도 파주시 회동길 325-12
전화 031-955-9818 | 팩스 031-955-9848
홈페이지 www.kungree.com
전자우편 kungree@kungree.com
페이스북 /kungreepress | 트위터 @kungreepress
인스타그램 /kungree_press

ISBN 978-89-5820-636-1   03180